JN078853

古典教育をオーバーホールする

国語教育史研究と教材研究の視点から

菊野雅之＝著
Kikuno Masayuki

文学通信
bungaku-report.com

目次

第二部　古典とはどのような教材なのか

第三部　史料

はじめに――古典教育史を分解・点検し、教材研究のあり方を問う

一　本書の背景・意義・目的

古典教育はなぜ必要なのか。この問いに答えるべくこれまで古典教育論は蓄積されてきた。また、古典教育史という立場からの研究は野地潤家をはじめとして、鈴木二千六、八木雄一郎、都築則幸などの研究があり、着実な歩みを進めてきた。だが、古典教育意義論自体はこれらの歴史研究の成果を十分に踏まえた上での議論になっているとは言えまい。また、歴史研究も古典教育論に寄与するほどに提案性のある言説にまで高められてきたわけでもないだろう。

学習指導要領（二〇〇八年、二〇〇九年告示）では、小学校、中学校、高等学校を通じて「伝統的な言語文化と国語の特質に関する事項」が位置付けられ、古典教育重視の状況が続いている。また、中央教育審議会における学習指導要領の議論（教育課程企画特別部会　論点整理　二〇一五年八月）の中にも古典教育の取り扱いについて「社会や自分との関わりの中でそれらを生かしていくという観点」が必要であるといった提案も出てきているところである。

そういった状況にあって、古典教育論の確立・精錬は喫緊の課題のはずだが、古典を学ぶことの根本的な理論の追求や歴史的・実証的な考察は不十分なまま、教育実践が積み重ねられている。稿者は古典教育を推進する立場にも否定する立場にもいない。実証的な調査を通じて公教育における学習対象の理論的な根拠を解き明かし、現在の、

そして未来の国語科教育の理論を形成するための基盤を整えたいのである。

本書は単に歴史的史料を扱っているのではなく、あくまでも現代の古典教育論に資することを目的としている。従来、戦後から唐突にはじまる研究史が多く、その教育史研究の姿勢は徹底さを欠いてきた。「なぜ古典を学ばなければならないのか」という生徒たちの声に正面から応えるためには、「いつから古典教育は始まり、今に至るのか」という古典教育史の知見が前提として必要である。

機械を部品単位で分解・点検し、必要な修復や部品の交換を行い、新品時の性能を発揮する状態に戻すことを「オーバーホール」（Overhaul）という。機械式時計であれば数年間に一度はオーバーホールが必要と言われている。本書では明治から現在に至るまでの古典教育史を分解し、点検を行っていく。どこかに摩耗してしまった交換するべき部品はないだろうか。その摩耗した部品を引き続き使い続けようとはしていないだろうか。古典教育をオーバーホールすることで、古典教育の機能を新たな形で復活させる糸口をつかむことが本書の試みである。

第一部では、近代古典教育史の空白を埋めるべく明治・大正期の中等国語読本の形成過程及びそこに収録された古典作品の教材としての位置（価値）を明らかにしようとしている。第二部では、教材論という観点からその方法論を提示し、国文学研究の成果をふまえた『平家物語』教材論の再論を試み、古典教育の今日的意義の提示を目指した。第三部では第一部に付随して、明治期国語教育史研究にとって重要と考えられる史料を発掘し、その解題を作成した。

二　本書の方法と「古典」の定義

本書第一部及び第三部の研究の対象として扱うのは、近世から近代にかけて古典作品が教材として収録された往（おう）

来物（らいもの）、読本、文学史やそれらに関わった人物たちの言説である。具体的な史料の説明は後の「本書の構成と各章の概要」に譲るが、第一部では、近世往来物から明治期の中等国語読本への移行、普通文教育が推進される中での古典作品の教材価値が文範（ぶんぱん）として位置付けられていく過程、大日本教育会国語科研究組合の構成メンバーを中心として中等国語科教育の枠組みが形作られていく過程、そして、近代最初の日本文学史の叙述が文範性という観点から古典を価値付け、古典作品の教材的価値が明治中期において明示されるに至るまでの経緯をたどる。明治三〇年代までの近代古典教育が一度は明確な価値を持ち得た時代であったことを裏付けていくこととなる。

なお、本書では「古典」「和文」「古文」「国文」といった用語が使用されているが、これらを詳しく弁別して使用してはいない。八木雄一郎（二〇一〇）は中学校教授要目の分析を通じて、国語科教育におけるカリキュラムとしての「古典」は、昭和六（一九三一）年の中学校教授要目改正においてすでに成立していたことを指摘した。これはハルオ・シラネ（一九九九）が言うところの「読者的カノン」の成立とも言い換えられよう。本書では、シラネの言う「読者的カノン」と「作家的カノン[*1]」の両方を大きく抱え込んだ総体として「古典」という言葉を使用している。

第二部は中学校の定番教材である「扇の的（那須与一）」と「敦盛（あつもり）最期」を対象として取り上げ、教材研究を通じて古典教育の可能性を模索している。第二部では大きく三つの観点（方法論）から教材研究を行った。先行する授業実践報告、教材研究、教科書指導書の収集と分析。『平家物語』に関する国文学研究の成果の整理。そして、古典教材の機能として本研究で提示する「他者性」との関わりである。この三つの観点から「扇の的」と「敦盛最期」の読みの更新と教材としての機能にまで言及しようと試みている。

三　本書の構成と各章の概要

本研究は三部構成となっている。それぞれの部・章における問題意識について説明したい。第一部は、「近代中等国語読本の歴史から問う」と題した。そもそも古典教育はいつからどのように始まったのかというシンプルな疑問が第一部を貫く問題意識である。

第一章「古典教育の始発としての近世往来物と『平家物語』」では、古典教育の始発を往来物に求め、その経緯を整理した。特に『平家物語』の書状（往来）を収めた往来物が素読と手習い教材として展開していく経緯を整理した。近代の教育制度が整備されるにつれて、往来物は姿を消し、『平家物語』は中等国語読本の教材として姿を現すこととなる。

第二章「近代最初期の古典教科書の成立——稲垣千穎（ちかい）編『本朝文範』『和文読本』『読本』」では、近代における古典教育の始発を論じる。平田派国学の流れを汲む稲垣千穎が編集した中等国語読本を取り上げ、国学的文範観によって読本が編纂されていることを明らかにした。近代における文体の混乱期にあって、読本編集者は文範の提示の機能を読本に求めていた。そして、その教材選抜は国学的文範観を基準にして進められていったのである。だが、教育界の主流は、普通文の形成と普及に動きつつあり、稲垣の国学的文章観とはすでに齟齬を見せ始めていた。近世から近代へと古典教材観が大きく変容していく様子を、稲垣千穎という人物を媒介にすることで見通すことができるだろう。

第三章「近代中等国語科教育の枠組みの形成」では、高津鍬三郎（くわさぶろう）立案『国語科（中学校／師範学校）教授法』（作成年不詳、以下『教授法』）を取り上げる。この『教授法』は、中学校教授要目（明治三五年告示）の原案の一つと推定されるが、この史料を中心的に取り扱った研究はこれまでなかった。その成立は、「尋常中学校国語科の要領」（明治二七年）以前と推定され、明治期国語科教育の枠組みを決定付けた史料の一つである。この作成に関わったと考えられるメンバーには、当時の普通文教育の推進者であった落合直文、関根正直、三宅米吉、三上参次、高津鍬三郎がおり、国語科教育の枠組みは、普通文の完成とその普及という目標によって支えられていた。本章では古典教育に関わる箇所について注意を払いつつ、『教授法』の中身や作成者たちの国語科教育に関わる姿勢などを整理していった。明治期国語科教育の枠組み、あるいは古典の教材的価値は、『教授法』によって決定付けられたのである。

第四章「明治の教科書編集者・新保磐次と「普通文」の実現」は、第三章で扱った『教授法』から発展した「尋常中学校国語科の要領」（以下、「要領」）に基づいて編集されたとされる新保磐次編『中学国文読本』と『中学国文史』を中心に取り上げる。新保自身の普通文教育への姿勢も整理しつつ、「要領」の内容と新保読本との内容の関連性について分析を行った。「要領」に基づいて作成されたことを自認する読本は他になく、「要領」の方針を具体化したパイロット版としての役割もあったのではないだろうか。このとき、普通文の文範として古典教材は具体的に位置付けられている。ここに明治期の古典教材の在り方は一度明示化されるに至った。

第五章「明治始発期の日本文学史は『平家物語』をどう捉えたか」は、明治期における日本文学史の始まりに注目した。その始まりが、三上参次・高津鍬三郎（一八九〇（明治二三）年）『日本文学史』であることは有名だが、この『日本文学史』が中等国語読本として扱われることも想定され、また、実際使用されていたことはさほど議論されることはなかった。三上・高津ともに普通文教育の推進者であり、『日本文学史』の叙述からも、文範として各作品をどう把握するのかという問題意識をはっきりと読み取ることができる。かつて、風巻景次郎は、『日本文学史』の叙述姿勢を「構想力の主体的脆弱さ」があるとして厳しく批判したが、この批判は、当時の読本としての性格や文体の混乱期における古典の役割といった点を捨象した批判だった。普通文の完成とその普及という当時の大目標は、文学史の叙述へも大きな影響を与えていたことをここでは確認できる。

第六章「教科書に導入される言文一致体――落合直文編『中等国語読本』について」は、ここまでの明治初期・中期における古典教育の成立の経緯をふまえ、明治後期・大正期における古典教育の展開へと議論を進める。第五章までで明らかにしてきたように、古典教育の土台は普通文に対する文範性にその根拠を求めることで結実しており、ここに近代における古典教材観は一旦は確立したのである。しかし、それと同時に、言文一致の動きも徐々に見えつつあった。中等国語読本に言文一致体が頻出するにはまだ時間が必要だったが、この言文一致運動は、一度は成立した古典教材の文範性を失わせる動きである。そして、次の問題は古典から文範性が失われる中で、どのように古典の教材観が再構築されたのかということになるだろう。本章では、そういった大きな議論のための序論として、中等国語読本において言文一致体が最初に掲載されたのが落合直文編『中等国文読本』であり、その教材は勝海舟「海外の一知己」であることを指摘し、その編集の経緯について考察した。

第七章「古典は誰のものか――保科孝一の言説を手がかりに」では、文部官僚であり、現代語教育の推進者であった保科孝一の古典教育論を分析することを通じて、現代の古典教育論が保科のそれと変わることがないことを明らかにし、現在の古典教育論・学習論の停滞状況を指摘している。その上で、学習者の言葉の力を育むための古典学習論とは何かを模索するべきであると述べて、第一部を締めくくっている。

第二部は古典教材研究である。第一部とその叙述が直接的に結びつくことはないが、古典教育の成立を明らかにしようとする第一部と古典教材自体の価値について問う第二部の問題意識は同じである。なぜ古典を学ぶのか。この問いを第一部は教材史の観点から、第二部では教材研究の観点から問うている。

第二部第一章「古典を教材化するための視点を求めて」は、戦後の古典教育論に関する様々な議論を整理し、そこから古典教材研究を進める上での観点を抽出することを目指している。特に我々の作品への読みに無意識的に張り付いている価値観や思い込みを相対化する視点をどれだけ確保できるかが重要であり、その実践としての教材研究が第二章「「扇の的」教材論——古典学習の構築の視点①」と第三章「「敦盛最期」教材論——古典学習の構築の視点②」、第四章「「敦盛最期」単元案——古典学習の構築の視点③」の「扇の的」論であり、「敦盛最期」論である。「扇の的」と「敦盛最期」の両教材には人が人を殺す場面が描かれている。その動機をどう捉えるかということが重要である。ただ、従来の教材研究では、その読みが近代的な、あるいは教育的なフィルターを通した読みであり、教材自体を直視した読みとしては成立してこなかった。古典の価値の一つに異質性（他者性）を認めるのであれば、今までの教材研究の水準はその異質性を排除し続けてきたのであり、古典の価値を減退させるものではなかったか。これは『平家物語』教材論にとどまる問題ではない。

第三部は、第一部の研究から派生的にあるいは必要に応じて発掘された史料の紹介である。第一章「落合直文『中等国語読本』の編集経緯に関する基礎的研究——二冊の編纂趣意書と補修者森鷗外・萩野由之」は、第一部第六章の落合直文『中等国語読本』の編集経緯について調査した資料論文である。第二章「稲垣千穎　松岡太愿編輯『本朝文範』上巻　緒言」は、第一部第二章で取り上げた稲垣千穎編『本朝文範』上巻の緒言を翻刻し、その内容について報告している。第三章「今泉定介「中等教育に於ける国文科の程度」（『教育時論』三三四号　明治二七年七月）」は、第一部第三章で扱った大日本教育会国語科研究組合の一員である今泉定介による論文「中等教育における国文科の程度」を紹介した。第四章「物集高見『新撰国文中学読本』（明治三〇年三月十五日発行　金港堂出版）」は、『言文一致』を著した物集高見による読本『新撰国文中学読本』の例言、緒言、目次一覧の紹介である。

本研究は、近代における古典の教材的価値の成立の様相を明らかにしながら、一方で、現代における古典教育（教材）の問題点を指摘している。過去と現在の、教材史と教材との往還を目指した結果が本研究の部立てとなっている。

注

1　ハルオ・シラネ（一九九九、三九六頁）は読者的カノン、作者的カノンを次のように定義している。

> 私は、私が呼ぶところの「読者的」カノン、すなわち道徳的、宗教的、社会的ないし政治的教育を主たる目的として読まれた権威あるテクストの集合と、「作者的」カノン、つまりその主要目的が、近代以前の時期を通じて、社会的・文化的実践の鍵であった散文や詩歌の書き方を習うことであったような権威あるテクストの集合のあいだに、機能の上での区別を設けたい。

引用文献

・中央教育審議会　教育課程企画特別部会「教育課程企画特別部会における論点整理について（報告）」（二〇一五・八）http://www.mext.go.jp/b_menu/shingi/chukyo/chukyo3/053/sonota/1361117.htm（二〇一五年八月閲覧）
・ハルオ・シラネ、鈴木登美編著（一九九九）『創造された古典――カノン形成・国民国家・日本文学』新曜社
・文部科学省（二〇〇八）『小学校学習指導要領解説　国語編』東洋館出版社
・文部科学省（二〇〇八）『中学校学習指導要領解説　国語編』東洋館出版社
・文部科学省（二〇一〇）『高等学校学習指導要領解説　国語編』教育出版（告示は二〇〇九年）
・八木雄一郎（二〇一〇）「国語科における「古典」概念の形成と成立――中学校教授要目の変遷とその要因から――」『月刊国語教育研究』四五八

第一部

近代中等国語読本の歴史から問う

※本書全体を通じて、明治期・大正期・昭和初期は和暦、それ以外は西暦で表記する。必要に応じて、和暦西暦を併記することもある。漢数字の「十」は「十三」のように「十」で始まる以外には使用しないが、引用の際はその限りではない。

※本文や注で出典を詳述したものについては引用文献に改めて記載していない。

第一章　古典教育の始発としての近世往来物と『平家物語』

一　近代教育史研究を相対化する

古典教育論、古典教材論の多くは戦後という時代区分以降に限定されて進められてきた。[*1] それは戦前と戦後において教育方針の大きな変化があったこと、現在の教育状況と直結した議論を確保することが求められたこともあり、着実な成果が積み重ねられてきた。稿者自身が戦後の平家物語教材史に関する調査と分析を、最初のアプローチとして選択したことも同様の理由であった（菊野雅之〔二〇〇五〕）。しかし、戦後のみを対象とした古典教育史研究は、古典が教材として不動のものであることを前提とした議論であり、ハルオ・シラネ、鈴木登美（一九九九）や品田悦一（二〇〇一）によってカノン化の問題が明らかになりつつある状況にあって、古典教材という存在を自明のものとして捉えているという批判には応えられない。これまで蓄積されてきた古典教育意義論は、古典教育や古典教材が発生した歴史的経緯を踏まえることが前提とならなければならない。国語教育史研究では、近代における国語科という枠組みの形成に関する研究が進捗することに平行して（甲斐雄一郎〔二〇〇八〕、小笠原拓〔二〇〇四〕）、制度形成や古典教科書、文学史の問題について言及する成果が積み重ねられてきた（八木雄一郎〔二〇一五〕、都築則幸〔二〇一三〕）。また、軍記研究では、大津雄一（二〇一三）によって『平家物語』の叙事詩論の歴史的展開について整理がなされ、近代における『平家物語』享受史の全貌が明らかにされた。本章では、近代のはじまりからさらに時間を遡り、近世における『平家物語』教材論を試みる。本章は、特に『平家物語』がどのように教材化されていたのか、というところに焦点をしぼるわけだが、『平家物語』一つをとっても、近世と近代では教材としての評価の基準は異なるし、近代も言文一致運動の前後でその位置付けは異なる。それらの差異を明らかにすることは、現代に続く我々の古典教材へのまなざしの起源や特徴をより俯瞰的に把握することにつながっていく。

二　教材としての平家物語の始まり——一六〇〇年前後

往来物の歴史は古く、その始まりは平安後期にまでさかのぼる。『明衡往来』（伝藤原明衡作　『雲州消息』とも）がそれにあたり、一一四二年以前のものと思われる写本が確認されている。[*2] 二一一通の消息文（往来）を収め、まさに往来物の始まりにふさわしい。

『平家物語』に関わる往来物が最初に確認されるのは、中世末期から近世初期にかけてである。一五八二年の写本『義経腰越状』が現在のところ、その最初期のものとして確認されている。[*3] 他に曼殊院の良恕法親王が、一六〇一年に尊朝親王筆本を重写した『腰越申状』が確認されている。刊本では、一六〇〇年にイエズス会によって刊行されたキリシタン版『和漢朗詠集』がある。この刊本には、「腰越状」「熊谷状」「（経盛）返状」が収められている。

『平家物語』に収められた書状群（以下、平家往来と呼ぶ）は、近世においてどのような教材的価値を期待されていたのか。先行研究に学びながら、近代における古典教材誕生の前夜を見通しておきたい。

三　キリシタン版『和漢朗詠集』

尊朝親王筆『義経腰越状』とキリシタン版『和漢朗詠集』について、石川謙・石川松太郎（一九七〇a）は次のように述べる。

尊朝親王の筆になる一軸は、かすかに陳情書の書き方と文体とを示す作文用の意図をふくみながらも、主として尊朝御筆をよろこぶ手習手本として尊重せられたものらしい。だからこそ、この一軸には句読点も返点もなければ、まして送り仮名や読み仮名は一切施してない。手習うことによって、併せて、陳情書の文体の読み方、綴り方をも学びとらせようとするねらいが、かすかにあったものと思われる。慶長五年（一六〇〇）刊の耶蘇会板に収めた一篇も、使用目的も、編集様式もまったく同一（ともに無点）であるが、ただ、後者は、外国人宣教師が日本にきて日本人に宣教する準備のために、学びとろうとした日本文教科書であった。

キリシタン版『和漢朗詠集』は、ポルトガルから輸入されたグーテンベルグ式印刷機により刊本として出版されており、印刷文化の始まりとしても注目すべき往来物である。キリシタン版は当時、百点を越える刊行があったとされるが、現存するものは欧文本五点、ローマ字本を含む邦文本二〇点、欧和混用本四点、断簡邦文三点、計三二点である。そのうち日本に現存するものは十二点（断簡一点を含む）である。[*4]

『和漢朗詠集』の内容構成を見ると、和漢朗詠集巻之上、九相歌並序、無常、雑筆鈔、実語教、直実状、返状、義経申状、真宗皇帝勧学、仁宗皇帝勧学、白楽天勧学文、朱文公勧学文、柳屯田勧学文、王荊公勧学文、司馬温勧学歌となっている。

「直実状」「返状」「義経申状」には、本文改変の跡が確認される。「直実状」では、『平家』諸本（延慶本、長門本、源平盛衰記）と比べて、多少の異同は確認できるが、内容を大きく変更するものではない。「返状」では、仏教に関わる記述について書き換えが施されている（以降、本書において引用の際の傍線は特に断りがないかぎり引用者による）。

未だ実否を聞かざるの間、何ぞ風便に其音信を聞かんと、天に仰ぎ地に伏し、天道の感応を相待つ所、七ケ日の内に彼の死骸を見るを得たり。是併天の与うる所也[*5]

最初の傍線部分「天道」は、『平家物語』諸本及びキリシタン版以外の各種「返状」では、「仏陀」・「仏神」、次の傍線部分「天」は「仏神」・「仏天」とある。「天道」「天」とはデウス（ゼウス）に代わる通用語である。[*6]「義経申状」では、仏神に関する記事が大胆に削除されている。[*7]同様の態度は、同じく編集されている「和漢朗詠集巻之上」の「佛名」の段が省かれていることや、キリシタン版『太平記抜書』でも仏神仏教に関わる部分が削除されていることからも確認される。[*8]

ここからは従来の学習材をそのままの形で提示するのではなく、テキスト内容をイエズス会が考える適切な形へと編集していこうとする宗教的そして教育的態度が確認される。

東アジアの巡察師であったヴァリニャーノが、印刷機輸入を決定した理由は、セミナリオ（初等聖職者養成機関）における教科書問題であったと言われている。彼は、日本の巡察報告『日本諸事要録』（一五八三、「スマリオ」とも言う）の第十二章「日本人の為の神学校の必要、並びにその経営方法」で次のように述べている（松田毅一・佐久間正編訳〔一九七三〕）。

子供の時代から優れた教義を体得させる為には、異教の詩やシセロの文章によってラテン語を教授すべきではなく、悪徳を憎むキリスト教的徳操と宗教の優れた材料を記載している書籍に基づかねばならない。その為には、優れた材料を取り扱っている聖人やキリスト教的著者の散文や詩の作品を選び、特にまた日本人向きの新しい別の書籍を作るべきである。その中でも、日本人の悪徳や偽りの宗派を非難し、子供達がラテン語と我等の聖なる信仰の奥義に関する立派な教えを共に学んでいけるようにする。ヨーロッパで読まれている異教の著書に現れる作り話や悪徳は記載してはならない。それらは初代教会の時代にはすでに権威を有していたから、禁止することは不可能であったろうが、日本ではすべて知られていないし、我等の方針に従った良書を導入できるのであるから、それらの悪書を齎すことは、はなはだ不当で、有害となろう。この新たに作成する書籍は、日本で印刷せねばならぬ。このようにして、日本にいる我等イエズス会員が、他のことを教えることを厳禁せねばならぬ。

ヴァリニャーノを始めとする日本在住のイエズス会院の教育への姿勢の一端を知ることができる内容である。ここでは、日本人学習者に対しては、「日本人向きの新しい別の書籍を作」り、「日本で印刷」する必要性が訴えられている。

土井忠生（一九六四）は、この印刷機の輸入の経緯を踏まえつつ、キリシタン版『和漢朗詠集』を次のように位置付けている。

それよりも、先づ考へなければならないことは、活字印刷本であることである。そもそも、日本耶蘇会で西洋印刷機の輸入を計画したのは、セミナリオなどの多数の生徒に教科書を提供する必要に迫られたからである。この版本「和漢朗詠集巻之上」一冊も、主として日本人生徒向きの教科書として編集刊行されたものである。特定の一本をそのまま印刷したのとはちがひ、集成本とも観得る編集本であるといふ内容面を重視すべきである。活字印刷であるが故に、印刷面の調和美において、欠けるところがあるのは致し方ないとしても、流麗な行草体の漢字と言ひ、連綿体の美を生かした平仮名の連続字体と言ひ、習字手本としても、その用を兼ね得たであらう。しかし、この版本本来のねらひは、読解用教科書であつたことを見のがしてはならない。

ただし、後に土井忠生・土井洋一（一九八二）は『和漢朗詠集』の位置付けについて修正を加え、次のように述べている。

本書を日本イエズス会においてわざわざ編集刊行したのは、当時一般日本人子弟の教科書に用いられたものを採って、吉利支丹の子弟なり日本語の修得に努めたイエズス会士なりに適した内容形態のものを提供するという明確な意図に基いている。

「日本人生徒向き」とされていたものが、「日本語の修得に努めたイエズス会士」すなわち外国人宣教師の教材へと移行しているのである（「吉利支丹の子弟」の中に「日本人生徒」を含むのかははっきりしない）。石川謙・石川松太郎（一九七〇a）も「外国人宣教師が日本にきて日本人に宣教する準備のために、学び取ろうとした日本文教科書」としており、『和漢朗詠集』の位置づけについては一定の理解に落ち着いているようである。*9

ところで、『日本大文典』（一六〇四）には書状の学習のための教材として往来物の存在を指摘している部分があり、書状の形式について詳しい解説を加えている点にも注意を向けたい。

書状に於ける書き言葉の文体は、簡潔といふ点に於いても、又助辞や成語の特有なものがある事に於いても、他の書き言葉とは大いに違ってゐる。（中略）書状の文体とその特質を学ぶ為には、往来(Vŏrai) といふ名のついた甚だ上品な書状集がある。　（土井訳）

『日本大文典』は、外国人宣教師のための日本語に関する文典である。そのなかに往来物についての表記があり、書状集の形式についての解説が示されていることは、キリシタン版『和漢朗詠集』の性格を定める際の一つの根拠を与えてくれるだろう。例えば、書状の発端と末端の敬意表現について『日本大文典』が説明する箇所がある。これは、「直実状」で言えば、発端の「直実謹んで言す」、末端の「誠惶誠恐謹しんで言す」。「返状」では発端の「恐々謹んで言す」、「義経申状」の発端の「源義経恐れ乍ら申し上ぐる意趣は」、末端の「恐惶謹んで言す」と対応する。「直実状」の末尾は「進上伊賀平内左衛門尉殿」という宛名があるが、その行頭の「進上」についても次のような解説が見られる。

○Xinjŏ（進上）。敬意が最も高くて、'上輩'(Iŏfai)、例へば、主君、父母、師匠、重だった貴人への書状で、'直札'(Giquisat)に於いても、'披露状'(Firôjŏ)に於いても使はれる。（中略）これらすべての助辞が使はれる場合には、'充所'(Atedocoro)にも、'上書'(Vuagaqui)にも書き、前述の如く、大いに尊敬する人にはその名の行頭に置き、尊敬することのやや劣る人には側面に置く。　（土井訳）

あるいは、「申状」についても解説があり、これについては「義経申状」が連想される。「腰越状」という別名ではなく、「義経申状」とされている点とともに関連性が感じられる。

○'申状'(Mŏxijŏ)といふ一種の書状がある。これは身分の劣った者から極めて高い方へ差上げる壮重な書状である。前にも言及したやうに、これらやその他の書状の間には、二つの種類がある。その一つは、普通にNari（也）を使ひ、極めて壮重なものであって、引用文を合んでゐたり、支那の歴史その他さういふ類のものに言及したりしてゐるので、'文'(Bun)と呼ぶ。今一つは'状'(Iŏ)と呼び、一般にSŏrŏ（候）を使ふ普通の書状である。　（土井訳）

これらの記述を踏まえると、学習材として注目されつつあった往来物をたまたま採用したわけではなく、書状の書式や一敬意表現等の学習材として、その効果が自覚的に期待されたために「直実状」「返状」「義経申状」はキリシタン版の中に組み込まれた可能性も考慮できるだろう。*10

四　もう一つの平家教材――天草版『平家物語』

イエズス会と『平家物語』、そして教材という観点からもう一つ注目されるのは、天草版『平家物語』（一五九二）

である。当時の口語をローマ字表記で作成したキリシタン版初期の口語学習材である。一五九二年刊。作者は不干（ふかん）ファビアン。原題は、「日本の言葉と歴史を習ひ知らんと欲する人のために世話にやわらげたる平家の物語」である。ジョアン・ロドリゲスは『日本語小文典（しょうぶんてん）』（一六二〇）の中で、次のように言っている。

> 厳密な意味での日本語による書物のうち、講読に適するものを分類して平易なものから挙げれば、つぎのとおりである。第一の最も初歩的な部類に入るものとしてはMay（舞）とSôxi（草子）がある。文体が平易で通常の会話体に最も近いからである。第二の部類には、Saighiŏfôxi（西行法師）の著した隠者伝でXenjixo（撰集抄）と呼ばれるものと、Camono chômei（鴨長明）の書いた隠者伝でFoxxinjŭ（発心集）と呼ばれるものがある。第三は歴史（イストリア）物語の意のMonogatari（物語）の名のついたもので、例えばFeike monogatari（平家物語）、Fôghen Feigi monogatari（保元平治物語）。これら二つはこの分野で最高かつ最も美しい文体をもつものである。第四はTaifeiki（太平記）と呼ばれる歴史書（イストリア）で、その文体はこの日本で最も荘重にして崇高な文体である。
>
> （ロドリゲス著・池上岑夫訳〔一九九三〕上巻）

初期の日本語の口語学習としてローマ字『平家物語』を通過し、さらに書き言葉学習材として『平家物語』そのものを扱う学習展開が想定されている。また、併せてキリシタン版『和漢朗詠集』所収の「直実状」「返状」「義経申状」の内容がリンクし、学習者の記憶にある〈平家物語〉が、日本語習得の土台としての役割を果たすことになるのである。例えば、天草版『平家物語』には「敦盛最期」についても記されており、その学習は「直実状」と「返状」の学習の際に、その書状の意味を深く理解させ、また学習意欲を引き出す契機ともなっただろう。そのように考えると、イエズス会の語学教育は〈平家物語〉の教育であり、また〈平家物語〉によって語学教育を展開してきた側面があったといえる[*11]。

五　平家往来の展開――素読・手習い教材としての古状揃

中世末期、近世初期から始まった平家往来だが、十分に学習材として広まる素地が整うのは十七世紀中頃であり、いよいよ活発となるのは十八世紀初期から明治最初期である。手習いの規範、そして素読の対象ともなった平家往来は、それぞれ一つの書状を一本とする場合もあったが、そのほとんどは複数の書状を組み合わせて一本が作られた。その基本的な型となったのが、『新板古状揃』（一六四九年刊、以下『新板』）である。石川謙・石川松太郎（一九七〇b）は「おびただしく流布した古状揃群の始祖となり原型となったもので、歴史科往来にとどまらず、教科書の歴史全般のうえで、重要な地位を占め」ると述べている。「今川状」「初登山手習教訓書」「義経含状」「弁慶状」「熊谷状（直実状）」「経盛返状」「大坂状」「同返状」「腰越状」の十編の軍記往来によって、『新板』は構成されている。この『新板』を基本として様々なバリエーションが生まれていくこととなる。以下、『新板』を踏まえた構成となっている「古状揃」の名を冠したものを列記してみる。[*12]『盛衰記源平往来』（一七〇二）、『古状揃絵鈔（仮称）』（一七〇四）、『童子往来（仮称）』（一七〇七）、『童習教訓万福往来』（一七二七）、『花墨新古状揃万季蔵』（一八〇四）、『〈文化新刻〉児読古状揃講釈』（一八〇六）、『〈文化新刻〉古状揃童子訓』（一八〇九）、『万宝古状揃大成』（一八〇九）、『〈児読〉源平古状揃講釈』（一八二二）、『児読古状揃証註』（一八三一）、『〈頭書訓読〉古状揃精注鈔』（一八四三）、『〈頭書訓読〉古状揃講釈』（一八四三）、『〈頭書訓読〉古状揃余師』（一八四三）、『〈新増〉大全万宝古状揃』（一八四五）、『絵本古状揃注釈』（一八四五）、『寺子調法記』（一八四六）、『諸往来』（一八五六）、『傍註古状揃大全』（一八五六）、『〈誤字改正〉古状揃絵抄』（一八六〇年代）、『泰平古状揃講釈』（江戸後期刊）、『〈頭書読法〉古状揃具一註鈔』（一八七一）、『松延古状揃講釈』（明治年間刊）。

他に、『新板』の形を崩したものや、「古状揃」の名を冠していないが、「直実状」など平家往来を収めたものまで範囲に入れると、[*13]平家往来の広がりは大変なものとなる。

では古状揃群が学習課程のなかでどのように位置付けられていたかを概観してみたい。入江宏（一九八六）は、都賀群下茂呂村の柏淵氏の塾の教育課程を柏淵家所蔵の「萬覚帳」の分析を通して明らかにしている。なお、「萬覚帳」は一八六五年から数年間にかけて記されたと、入江は推測している。柏淵氏の筆子学習テキスト一覧を踏まえ、入江は学習者の課程パターンを次のように整理している（入江（一九八六））。

第一のパターンは文字通り『仮名』のみを習って退塾する者（類型A）である。第二は『仮名』『名頭』『国尽』などを学び、さらに『実語教・童子教』か『古状揃』辺りを学んで退塾する者（類型B）である。俗謡に「名頭と江戸方角と村の名と商売往来、これで沢山」という句があるが、農村地帯であるこの地方では「商売往来」の代わりに『実語教』が入っているだけで、まさに類型Bのグループは俗謡どおり、庶民の文字学習の基本形を示しているといえる。第三はB型に加えて師匠の用意した『庭訓往来』『商売往来』『龍田詣』『洛陽文章』『世話千字文』など往来物各種の学習にまで進む者で類型Cの学習課程を履修するグループである。第四はC課程を土台に漢学の初歩として『大学』『中庸』『論語』『孟子』の四書を学ぶグループ（類型D）である。柏淵氏の塾では類型Dの課程に進んだものが三十四人中六名、約一八％という数字が出ており、注目される。

『仮名』『名頭』などの基本的学習のひとまずの仕上げとして、『実語教・童子教』あるいは『古状揃』を学習材とするパターンを確認することができる。

中条唯七郎（一七七三―一八四九）が二一歳の一七七三年頃について記した記事には、彼の村である埴科群森村に確認される蔵本について記している。

又廿一歳の七月、存付師へ縋ッて朗詠集を読、其頃当村に朗詠上下揃ッて全備せしハ決してなし、只先生の所に講釈付ノ分有之耳、我等本家に上巻あり、殿入笠井久五郎ニ平かな付の下巻ある耳、何書によらず、只ある

> 物ニハ古状揃・庭訓・式目・実語教・童子教耳也、よミ本ノ軍書等ニも坊太郎・しが・団七・其外珍敷大部といひハ慶安太平記の外何ニてもなし、其頃の様是にて可察〳〵、我等本家ニをたまき上下、開運録、由井根元記、集義和書、軍法極秘伝書、信長記、四書極有之といふ所ニて其位の事也
>
> （中条唯七郎『見聞集録』／青木美智男〔二〇〇八〕）

ここでは、唯七郎の本家には、往来物としては『古状揃』『庭訓往来』『貞永式目』『実語教』『童子教』があるのみと記されている。多種多様な往来物が出版されているなか、最低限の往来物の揃いと言わんばかりの筆致の中に『古状揃』の名があることは、『古状揃』の往来物としての位置を推し量る材料となる。

やや時代は下るが、各地の藩校の学科規定を提出させ、それを明治政府が整理した『日本教育史資料』からも『古状揃』を確認できる。[*14] 篠山の振徳堂の習字学習は「いろは、十干十二支、名頭、国尽、村名書、状文章、消息往来、風月往来、世話千字文、今川家訓、古状揃、武具短歌、千字文」という教材が並んでいる（文部省〔一八九二〕『日本教育史資料』「巻五　山陰道」復刻版第二冊）。伊勢の興譲堂（明治三年創立、伊勢国大矢知）では、（初級）伊呂波、人名、村名、国尽、干支、初登山手習教訓書、用文章（二級）商売往来、消息往来、風月往来、座訓往来、今川状、腰越状、義経含状、弁慶状、熊谷状、経盛返状、曽我状（三級）和漢朗詠集、世話千字文、千字文、広千字文となっている（文部省〔一八九二〕『日本教育史資料』「巻九　郷学」復刻版第三冊）。『古状揃』の名はないが、二級の庭訓往来（「座訓往来」と『日本教育史資料』にはあるが、庭訓往来の誤植だろう）から曽我状へと続く書状の並びは明らかに『古状揃』を前提としたものである。

あるいは先に引用した中条唯七郎の『見聞集録』には、彼が二二歳の時に四書の素読の勉強を再開した際の記事において、四書の素読へ移る前段階に「古状」（『古状揃』）、「式目」（『貞永式目』）、「庭訓」（『庭訓往来』）の素読が行われていることが次のように記されている（青木美智男〔二〇〇八〕）。

我廿二歳の年、又四書を読ミ候へ共、我等壱人切也、廿三歳ノ年柏原ニて月々三・七ノ稽古と定まり罷越候所、最初ハ村方の唱にハ出家ニ成り候か、医者に成候かと云ふ、其頃柏原医業世に行はれ、寸暇なし、畢竟三・七ノ稽古と成り候事、同門同志の者多く成り候故也、一旦ハ医者か出家かと嘲り候も、追々我も〳〵と入門す、第一に我等、次に奥三郎来ッて古状揃をよむ、（天狗町宮尾源之丞事他）夫ヨリ庭訓等と其類例の人別日に増進し、（中略）先最初ハ自分共ノ分ニハ古状・式目・庭訓等も過候杯と申候者が、後にハ四書・古文等と募り、稽古ノ夜も短しと嘆息して、後ニハ素読せねハならぬ物と流行し、興正寺・通芩等と所を嫌らはず読みさへすれハ事足りぬと心得る人情と成り候

『古状揃』は手習の初期段階の区切りとなる学習材としての位置を担っており、また一方で素読のテキストとしても使用され、四書五経の前段階として読まれてもいた。手習素読の両方において重要な役割を担っていたのである。ただし、各地域各時期において、往来物の学習課程は様々であり、『古状揃』の姿が認められない場合も多い。各地の事情で往来物の学習パターンは適宜取捨選択され、そのパターンの一つに『古状揃』もあったのである。

六　古状揃における学習上の工夫

古状揃は、近世から明治初期にかけて様々のパターンを派生させていった。[*15] 当初、軍記往来に限らず往来物全般において、返り点や注釈などはほどこされず、初学者が独学でそれを読みこなすには難度が高かった。それが徐々に教科書としての性格を帯びる中で、学習者の状況に対応した往来物が見られるようになってくる。養真子作・序（一六七〇）『武家往来』について、小泉吉永は次のように説明する。[*16]

上・中巻は『源平盛衰記』、下巻は『太平記』から、詔勅・願書・表奏・檄文・牒状などを抜粋（上巻二三状、

中巻一七状、下巻一六状、計五六状）した広い意味での『古状揃』である。序文によれば、これらの書は文章を学ぶための一助となるだけではなく、「古之軍容・兵政」において、その「梗概」を知るに近からんものとする。本文を大字・六行・ほとんど付訓で記すように、平安末から鎌倉・室町初期にかけての格好の軍記物ダイジェストという読み物的要素も濃い。

『源平盛衰記』と『太平記』に収められた書状を収めたものだが、その教材価値には文章の学習だけではなく、「古之軍容・兵政」の「梗概」を学習することも期待されている点には注意したい。手習いや素読の過程を通してそれぞれの書状の歴史的背景について学ぶということも想定されているわけである。古状揃群は学習効果を高めるためにその書式を更新していく。十返舎一九編（一八〇四）『花墨新古状揃萬季蔵』の見返しには次のようにある。

十返舎主人生著述を好み其いとまに諸事を熟覧してそれこれを注書し蔵せるもの数巻あり予一日閑談のため机下に跪て蔵書を観るに此一本あり古へより勇士の遺文を集めて古状揃と題し童子素読の入門とする事都鄙に渉りて普く諳んず今これを板本として夫に嗣んとを乞ふ主人速にゆるして再訂し上に其故を解し且絵をもつて暁しめんと斯なして賜はると雀躍し直に剞劂に命じ頓に刻本とし萬世に利あらしめんとを

古状揃は「古へより勇士の遺文」を収め、「童子素読の入門」書であり、それは、広く都でも田舎でも「普く諳ん」ぜられていた。それを十返舎の蔵書から見つけ出した栄寿堂は、復刻し売り出すことを提案した。十返舎は教材としての性格をふまえて再訂し、挿絵も書き入れた作りにしたという。実際の売れ行きは不明だが、すでに『東海道中膝栗毛』によって人気作家になりつつあった十返舎の挿絵に、栄寿堂が「雀躍」したのは当然のことであった。当初は、訓点もルビも挿絵もなかった往来物に、徐々に学習者の理解を助けるための配慮や興味を喚起するための挿絵といった工夫が凝らされるようになっていく。[*17]

増田春好注・西村中和画（一八〇九）『〈文化新刻〉古状揃童子訓』は、「各古状の本文を数段に分けて大字・七行・

無訓で記し、段毎に平易な割注を施」し、「頭書に本文の書き下し文を掲げたり、古状と古状の間に見開きの教訓的な挿絵を置いて視覚に訴えるなど『童子訓』にふさわしい童蒙用注釈書」[18]である。教材としての配慮が行き届いており、初学者教材としての性格がいよいよ強化されていく。

その決定版と言えるものが、高井蘭山注・序（一八三二）『児読古状揃証註』である。これは、当時流行していた『経典余師』の形式にならって改訂され、往来自体の内容はこれまでの古状揃と同じだが、各書状を大字・八行・無訓で示し、段ごとに割注を挿入し、さらに上段の頭書に総振り仮名の書き下し文を配置している。「類書中最も普及し、後続の『古状揃』注釈書に決定的な影響を与えた」[19]往来物である。この『児読古状揃証註』の後には、さらに修正を加えた蔀部風注・序（一八四一）『〈頭書訓読〉古状揃精注鈔』などが続いている。

古状揃は素読と手習いの手本として、その書式の最適化をくり返し、定番の教材として時代に定着していった。

七　通俗歴史・伝奇小説としての『平家物語』

『平家物語』の往来部分に留まらず、『平家物語』自体（ここでは当時流通していた流布本ということになろう）も、文字の読み書き教材となっていたことも併せて確認しておきたい。

大江玄圃（げんぽ）の『間合早学問（まにあわせはやがくもん）』（一七六六序）には「学問捷径（がくもんのちかみち）」という章の中で次のようにある。[20]

世に学問といへば。広大高明なることにて。今日の凡夫の。かりにもうかゞふへきにあらずと思ひて。少しも立よらぬは。其ちかき道をしらざるゆゑなるべし。かりにも学問に志あらば。まづ仮名がきの軍書。或は通俗三国志などの類。ひたすらよむべし。通俗もの丶類を。おほく読ゆけば。文字も余程覚るなり。それより蒙求史記の類をよむべし。蒙求史記の類あらかた読おはらば。四書五経をよむべし。かくのごとくつとむれば。大かたよめるものなり。

また、「文章捷径」の章には次のようにもある。

文を作らんとおもはゞ。故事談。江談抄。著聞集。平家物語などの。仮名文の内にて。何成とも其一段を書写し。これに文字をするゑて。漢文となすなり。或は又短き説話などに。ひたすら文字をするゑ習ふべし。此類を紀事といふ。文を作るの捷径なり。紀事数種作り終らば。序。記。論等の文章。心にまかせて作るべし。すべて文章に頭腹尾のくばりあはせあり。

軍記（軍書）が学習階梯の最初に設定される場面があった。「おほく読みゆけば。文字も余程覚ゆる」（『間合早学問』）ことが期待され、平家物語を書写することが、「文を作るの捷径」とされていた。

また、小川顕道（一八一四）『塵塚談』には、次のようにある。

是等の説を以て思ふに、平家物語は跡方もなき事を俗のおもしろく思ふ様に、あはれに作り置しもの也。故に事実を失ひ、信用するに足らざる事明らけし。閲人これを覚えずして、実録と思ふ事誤りなり。されども今の浄瑠璃本とは雲泥の違ひ、教訓ともなるべき事多し。近世の浄瑠璃本は言葉いやしく、無禮不義淫愛の事のみ多くして、人をそこなふ事なり。後世に胎り今の世をけがす事嘆かわしき事いふばかりなし。

『平家物語』は俗なもので、歴史的事実としては誤りがあることが指摘されている。もっとも、浄瑠璃本が「無禮不義淫愛」のことばかりを描くのに比べ、「教訓」となることが多いという。[*21] 小宮山楓軒の『楓軒偶記』（一八一〇）には、「源頼政の鵺を射て高名ありしこと、平家物語に載せ、今の世までも人口に膾炙し、三才の児童もよく是を知れり。（中略）平家の如きは実に伝奇小説、其信じがたきこと勿論なり」などとある。当時の浄瑠璃などの浮ついた叙述に比べて、その物語性、教訓性は読み物としての価値を高めていたが、史実性については心許なく「伝奇小説」としての位置付けが妥当なものとされていた。[*22] こういった平家物語の把握は、明治期においてもおおむね同様の形で継続された。例えば、関根正直（一八九〇）は、『小説史稿』において、小説とは「巷談」「巷談を本として。一部の趣向を構へしもの」「史伝の事跡を。敷衍潤色せしもの」「作者の肚裏より出でゝ所謂空中に楼閣を構へしもの」と定義し、小説のはじまりが「夢野の鹿の物語」と「浦島子の物語」であるとする。[*23] その上で、平家物語については次のように「演義の史類」と位置付けている。

> 斯くて平家物語源平盛衰記等。演義の史類には。右の巷談街説を。事実に混じて。記載したるものならん。又判官物語抔も此時代の作なるか。是は演義の史類に似たれど。猶全く小説なり。

『判官物語』を「全くの小説」と位置付けているのに対し、平家物語は、「演義の史類」とされ、小説と区別されている。[*24] 坪内逍遙（一八九三）は「野史のたぐひ」と言い切っている。

> 国文にて成れる叙事の詩歌の意匠の統一を具へて長編なるものは按ふに叙事の浄瑠璃を首とすべしそれよりも前に『平家物語』あれど彼れは華文にて綴りたる野史のたぐひなり律語の意義をいたく押し広めざる限は彼の文を詩歌とはいひがたし

なお、坪内逍遥は絵入文庫刊行会（一九二六）『絵入文庫』第十六巻にも収められた『平家物語図絵』に対して序を載せ、この図絵を「一つの通俗歴史」であると位置付けている。

> 本書は特に当時の家庭用に供せんとの目的を以て、支那小説の翻訳家として一代に名ありし高井蘭山が、其の雅健の筆を揮って、『平家物語』を小説体に敷衍したるもの。浮世絵の名家有阪北馬の密畫を挿めり。平家の起源、清盛の栄華に筆を起して、平家滅亡に至るまでの事跡、さながら絵巻物の如く展覧せらる。これまた一の通俗歴史たり。

この「通俗歴史」である『平家物語』が古典文学としての価値（古典教材としての価値でもある）を得るためには、明治二三年の古典文学全集（落合直文・小中村義象・萩野由之編『日本文学全書』博文館）や日本における最初の文学史（三上参次・高津鍬三郎『日本文学史』金港堂）の発刊を皮切りとした古典文学復興、平家物語叙事詩論の形成といった幾重かのプロセスを経てカノン化される必要があった。

近世において、文字の読み書き、文章の構成を学ぶための教材として平家往来は活用されていた。また、併行して通俗歴史書として、その中に教訓性を汲み取られつつも『平家物語』は娯楽として楽しまれてもいた。

一方、明治期に時代が移ると、往来物教材は急速にその姿を消していき、教材としての『平家物語』は、近代文語文（普通文）の模範として新たに近代中等教科書に採用されることとなる。近代文語文の形成・普及が求められていた明治期中期までは、近代文語文（普通文）に対する文範性が認められ、近世以前の作品を読むことに実際的な教育的価値が存在していた。新たに「国民性の涵養」という言葉によって、古文教材の教育的価値を論じることとなるのは、言文一致運動によって、この文範性が大きく揺らぎ始めたころからであった。

注

1 ただし、近年は古典教育の制度の整備の歴史について八木雄一郎の一連の論稿があり、近代教育における「古典」の位置付けに関する知見が蓄積しつつある。
2 小泉吉永主催「往来物倶楽部」往来物データベース
3 小泉吉永主催「往来物倶楽部」往来物データベース
4 『国史大辞典』「キリシタン版」の項より
5 稿者による書き下し。
6 土井忠生（一九六四）
7 削除されている箇所は以下の部分である。

仏神の御たすけにあらずより外は、争か愁訴を達せん。これによって諸神・諸社の牛王宝印のうらをもって、野心を挿まざるむね、日本国中の大小の神祇・冥道を講じ驚かしたてまッて、数通の起請文をかき進ずといへども、猶以御宥免なし。我国は神国也。神は非礼を享給べからず。憑ところ他にあらず（覚一本『平家物語』）

8 高祖敏明校注（二〇〇七）『キリシタン版太平記抜書』一
土井忠生（一九六四）

9 マイケル・ワトソン（二〇〇六）は、「漢文古典や手紙の書き方の指南書」で、「明らかに日本語の上級学習者向けのもの」としている。海老沢有道（一九九一、二二九頁）は「イェズス会士の布教上、知るべき仏教語を示し、さらに「実語教」を収録、日常語を示すという配慮がなされており、最後に「勧学文」を収め、国漢教科書として、かつまた儒仏的思想・文献に関する常識を与える目的をもって編集されたものである」とする。

10 稿者は本章の元となった『早稲田大学教育学部　学術研究（国語・国文学編）』（五九）掲載論文において、ロドリゲスが書状末尾の宛名と日付の位置について言及した箇所を引用しつつ、「義経申状」との関連性について指摘したが、小泉吉永氏（「往来物倶楽部」主催）に該当箇所についてのご指摘をいただき、宛名と日付に関する考察については、本書では削除している。当該論文の不備についてご指摘いただいた小泉氏には深く感謝申し上げる。

なお、土井忠生（一九八一）は、『和漢朗詠集』の「全体の構成が極めて合理的に組織立てられている」と指摘する。その中で、「直実状」「返状」「義経申状」については、その前段にある儒教的教訓の書である『実語教』の「具体的実例」として「付録的位置」にあると結論付けている。

11 キリシタンとなった琵琶法師の存在も無視できない。彼らが直接、教育もしくは学習材編集の仕事に携わったかどうかは確認ができないが、その存在はイエズス会のなかにおいて、重要な位置を占めていた。ルイス・フロイスは琵琶法師について次のように述べている。（ルイス・フロイス著・柳谷武夫訳（一九六三）『日本史1　キリシタン伝来のころ』東洋文庫）

山口に片目はまったく見えず、もう一方はほんのわずかしか見えないひとりの盲人がいた。日本での一般の習わしどおり、彼は琵琶を手に、貴人の家々で弾いては歌い、洒落や機知を操つてはその場の興をそえ、または昔物語を吟唱して、ほそぼそと生計をたてていた。それというのも、普通盲人が世渡り仕事にしていた普通の仕事のほかに、彼はこの芸にかけて多くのほかの人々より秀でていて、その才気の溌剌さ、豊富な知識、理解力と秀でた記憶力によってほかの盲人たちよりも好まれていた。（中略）フランシスコ（ザビェル）神父は、彼に洗礼を授けて、ロレンソという霊名を与えた。

12　以下は小泉吉永主催「往来物倶楽部」のデータベースから「古状揃」で検索をかけ、特に『新板』の構成を基本としているものを列記した。

13　例えば、「重宝記」「調宝記」の名を冠して平家往来を収めた一連の往来物群も確認される。

14　石川謙著・石川松太郎編（一九七二、一七五―一七六頁）には、一八三五年創立の西野郷学校の例も示されている。読書科は、四書、五経、史記、左伝、唐詩選の類であり、習字科は平仮名、数字、名頭、国尽、今川、庭訓、古状揃、実語教の類とされている。

15　小泉吉永主催「往来物倶楽部　往来物データベース　往来物解題・全文検索」にて、「古状揃」を含む往来物を検索すると、その数は二二種類である。

16　小泉吉永主催「往来物倶楽部　往来物データベース　往来物解題・全文検索」の「武家往来」の項（二〇一六年十一月二二日閲覧）。

17　この古状揃の変容については、石川（一九七〇）は、次のように指摘している。

ただ、江戸中期、享保ごろから、寺子屋の普及にともなって、庶民もまた、歴史科往来の学習に参加してくるようになり、やがては、その主体を占めてくるようになってくると、事態は変転する。それは、後述の他類型の進出にもあらわれているが、古状型そのものも、変質を余儀なくされている。まず、武士の勢力争いがからんだものとはいえ、古代末期から中世にかけての院政や寺院に関する古状・擬古状は遠慮会釈もなく割愛され、草紙や講談や稗史によって庶民に人気のたかかった菅原道真・源義経・武蔵坊弁慶、さらには上杉謙信・武田信玄・豊臣秀吉といった、戦国武将にかかわるものがクローズ・アップされるようになった。（中略）さらに、同じ中世このかたの古状・擬古状を学習させるにしても、総ふりがなつきとしたり、平易な注解を加えたり、また、巻首・頭書・巻末に、日常生活に要用のさまざまな記事を用意したりして、庶民教育にふさわしい教科書とするように努力しているあとも、見おとすわけにはいかない。

18 小泉吉永主催「往来物倶楽部　往来物データベース　往来物解題・全文検索」の「〈文化新刻〉古状揃童子訓」の項による（二〇一六年十一月二二日閲覧）。

19 小泉吉永主催「往来物倶楽部　往来物データベース　往来物解題・全文検索」の「児読古状揃証註」の項による（二〇一六年十一月二二日閲覧）。

20 『少年必読日本文庫』第四編も参考にした。底本のルビは、読みやすさを優先し省略した。なお、「学問捷径」についての指摘は、長友千代治（一九八二）を参照した。

21 長友千代治（一九八二）は、「江戸時代における軍書とは『太平記』であるといっても過言ではない」とも述べているが、それは『太平記』が他の軍記に比べ、より「鑑戒的、勧善懲悪的精神」（長友）を豊富に抱え込んでいることも大きな理由だろう。例えば、藤井譲治（一九九五）は、酒井忠直（一六三〇―一六八二）の『御自分日記』を取り上げ、そこでの講書として扱われたものは、漢籍より和書の方が圧倒的に多く、中でも軍記（特に『太平記』や『信長記』）が多かったことを指摘している。

22 越智正勝（一七七五序）『平家物語私解』の跋文には、「若夫平家物語者　起端於盛者必衰　而終筆於西方往生　文章妖艶以観娯衆情　意旨深淵以糺正人心　所謂感動人心以勧善懲悪者也」と記されている。『平家物語』とは、民衆を楽しませ、人心を糺す勧善懲悪の物語である。また、高井蘭山著・蹄齊北馬画（前編一八二九、後編一八四九）『平家物語図会』の自序には「人物之善悪是非。将士之智愚剛臆。烈夫之義。貞女之操。燦乎明干此。今為児女子誌平家物語図会十二冊。読人冀弁怪異説。採真面目。有温故之一助云。」とあり、また、「此度高井某が思ひ起して、今様には堪能なる絵匠の北馬と云へるに、心たましひ入りたらむ如く書きなさせ、誰にもよくその事のこゝろを知り得て、世の人の盛おとろへ、物の哀れを目のあたり見るが如く、目を慰る絵草紙と綴り改めしは、めでたしと云ふべし。」ともある。

23 関根正直と坪内逍遥については、高木市之助・小沢正夫・渥美かをる・金田一春彦（一九五九）や大津雄一（二〇一三）を参考にした。

24 小宮山楓軒が平家物語を「伝奇小説」としたのは、その史実性への疑いに視点を置いているからである。また、関根正直が、『平家物語』を小説と区別し、「演義の史類」としたのは、反対に、歴史的事実を踏まえた上で構成されているからである。

史料

・中条唯七郎（一八四七）『見聞集録』（青木美智男監修〔二〇〇八〕『近世信濃庶民生活誌—信州あんずの里名主の見たこと聞いたこと—』ゆまに書房）
・アレッサンドロ・ヴァリニャーノ（一五八三）『日本諸事要録』（松田毅一・佐久間正編訳〔一九七三〕『日本巡察記』東洋文庫）
・大江玄圃（一七六六）『間合早学問』（早稲田大学図書館蔵本による）
・小川顕道（一八一四）『塵塚談』（高木市之助他編著〔一九七七〕『増補国語国文学研究史大成』第九巻、三省堂）
・小宮山楓軒（一八一〇）『楓軒偶記』（高木市之助他編著〔一九七七〕『増補国語国文学研究史大成』第九巻、三省堂）
・ジョアン・ロドリゲス（一六〇四）『日本大文典』（ジョアン・ロドリゲス著・土井忠生訳〔一九五五〕『日本大文典』三省堂）
・ジョアン・ロドリゲス（一六二〇）『日本語小文典』（ジョアン・ロドリゲス著・池上岑夫訳〔一九九三〕『日本語小文典』岩波文庫）
・十返舎一九撰（一八〇四）『花墨新古状揃萬季蔵』（石川松太郎監修〔一九九三〕『往来物大系』第四四巻、大空社）

引用文献

・石川謙・石川松太郎（一九七〇ａ）『日本教科書大系　往来編　古往来（四）』四、講談社
・石川謙・石川松太郎（一九七〇ｂ）『日本教科書大系　往来編　歴史』十一、講談社
・石川謙・石川松太郎（一九七二）『日本庶民教育史』玉川大学出版部
・石川松太郎（一九七〇）『日本教科書大系　往来編』第十一巻、講談社
・石川松太郎（一九九三）「発刊にあたり」『往来物大系』第四三巻、大空社
・入江宏（一九八六）『栃木県の教育史』思文閣出版
・海老沢有道（一九九一）『キリシタン南蛮文学入門』教文館
・大津雄一（二〇一三）『『平家物語』の再誕　創られた国民叙事詩』ＮＨＫ出版
・小笠原拓（二〇〇四）『近代日本における「国語科」の成立過程——「国語科」という枠組みの発見とその意義』学文社
・甲斐雄一郎（二〇〇九）『国語科の成立』東洋館出版社
・菊野雅之（二〇〇五）「教育に映し出される『平家物語』」『横浜国大国語教育研究』二三、五—十九頁
・菊野雅之（二〇一一）「教材『平家物語』のはじまり」——キリシタン版『和漢朗詠集』と『古状揃』——」『学術研究——国語・

国文学編――』第五九号
・小泉吉永主催「往来物倶楽部　往来物データベース　往来物解題・全文検索」http://cgi2.bekkoame.ne.jp/cgi-bin/user/u109732/blocker/sgate.cgi（二〇一六年十一月二四日確認）
・品田悦一（二〇〇一）『万葉集の発明――国民国家と文化装置としての古典』新曜社
・鈴木俊幸（二〇〇七）『江戸の読書熱　自学する読者と書籍流通』平凡社
・関根正直（一八九〇）『小説史稿』金港堂
・高木市之助・小沢正夫・渥美かをる・金田一春彦（一九五九）「解説」高木市之助・小沢正夫・渥美かをる・金田一春彦校注『日本古典文学大系　平家物語』岩波書店、三―六六頁
・都築則幸（二〇一三）「旧制中学校における国文学史教育の変遷　明治末期から昭和前期を中心に」『国語科教育』第七四号、九三―八六頁
・坪内逍遥（一八九三）「美辞論稿」『早稲田文学』坪内雄蔵『逍遥選集』第十一巻、春陽堂、十一―五六頁
・土井忠生（一九六四）「和漢朗詠集巻之上解題」（京都大学文学部国語学国文学研究室『〈慶長五年耶蘇会板〉和漢朗詠集』京都大学国文学会所収）
・土井忠生・土井洋一（一九八一）「和漢朗詠集」『国語史への道　下』三省堂、一―七頁
・土井忠生（一九八一）「吉利支丹文献とのめぐりあい」『国語史への道　下』三省堂、三五七―三七九頁
・土井忠生（一九六四）「解題」『〈慶長五年耶蘇会版〉和漢朗詠集』京都大学文学部国語学国文学研究室
・利根啓三郎（一九八四）「民衆の教育需要の増大と寺小屋」「講座日本教育史」編集委員会編『講座日本教育史』第二巻、第一法規出版
・長友千代治（一九八二）『近世貸本屋の研究』東京堂出版
・ハルオ・シラネ、鈴木登美編著（一九九九）『創造された古典――カノン形成・国民国家・日本文学』新曜社
・藤井譲治（一九九五）「近世前期の大名と侍講」横山俊夫編『貝原益軒　天地和楽の文明学』平凡社
・マイケル・ワトソン（二〇〇六）「キリシタン版と書　天草版『平家物語』と『エソポのハブラス』」『国文学：解釈と教材の研究』五一―十一、六六―七二頁
・八木雄一郎（二〇一五）「一九六〇（昭和三五）年高等学校学習指導要領における「古典としての古文」の成立過程：古「典」教育における古「文」の位置」『日本語と日本文学』第五八号、二九―四〇頁
・山田忠雄（一九八六）『国語史学の為に　往来物』笠間書院

第二章　近代最初期の古典教科書の成立
――稲垣千穎編『本朝文範』『和文読本』『読本』

一　明治初期の教材史から古典教育を考える

古典教育の実践研究は現在比較的豊富な状態にある。例えば渡辺春美の仕事に代表される戦後の実践や理論を歴史的に位置づける作業が着実に行われてきている。[*1]また、古典教育論についてもその意義と価値を提唱・整理する論考が蓄積されてきている。[*2]戦後における具体的な実践や歴史的経緯を踏まえた議論を展開する素地が整えられているとと言える。既に古典のカノン化についてもある程度の通説化が図られ、[*3]それを踏まえた議論も上記の研究状況の中に確認することができる。

ただし、それらの議論は、明治大正期における教育史・教材史の検証を踏まえた具体的な議論にまでは発展せず、観念的なカノン化の把握にとどまったうらみがある。第一章では近世往来物について整理を行った。これを受けて第二章では、近代最初期の古典教科書が成立する経緯を対象とし、「古典教科書」という方法がどのような背景(学問)に支えられて完成したのかを検討していく。それは結果として、我々が古典を古典と見定める枠組みがどのように形成されてきたのかを明らかにする作業につながっていくだろう。

二　古典教科書の始まりはいつなのか

現在の古典教科書のように上代から近世にかけて網羅的に個々の作品の一部を取り上げる選文集（アンソロジー）の形式はいつからはじまったものなのか。アンソロジー自体の発想はすでに漢詩集として『文選』（昭明太子編）があった。『文選』は日本にも伝わり四六駢儷文の軌範として広く享受された。また、その形式を習った『本朝文粋』（藤原明衡編、一〇五八―一〇六五年の間に成立か）があり、これも同様に文範として広く使用された。日本におけるアンソロジーの起源は漢詩漢文集に求められる。一方、和文のアンソロジーとなると、管見の限りでは、一七七八年の『文の栞』（山岡浚明）が最初期のものとして確認されている。[*4]『文の栞』以降の和文アンソロジーをいくつか列記する。

『文の栞』（一七七八年　山岡浚明）
『閑田文草』（一八〇三年　伴蒿蹊著　男資規門人編）
『消息文例』（一八二〇年　藤井高尚）
『文苑玉露』（一八一四年　林蓮阿（川島茂樹））
『消息文梯』（一八一五年　川島茂樹）
『消息案文』（一八三三年　黒沢扇満）
『近世名家遺文集覧』（一八五〇年　萩原広道）

中でも『文苑玉露』と『近世名家遺文集覧』が二大和文アンソロジーとして広まったという。[*5]これらの和文文範は、序跋の文書を据えることを基本的な構成とし、国学者や注釈学者の和文を中心に掲載しつつ、幅広く名文を収録している。文章が掲載される人物を幾人か挙げてみると、本居宣長、本居大平、藤井高尚、賀茂真淵、賀茂季鷹、伴蒿蹊、村田春海、契沖、荷田春満などで、その選考基準が国学に偏っていることが一見してわかる。そして中世作品については和歌序（古今和歌集序）や跋（枕草子跋、宝物集跋）というように序跋に限って採用されている（『文の栞』）。中古中世の古典を中心にした現在の教科書のような編集態度とは性格が異なっていることを確認しておきたい。

さて、そういった近世和文文範の系譜からはずれ、近代古典教科書のさきがけになる教科書が姿を現すのは、明治十四年、十五年の頃である。

稲垣千穎編の『本朝文範』[*6]（上中巻明治十四年、下巻明治十五年）、『和文読本』（明治十五年）、『読本』（明治十七年）の三教科書がその最初であると考えられる。

『本朝文範』は中学校師範学校の教科書として明治二〇年に検定を通過している。[*7]『和文読本』は明治二〇年九月二六日に小学校用書として検定を通過し、また、明治二一年五月二三日には中学校師範学校用書の検定を通過している。[*8]小学校の所蔵印を捺された『和文読本』刊本も確認される。[*9]『読本』は訂正版が明治二〇年に改めて刊行され、その『訂正読本』が明治二〇年八月十五日に小学校用書として検定通過している。[*10]なかでも『和文読本』は小中学校及び師範学校での検定を通過しており、その汎用性の高さからも、評価の高さが伺え、明治三〇年代中頃までは少なくとも使用され続けたようである。[*11]

特に『和文読本』の画期性には注視したい。近世における和文集では中世作品が採用されるのは序跋といった限定的な場合であった。その流れから逸脱し、中世作品の本文を初めて採用したのが『和文読本』なのである。現在の感覚からすると、『平家物語』『徒然草』に代表される中世作品が古典教材化されることは当然のように思われるが、近世からの文範の系譜を踏まえると、そのことがいかに画期的だったのかが分かるのである。[*12]そして、中世和文の教材化という発想は、その編者稲垣千穎の持つ国学的文範観が下支えとなっていたのである。

なお、山根安太郎（一九六六）は、『和文読本』に代表される国文教科書が、伴蒿蹊（一七七四）『国文世々の跡』や榊原芳野（一八七八）『文芸類纂』、文部省（一八六八―一九二六）『古事類苑』[*13]を模倣したものであるとしている。

しかし、『国文世々の跡』は風間誠史が指摘するように「中世以降の和漢混淆文は「文章」としては一段低い扱い」をしており、一条兼良以降は「和学者の擬古文のみ」の採用となっている。[*14]中世作品を積極的に採用した『和文読本』への直接的な影響は考えにくい。「模倣」といった直接的関係性ではなく、『文芸類纂』などによる辞典的把握が進められることで、中世作品も対象化される時代状況が準備されつつあったと考えるべきだろう。また、『国文世々の跡』では、補考において「又平家物語は(中略)是もよきことばども見ゆ。保元・平治物語・源平盛衰記は軍書のうちにてよきものとはいふべし。文章にはとりがたし。」と述べられるように、相反する言説が共存しながらも、中世和文を評価する意識が立ち上がりつつあり、その延長線上に、中世和文の積極的教材化が可能になってくると考えるべきだろう。

三　稲垣千穎について

稲垣についてはその実像がほとんど明らかになっていない謎の人物であった。ここでは、稲垣千穎という人物の具体像を明らかにすることを通して、近代最初期の和文教科書の成立経緯を繙いていく。

稲垣については僅かながら国語科教育研究の中でも、触れられることがあった。まずその状況を概観する。

『教科書史』(国語教育史資料第二巻)には『和文読本』の緒言が掲載されており、その解題で稲垣について触れている。

稲垣千穎編　明治一五年一二月出版　明治一八年八月一八日再版御届　発行以後、中学校教科書として広く行われた。

稲垣千穎(いながき・ちかい　生没年未詳)国文学者　歌人　埼玉県川越の人　東京都師範学校教員　明治一三年四月音楽取調掛となる。「唱歌」の作詞について伊沢修二に協力する。

すべて古文より成り、緒言では、従来の漢字による、不必要な字学の煩から解放された大御代のよろこびと、仮名文字による和文の効果が、めんめんとした和文調で記されている。

また山根安太郎（一九六八）が、上田万年や芳賀矢一編の教科書の新鮮さを評する際に稲垣の名前を挙げている。

> なかに、当時一種の新味をあらわしたものに、上田万年『国文学』（明治二三年刊）芳賀矢一『国文学読本』（同上）の類があらわれ、これらの著者は、黒川真頼・稲垣千穎といった国学色のつよい旧派学者とはことなるところがあった。

最近のものでは、山東功（二〇〇八）が唱歌研究の分野から稲垣について触れている。先に『教科書史』（国語教育史資料第二巻）にもあったように、稲垣は伊沢修二に見込まれ、音楽取調掛となり、唱歌の歌詞作成を行っている。『蛍の光』の作詞を担当したのが稲垣である。*15

稲垣千穎（「音楽取調所諸家方嚮記　明治十三年」の表記による）については、その経歴が全くわかっていない。埼玉県士族で、東京師範学校の教員であったというところまではわかるのだが、生没年すら特定できていない。ただ『楽石自伝教界周遊前記』には唱歌作詞に携わった人物に関して、次のような記載がある。

> 而して最初に尽力してくれた人は稲垣千穎氏である、此人は惜しいことに最早故人となつてしまつたが、歌が上手で随分多く氏の作にかゝる歌がある。

この自伝が書かれたのは一九一二（明治四五）年であるから、稲垣の没年はそれ以前だとわかるが、それでも詳細は不明のままである。

山東がいうように、稲垣千穎についてはその生没年さえ不明の状況が続き、教科書編集と唱歌の歌詞作成の仕事に精力的に取り組んできたその成果とは裏腹に、その人となりはほとんど分からない状態にあった。しかし、既に中西光雄によって稲垣の事跡の多くが明らかにされていることを知り得た。稿者は、直接中西氏に取材を行い、稲垣に関する資料について様々な教示を頂いた。本章段において以下に示される稲垣に関する事項は中西氏の教示及び提示していただいた資料を元に、実際に史料を確認し、特に国語科教育に関わる事項について整理したものである。[*16]

〈稲垣千穎の年表〉

年月	事項
弘化四（一八四五）年	奥州棚倉藩士の子として生まれる。幼名眞二郎
	日光の某寺院で修学
慶応二（一八六六）年	棚倉藩主松平（松田）康英の川越藩転封
慶応三（一八六七）年	稲垣も川越に移り、藩校長善館の教員となる
明治元（一八六八）年	藩主の推挙により京都遊学
明治二（一八六九）年三月二七日	東京の国学塾「気吹屋（いぶきのや）」に入塾
明治四（一八七一）年	気吹屋塾頭に就任
	遊郭遊びに対して塾生らが意見書を提出
	退塾
明治五（一八七二）年	東京師範学校開設
明治七（一八七四）年	東京師範学校の教員となる
明治九（一八七六）年	『小学読本』巻四、五を那珂通高と共に出版
明治十二（一八七九）年	伊沢修二、東京師範学校校長となる
明治十三（一八八〇）年	音楽取調掛として雇われる
明治十四（一八八一）年	東京師範学校助教諭に昇進
同年十一月	『本朝文範』上中巻出版
明治十五（一八八二）年一月	『本朝文範』下巻出版
同年十月二〇日	『本朝文範　改正』上中下巻出版
同年十二月	『和文読本』出版
明治十六（一八八三）年	東京師範学校教諭（判任）に昇進

明治十七（一八八四）年四月	東京師範学校を辞す
同年十一月	『読本』出版
大正二（一九一三）年二月九日	死去

山根は稲垣を「国学色の強い旧派学者」と評していたが、『本朝文範』や『和文読本』の総論・緒言からもその国学的背景を読み取ることができる。ただ、稲垣がどのような経緯でその国学的素養を獲得してきたのかがこれまで全く分かっていなかった。稲垣は、明治二年三月、二三歳の時に東京にある平田銕胤（かねたね）（平田篤胤の養子、娘婿）が主催する国学塾「気吹屋（いぶきのや）」に入塾している。その直前には藩主の命令で京都を遊学しているが、そこでも国学を学んだようである。[*17] その気吹屋に入塾の際に記した誓詞帳には、

武蔵国河越藩　　二三歳
明治二年三月二十八日　　源元儀
寺村武人紹介　稲垣真次郎

と記されている。[*18] 源元儀は諱（いみな）、稲垣真次郎が字（あざな）である。稲垣には、稲垣元儀、稲垣真次郎、稲垣千潁と三種類の名が認められる。[*19] 入塾後も成績優秀であったようであり、気吹屋での試験結果を記した「試業書類」では「論之部」「文之部」の両分野で筆頭であった。[*20] その後塾頭に就任した稲垣だったが、就任してから数日もたたないうちに塾生から塾法違反であると連名の意見書を突きつけられている。[*21] その詳細については不明であるが、その年に稲垣は気吹屋から退塾したようである。[*22]

その退塾の三年後には東京師範学校の教員として採用されている。そこで『小学読本』巻四巻五を那珂道高とともに編集し、伊沢修二に請われ音楽取調掛も兼務し、明治十四、十五年に『本朝文範』『和文読本』、十七年に『読本』の出版に至る。

明治期最初の古典教科書の先鞭を付けたのは、近世からの遺産である国学であったことに注視したい。それは近世から近代へと移行する過渡期に起こった現象ということのみを意味するのではなく、近世の国学的文範観と近代の教育制度・教育観が稲垣千穎という人物の中で結合した結果、これまで省みられてこなかった中世和文をも教材として採用した初めての近代古典教科書が誕生したことを意味するのである。

四 『本朝文範』『和文読本』の立場

近世における和文アンソロジーとは、近世国学者の名文集といった様相にあった。明治期最初の古典教科書と言える『本朝文範』もその流れを汲んでいる。ただし、『本朝文範』は中古和文を目指すべき文体として評価・収録し、それに準ずる形で近世和文も併せて採用している。その稲垣のこだわりは、『本朝文範』の冒頭に示された総論及び凡例に明記されている。以下、ひらがなのルビは引用者、カタカナのものは本文のままである。

なべては皆上世(かみつよ)風のなごりありて. 裏(シタ)に此国のおほらかなる心をすえ. 表に漢文の花やかなるかたちをうすくよそひて. 実さへ花さへそなへたれば. えもいはぬにほひありて. 今も耳遠からず. 後の世の文かき歌よむ人も. 皆此すがたをぞねがふめれば. 今此きはよりたちきりて. 此書にはしるしいでたり.

ここに端的に中古作品を採用した態度の表明がある。「上世」とは天応(てんおう)元年(七八一)以前を指す。『万葉集』『古事記』『日本書紀』の上代文学の流れを残し、「此国のおほらかなる心」と「漢文の花やかなるかたち」を兼備し「えもいはぬにほひ」の様子で、「今も耳遠」いわけではない中古作品群。後代の人間はこの中古作品の文体を目指してきたこともあるので、この時期の作品からこの書に採用したという。続けて中世作品については、次のように述べる。

> 承久よりこなたを近世風とす．（中略）天の下おしなべて．おのづから武き事そのみ尊み慕ひて．文学の方は．益なくかひなき物に．おもひなし言ひけつならはしとなりしかば．さしも其人多く聞えたりし雲の上近きあたりにも．吹風のおとだになく．立霧のおぼ〳〵しくのみなりゆきつゝ．元弘の乱（ミダレ）より後はます〳〵闇の夜のあやめもわかぬすがたとなりて．此道の光は．全く潰えはてたれば．此間には見るべき文いふべき人も．いとゝすくなくなんありける．

承久（じょうきゅう）年間（一二一九―一二二二）以降は、朝廷の力が弱まり、武の尊重と文学への冷視の空気が強まった。さらに元弘の乱によって文学の道は絶たれ、見るべき文も人も少ないという。その文化史的把握の是非についてはともかくとして、そのように捉えられた中世作品は事実一つも採用されていない。

> かくて幾百年をへて．元禄の頃より．またとかくさだすること始りて．つき〳〵賢しき人多く世にいで．文化・文政になりては．年の号もしるく．此道また真盛（ミサカリ）になりて．雲の上より地の下まで．望月のみちたらひて．詞の花は．再もとの古に咲きかへりきにければ．おのがむき〳〵．心のひかるゝまに〳〵．或は上世風．或は中世風とならひものして．かくまでとうちおどろかるゝばかりにはなりにたり．されど細かに見れば．しひてもてつけたるあと．おのづからあらはれて．詞は古なるも．なほ後の風のえおほふまじき所ある．

元禄以降、再び学問（批評（さだ））することが可能となり、古の詞が溢れている。しかし、表面上は上代中古風であっても、後の世の癖をかくしきれていないという。結果中古と近世の文範集という体裁に至り、中世作品がすっぽり抜け落ちてしまうことになる。[*23]

稲垣の国学者としての立場が鮮明に表明されているのが『本朝文範』の総論だが、この立場は同時期に編集された『和文読本』では著しく変化を見せる。つまり、『和文読本』では『本朝文範』で採用されなかった中世作品を中心として編纂しているのである。『和文読本』掲載作品名を挙げれば、『神皇正統記』『増鏡』『太平記』『宇治拾遺物語』『古今著聞集』『源平盛衰記』『今昔物語集』『徒然草』『平家物語』『十訓抄』『體源鈔』『保元物語』『扶桑拾葉集』がある。また本居宣長、鈴木倫庸、中山忠親、一条兼良、後醍醐天皇の文章も掲載されている。

『和文読本』の緒言では漢文学習の弊害を厳しく批判し、和文学習の重要性を繰り返し強調する。そして中世作品の文章を主に採用したことについては次のように説明している。

> されば此の書。今の世の極めて初学の誦読の為にとて物したるにて。なか〳〵めでたくうるはしき雅文は、容易くさとり難き方もあれば。或は軍記。或は俗物語などよりさへとりて。多き中には。御国文の體ならぬも。又詞のあやしくさとびたるもあれど。むげに後世のならねば。さすがにおのづから雅びたる處ありて。其の方に罪ゆるさるゝここちせらるゝなり。

初学者には『本朝文範』のような中古和文は学習が困難であるので、中世軍記や俗物語（ここでは説話を指すのだろう）を多く採用した。漢文のくせが入り込んだ俗なものもあるが、それほど後の世のものでもないので、「さすがにおのづから雅たる處」があるので許されるだろうという。ここには積極的に中世の文体を肯定する言葉や立場をもっていない国学者の限界と、理想的な和文へ学習者を導くために、中世和文をその階梯として新たに位置づけた積極的方針転換を読み取ることができる。『和文読本』という本題自体、そういった理想的和文への第一段階として用意されたものだという宣言でもあるだろう。

ただし、ここで注意したいのは『本朝文範』『和文読本』共に和文作品を教養的古典として学習するために編纂されたわけではないということである。『和文読本』緒言では次のように書かれている。

> 天皇が詔旨の御書にも。假字を交へさせ給ひ。下は天ざかる鄙の蝦夷の賤の子をまでも。まづいろは。五十音。

假字単語。などいふものより教へ導かせ給ひて。専ラ御国語御国文を用ゐさせ給ふ事となりにたるは。いとも〳〵尊く忝き大御恵にて。御代の名におふ明に治る時に生れあひたる人民の。上なき幸にて。今よりして後は。えうなき字学の煩もなく。語と文とは似てもつかぬやうなる違もなく。吾もさとりよく。人にも教へよくなりて。容易く実学実験をもなし得つべければ。世の為人の為に甚しくて。おのづから大御国の御光も添ふわざなれば。心ある学者の千歳の憾も。全く此の大御代にぞなくなるべき。

ここでは和文（御国文）が広く使用されることで話し言葉と書き言葉の間の落差が減少し、言葉の理解に関する煩いが減少することを期待している。あくまで現代の文章に寄与することを期待された文範集であることに注意したい。それは様々な文体が併存していた当時の言語状況の中で、国学者が当然主張するべき文範観だったと言えるだろう。

五　和文主義と普通文創出の軋轢

明治期は様々な文体が混在、併存した時期だった。滑川道夫（一九七七）は明治二〇年代文体の併存状況を、一：漢詩漢文、二：漢文直訳体（訓読体）、三：和文、四：通俗体（口語体）の四つに区分けしている。また、近代国文学の開拓者である芳賀矢一は、明治四五年刊『作文講話及び文範』の序において、文体併存による作文教育の困難さについて、「されば現今の文体の多様多色なる、あたかも現時の服装の千種万様なるがごとく、これを学ぶものの困難名状すべからず。」と述べている。

こういった文体の併存混乱期の中で、稲垣は統一されるべき文範を和文と定め、その教材化を行ったのであった。それは国学者としていわば当然の結論だったのかもしれない。しかし、文体併存の弊害を除いていこうとする動きは、稲垣の望んだ文範観とは異なる形で進んでいった。稲垣は『本朝文範』『和文読本』を刊行したわずか二年後に東京師範学校を辞している。甲斐雄一郎（二〇〇八）は東京師範学校の校長であった伊沢修二や高嶺秀夫にとって「ここ（引用者注：『和文読本』）にみられるような漢文脈の混入を排除する姿勢はかならずしも求めたものではなかったはず」とし、「それら（引用者注：漢文脈）をも包摂した文体を教授・学習する教科必須のものであるとする理念」から見るならば、「和文学者による限定は制約にすぎない」としている。そして、そのことを支える傍証として稲垣退職後、東京師範学校改め高等師範学校に採用された新保磐次（しんぼいわじ）の述懐を引用している。本章でも重要な史料であるので再度引用する（新保（一九二二））。

御承知でもありませうが、高等師範学校の出来るまでは、国語科といふものがなく、中等以上の学校では和文・漢文の二科があつて和文の先生は純粋の和文ばかり教へて、学校を「学び屋」洋学を「西の国の物学び」など

と長つたらしいことを書かせるし、漢文の先生は漢語を自由に使ふけれど、過去・現在・未来も分からぬやうな文を教へる。そして両方とも主格のない文を得意に書いてゐる。かういふ文では文明の良導体として高等の学術を伝へ複雑な事を記する資格がないから、是非和漢文を合一し国語科を創設して立派な普通文を作らねばならぬ。それをするには、和漢文は勿論外国文も一通り承知して、科学・文学の知識を多少兼備した主任者が必要だといふので、おほけなくも私が其の選に中つたのですが、サアその私の学歴はどうかと云ふと、和漢文に於ては全く師事する所なく、外国語は何れも田舎の学校や東京の私塾でかぢり散らしたので、一枚の卒業証書も持つてゐない。

「和文の先生」という言葉には稲垣も含まれていたのではないか。『本朝文範』の総論でも「文章」を「フミ」と、「批評」を「さだ」と読ませていたことが思い返される。稲垣は、普通文の創出という目標に対し、東京師範学校側が望む解答を持っていなかった。そのため具体的な経緯は分からないものの、事実上の解雇処分の扱いを受けたので

はないだろうか。

稲垣は『本朝文範』『和文読本』『読本』という三部作をほぼ同時期に編集していた。しかし、『読本』だけ刊行が二年遅れている。『読本』の凡例部分を次に引用する。

> 愚往年本朝文範を撰して以て我が邦中世文の書体を示せり然れども其の書較(やや)高尚にして固より児童の輒(たやす)く解し得べき身非るを以て次て和文読本及此の書を撰して近古及近代文の諸体を録せり爾来両三年傚顰(こうひん)の著世間頗る多し実に望外の栄なり然れども此の書の如きは当時少しく慮る所有りて未だ梓行せざりき（中略）
> ○此の書慶長元和より以来近時に至るまでの諸名家の著作及筆記書簡等普通文の中に就きて今日に行ひて弊なく以て模範とするに足る可き者を撰釈して童家読方の科書の用に供す其の巻の次第は多く難易に依り其の文の順序は故ラに諸体を混収して類別を要せず以て授業者をして倦む事なからしむ[*24]

『読本』の版権免許は明治十五年三月に許可が出ているが、出版は明治十七年十一月である。版権免許から出版までの時間差は長くても数ヶ月程度が通常であったから、二年半以上間が空いているというのは意図した延期だったはずである。凡例の「当時少しく慮る所有りて未だ梓行せざりき」事実が刊記からも確認できるのである。稲垣が東京師範学校を辞したのは明治十七年四月十五日。[*25]『読本』はその七ヶ月後に刊行されることになる。凡例には「普通文の中に就きて今日に行ひて弊なく以て模範とするに足る」という文言がある。ここに「普通文」という言葉が確認されることには注意したい。新保の述懐にもあったように普通文の創出に寄与しないと判断された和文の先生、つまりは国学者稲垣千穎の中でも相当の葛藤（「少しく慮る所」）があり、そして『読本』の編集態度にもそれは少なからず影響をしたのである。そしてその影響は、和文主義を保ちつつも、近世和文のみを「軌範とする足る可き者」として「撰釈」した『読本』の態度に確認される。これは『本朝文範』『和文読本』の際の中古和文を頂きとする態度から考えると、大きな譲歩であり、普通文と和文との兼ね合いをいかに取り持つかを試行錯誤した、近代に生きた国学者稲垣千穎の一つの結論であったのだろう。

六　稲垣千穎の再評価と批判

中世和文の教科書『和文読本』が誕生した背景には、中古和文を頂点と捉える国学的文体観がまず前提としてあった。そしてその頂きにどのような教材を示すことで段階を踏んでいくかという現実的な問題が、中世和文の教材化を引き出すことにつながるのである。

「国学」という限られた人々が学んだ「学問」から古典教育が始発していることと、学習者を「古典に親し」ませようとする現在の我々の教育態度はどのように接合するのか。古典と学習者の関係について考えるとき、古典教材という枠組みの発生と発展の経緯について具体的に整理していくことが重要であることを改めて強調したい。そして、中世和文を含んだ古典教科書の原型を作り上げた稲垣千穎という人物の再評価と批判を進めることは、「伝統的な言語文化」という枠組み自体に示唆をもたらす今日性の高い課題である。[*26]

注

1　渡辺春美（二〇〇七）『戦後における中学校古典学習指導の考究』、世羅博昭代表（二〇〇六）『高等学校における戦後古典教育実践の調査研究』、幸田国広（二〇〇六）『益田勝実の仕事5国語教育論集成』、大村はまの古典教育に関する坂東智子の一連の研究など。

2　例えば、増淵恒吉、浮橋康彦、安西迪夫、大平浩哉、長尾高明、益田勝実、西郷竹彦、鳴島甫、内藤一志、世羅博昭の一連の研究。

3 ハルオ・シラネ、鈴木登美編著（一九九九）『創造された古典』、品田悦一（二〇〇一）『万葉集の発明』、大津雄一（二〇〇七）『『平家物語』とロマン主義」『軍記と語り物』四三、府川源一郎（二〇〇二）「国語教育思想の展開」『国語科教育学研究の成果と展望』など。

4 ここでは和歌集詩歌集などの韻文アンソロジーはひとまずとりあげない。既にジャンルが固定されたアンソロジーと古典教科書の議論は直結しない。また、往来物については、書簡文というジャンルに限定されたアンソロジーであること、その書簡文が漢文体であることから和文アンソロジーとは区別する。

5 風間誠史（一九九八）「林蓮阿の文業——近世和文史における意義」『相模国文』二五、森田雅也（一九九六）「近世後期和文集の越境——『文苑玉露』から『遺文集覧』へ」『日本文学』四五—一〇

6 『本朝文範』の編者には稲垣千穎と松岡太愿（たいげん）の名前が見られる。松岡は栃木県の士族で、東京高等師範学校小学師範学科を明治八年六月に卒業。その後、千葉県尋常師範学校の教諭を経て（松岡太愿述・飯村義男編（一八九六）『文法弁疑』）、福島県第二中学校教諭、福島県立磐城中学校教諭に着任している（大蔵省印刷局〔一八九九、一九〇〇、一九〇四〕『官報』第四七六六号、第五〇二七号、第六一九九号）。著書に『袖珍史学字引大成：頭書略解』（一八七六）、『文法弁疑』（一八九六）がある。

なお、『和文読本』『読本』の緒言凡例において稲垣が『本朝文範』について言及していることや、その編集態度が稲垣の国学者の素養からくるものだと判断され、『本朝文範』編集においても稲垣がその中心にいたことは間違いないだろう。

7 『検定済教科用図書表　二　師範学校中学校高等女学校　自明治一九年五月至明治三十二年四月』

8 『検定済教科用図書表　一　小学用　自明治十九年五月至明治三十六年四月』、『検定済教科用図書表　二　師範学校中学校高等女学校　自明治十九年五月至明治三十二年四月』に検定を通過した教科書の一覧がある。また、『和文読本』の刊記部分には、「明治廿一年五月廿三日文部省検定済師範学校中学国語科用書」と印字されている。

9 東京学芸大学松浦文庫蔵本『和文読本』には、「福島県立安積群豊田村立尋常小学校印」の朱印が捺されている。また「第五號　必讀部　四冊内一　明治27年10月購入」の張り紙が各冊に貼ってある。安積小学校に明治二七年時点で購入されたことを示すと考えられる。筑波大学蔵本には「高等師範学校図書之印」とともに、「高等師範学校付属小学校印」の朱印が

捺されたものがある。また、「栃木県安蘇郡佐野町佐野学校印」の朱印が捺された板本もある。朱印は明治二二年以降に捺されたものと推定される。佐野学校とは現在の佐野市立佐野小学校の前身。

10 『検定済教科用書表　一　小学校用　自明治十九年五月至明治三十六年四月』

11 甲斐雄一郎（二〇〇八）の調査に依れば、明治十二年以降の全国中学校における『本朝文範』の採用校は十一校、『和文読本』は九校である。また、『和文読本』はロングセラーを記録していたようで、明治三四年まで『和文読本』の解説本の刊行を認めることができる。小倉鎮太郎『和文読本便解』（明治二一年六月）、宮脇義臣『詞のしをり』（明治二九年九月）、著者等不明『和文読本問答』（明治二九年九月　和漢文講義録シリーズ）、木庭久『和文読本詳解』（明治三四年四月）など。

12 なお、甲斐雄一郎（二〇〇八）によると、中学校教則大綱における和漢文科成立以降（明治十四年）、『源平盛衰記』（三校）、『平家物語』（二校）、『徒然草』（二校）といったように中世和文を採用する中学校が散見されるようになるという。中世和文が教材として採用される問題として重要だが、本章では選文集について限って言及する。

13 明治・大正年間（一八六八―一九二六）に編纂されたわが国最大の百科史料事典。（『国史大事典』参照）

14 風間誠史（一九九三）「解題」『伴蒿蹊集』叢書江戸文庫七

15 「蛍の光」の作詞者を稲垣千穎とすることに異論もあるようだが、中西光雄によってその証拠となる資料がすでに発見されている。「其歌(「蛍の光」　菊野)ハ東京師範学校教員稲垣千穎ノ作ニシテ、(中略)卒業ノ時ニ歌フベキ歌也。」(伊澤修二「唱歌略説」『東京日日新聞』（一八八一（明治十四）年七月十五日）

16 中西氏が公にしているものに、ＣＤ『蛍の光のすべて』「解説」（二〇〇二）、日本経済新聞二〇一〇年三月十六日文化欄中西氏へのインタビュー記事、「棚倉は唱歌「蛍の光」のふるさと」『広報たなぐら』平成二二年八月号がある。なお、以上の研究成果をまとめた『「蛍の光」と稲垣千穎――国民的唱歌と作詞者の数奇な運命――』（ぎょうせい、二〇一二）が出版されている。

17 「明治維新の初め君選れて京都に上り国学を研鑽し又東京に転じ平田銕胤（かねたね）先生の塾に入り塾頭に挙げられ名声大に弘まる」（「稲垣千穎訃報」（『三芳野温知会第四号』大正二年十二月））以降引用する三芳野温知会に関する資料は、川越市立博物館館長大野政巳氏所蔵の複写資料を提供して頂いた。

18　明治二年三月「誓詞帳」『新修平田篤胤全集別巻』（一九八一）

19　『三芳野温知会会報』第二号（明治四四年十二月）に、「慶応年間川越へ移封の後青藍塾を長善館と改め幾程もなく明治の世となり文学寮と稱するに至れり茲に於て漢籍の外に国文学（教員に稲垣真次郎後千穎と改む、熊谷箬衛の諸氏あり）…」とある。

20　『平田篤胤関係資料目録』（国立歴史民俗博物館資料目録（六）〔二〇〇七〕）及び国立歴史民俗博物館データベース明治三年六月朔日「試業書類」の「論之部」「文之部」において等級順に名前が並び、いずれも稲垣が筆頭である。

21　「塾長非法に付訴状」（明治四年二月十四日）「塾長稲垣元儀塾法違反に付訴出候、登楼の件、賛同者は菅野健太郎、丹野英次、中島信教、大田清益、早川正人、田代信英、松崎邦孚、神谷紀一郎、佐藤依実、土岐正徳」（国立歴史民俗博物館資料目録（六）〔二〇〇七〕）及び国立歴史民俗博物館データベース）

22　「明治二～四年平田延胤日記」（『国立歴史民俗博物館研究報告　平田国学の再検討（二）』〔二〇〇六〕所収）の中で稲垣元儀に対し、毎月五両から十両ほど給金されていることが確認される。明治三年十月十四日から、明治四年正月十四日までの時期。翌月の二月は塾生による意見文提出があった時期であり、給金もそれ以後認められない。以降、明治四年三月五日に、二十両を稲垣元儀に貸したという記事が見られるのが最後。塾長としての雇用が断ち切られたため、そのまま稲垣は気吹屋を去ったと理解してよいだろう。

23　なお、『本朝文範』に収録された作者・作品について総論の中で紹介・批評している。以下作品作者のみを挙げる。

（中古作者）

在原業平　紀貫之　右大将道綱母　赤染衛門　紫式部　大貳三位　清少納言　源隆国卿　菅原孝標女　阿仏尼

（近世作者）

契沖　岡部真淵　富士谷成章　鵜殿よの子　本居宣長　加藤千蔭　村田春海　藤井高尚宿禰　清水濱臣

（作品名）

伊勢物語　竹取物語　宇津保物語　大和物語　住吉物語　落窪物語　源氏物語　栄花物語　狭衣物語　枕草子　今昔物語　かげろふの日記　紫式部日記　土佐日記　更級日記　十六夜日記　撰集類　家集類

詳細は第三部第一章を参照して頂きたい。

24 信木伸一（二〇一七）（『明治初期和文教科書の生成――『本朝文範』における「普通文」への歩み――』渓水社、七六頁）の指摘を受け、稲垣の言う「普通文」の指示する範囲を「筆記書翰等」として傍線部分の範囲を修正している。学恩に感謝する。

25 「（明治十七年）四月十五日教諭稲垣千穎免本官」（『東京師範学校年報　従明治十七年一月　至同十七年十二月』『文部省第十二年報　二冊』）

26 本章は、菊野雅之「古典教科書のはじまり――稲垣千穎編『本朝文範』『和文読本』『読本』――」（全国大学国語教育学会『国語科教育』第六九集　二〇一一年）が初出である。当時、国語科教育学の領域としては初めて中心的に稲垣の業績を扱った論文だったが、その後、信木伸一『明治初期和文教科書の生成―『本朝文範』における「普通文」への歩み』渓水社　二〇一七年）によって、『本朝文範』『和文読本』『読本』の内実について丹念な調査に基づき議論が進められている。本章での理解が更新・批判される議論も多い。こちらも併せて参照いただきたい。

引用文献

・井上敏夫（一九八一）『教科書史』国語教育史資料第二巻、東京法令出版
・甲斐雄一郎（二〇〇八）『国語科の成立』東洋館出版社
・山東功（二〇〇八）『唱歌と国語――明治近代化の装置』講談社選書メチエ
・新保磐次（一九二一）「故高嶺先生の事ども」『高嶺秀夫先生伝』培風館（明治教育古典叢書Ⅰ―10〈一九八〇〉所収）
・杉谷代水著　芳賀矢一序及び校閲（一九一二〈明治四五〉）『作文講話及び文範』冨山房（講談社学術文庫収録、一九九三）
・滑川道夫（一九七七）『日本作文綴方教育史1〈明治編〉』国土社
・山根安太郎（一九六六）『国語教育史研究――近代国語科教育の形成――』溝本積善館

第三章　近代中等国語科教育の枠組みの形成

一　高津鍬三郎立案『国語科（中学校／師範学校）教授法』

明治期は文体の混乱期であった。その混乱は、明治、大正、昭和へと進み、文体が言文一致体へ統一されていくことで解消されていく。現在の国語科教育は、この言文一致体を前提として構成されているが、その枠組みは言文一致体完成以前の明治期に形成されており、明治期における国語科の形成過程を整理・分析することは、現在の国語科教育を見通す際の重要な視点を与えるはずである。明治中期までは、言文一致体は乱れた口語を扱った俗文として退けられ、和文の文則を継承しつつ、漢語、洋語、俗語を取り入れた普通文による文体統一が急がれていた。例えば、中古和文を文範として扱った稲垣千穎が明治十七年に東京師範学校を退職した後、『言文一致』を記した物集高見が呼ばれ[*1]、さらにその後には、『日本普通文如何』を記した新保磐次が教鞭を執っているが、この師範学校における人事は、普通文普及が国語科教育の大きな使命とされていたことを示す象徴的な出来事だと言えるのではないか（第一部第二章）。

甲斐雄一郎（二〇〇八）は、明治三五年の「中学校教授要目」（以下「要目」と略記する）の直接的な資料となった「尋常中学校教科細目調査報告」（明治三一年、以下「細目」と略記する）の原型が、『大日本教育会雑誌』第一五〇号（明治二七年）において公にされた「尋常中学校国語科の要領」（以下「要領」と略記する）であると指摘している。「細目」

を作成した調査委員は、上田万年、高津鍬三郎、小中村義象、芳賀矢一の四人である。このうち、高津鍬三郎と小中村義象は、「要領」作成のメンバーでもあり、当然「要領」も報告作成の際に踏まえられたと甲斐は推定する。さらに、「要領」は、高津鍬三郎立案の『国語科（中学校／師範学校）教授法』（作成年時未詳　以降「教授法」と略記する。）にさらに検討を加えたものであると推定され、その立案者である高津が、「細目」作成時に「要領」を踏まえずに議論を行ったとは考えにくく、明治三五年に「要目」が形作られる過程の初期史料として「要領」はあり、さらにその原案となったのが、この「教授法」だと考えられるのである。

二　「教授法」の成立経緯と背景

「要領」は大日本教育会国語科研究組合の意見として、『大日本教育会雑誌』第一五〇号に掲載され、そこで示された中学校国語科の枠組みは当時の教科書編集態度に大きな影響を与えた（甲斐〔二〇〇八〕）。大日本教育会とは、明治十六年に東京教育会、東京教育協会、学事諮問会が合流して結成された、日本で最初の全国的教育団体である。明治二三年ごろには、会員十万名以上という盛況を記録した。ただし、明治二六年には、教育費国庫補助政策に関する政治活動が問題とされ、文部省の箝口令を受け、当会は運営方針の修正を求められた。[*2] そのため、教育研究集団の性格をより明確に打ち出すために、研究組合規程が制定され、[*3] それに基づき国語科研究組合を始めとする各組合が立ち上げられることになった。[*4]

明治二六年十二月に「大日本教育会組合規程」が制定され、単級教授法研究組合、国語科研究組合、初等教育調査組合、説辞法研究組合、漢文科研究組合、児童研究組合、理科教授研究組合の七つの組合が立ち上げられる。明治二七年二月に国語科研究組合は認可を受ける。この組合を立ち上げた初期のメンバーは、嘉納治五郎、高津鍬三郎、那珂通世、落合直文、三上参次、三宅米吉、関根正直の七名であった。[*5] その目的は「小学校中学校ニ於ケル国語ノ教授法及ビ之ニ関係スル種々ノ要件ヲ研究スルモノ」とされ、事実、組合結成わずか五ヶ月後の明治二七年七月には、「要領」を『大日本教育会雑誌』誌面上に公にするに至る。

組合結成からのわずかな期間での「要領」の公表が可能であったのは、その結成の相当以前から「要領」の検討が進められていたからである。「国語科研究組合第一回報告」の冒頭に、「要領」の作成経緯について次のように述べられている。

本件ハ尋常中学校ニ於ケル国語科ノ本旨範囲分科時間程度教科用書等ヲ一定セントスルモノニテ本組合設立以前ヨリ既ニ組合員等相会シテ評議シ一旦決議ノ上各尋常中学校長等ノ意見ヲ問ヒ組合設立ノ後更ニ再議シテ遂ニ別紙ノ如ク決定セリ

此ノ決議案ハ組合設立以前ヨリ継続セルモノナルガ故ニ組合員等ノ名ヲ以テ直ニ文部大臣ニ呈シ尋常中学校学科程度制定ノ参考ニ供セラレンコトヲ請ヒタリ[*6]

この「要領」は中学校国語科の「本旨範囲分科時間程度教科用書等」を一定にしようとするために提案されたものであり、研究組合成立以前から検討が始まっており、そこで決議された草稿は各尋常中学校校長へ意見を求め、組合成立後に、それらの意見を踏まえた上で、この「要領」の完成に至ったとある。また、この決議案はすでに組合員の名で直に文部大臣へ中学校国語科の程度の制定の参考とされるように要請しているともある。当時の文部大臣井上毅に関する文書は、國學院大学の悟蔭文庫に所蔵されているが、その中に高津鍬三郎立案とされている『国語科（中学校／師範学校）教授法』がある。[*7] これが、先にあった組合員の名を以て、国語科研究組合から大臣に提出された案であろうと推定されるのである。作成年度が未詳であるが、その構成・内容は「要領」と酷似している。また、組合結成時の目的が「国語科ノ教授法」を研究することとされていたことも「教授法」との関連を強く想起させる。「教授法」と「要領」の本旨をそれぞれ次に示す。

「教授法」

普通教育ノ学校（中学校／師範学校）ニ於ケル国語科ノ本旨

尋常中学校（尋常師範学校）ノ国語科ハ小学校ニ於ケル読書作文ノ科ヲ一層拡張シタルモノナリ。サレハ高尚ニ流レス迂遠ニ陥ラス専ラ実用ニ適セシメンコトヲ務ムヘシ。語ヲ換ヘテ言ヘハ中学校卒業ノ生徒ヲシテ普通ノ漢字交リ文ヲ自由ニ読ミ自由ニ書クコトヲ得シムルニアリ。

「要領」

本　旨

尋常中学校の国語科は小学校の読書作文科を一層拡張したるものなりされば専ら実用を旨とし高尚に馳せず迂遠に陥らず卒業の生徒をして国語の大体に通じ普通文を自由に読み自由に書くことを得しむるにあり

構成・内容ともに酷似しつつ、「要領」では表現が圧縮・整理されていることが分かる。「教授法」から「要領」に移行した際に変更されたのは、各項目の記述量が抑えられている点、授業の方法論を述べた教授法という項目が削除されている点、講読・文学史・作文・文法の四科から文学史が削除されている点である。なお、「教授法」では、文学史は、講読に代わって最終学年に学習する科目として位置付けられているが、「要領」では高学年の講読時間内に扱うとされており、文学史学習自体が削除されているわけではない。

この「教授法」は、立案者として高津の名前が挙げられているわけだが、実際には、井上の方針を踏まえた国語科研究組合の初期メンバーの七人による検討を通して形作られていったものだと考えられる。初期メンバーの一人である三上参次は、回想で次のように述べている。[*8]

その後、（引用者注：明治二六年）九月二十六日に普通教育における国語をいかに改善をし、取り扱うかということについての相談会が、高等師範学校で開かれた。この時に寄りましたのは、これは嘉納治五郎さんが文部省の命を受けて主として働かれたのですが、当時国語国文教育において専ら力を尽くしておった面々が集まったのであります。すなわち第一高等学校からは高津鍬三郎・小中村義象・落合直文・那珂通世・市瀬禎太郎、それから学習院からは萩野由之・松井簡治、高等師範学校からは校長の嘉納治五郎さんと畠山健、文部省からは佐藤誠実という『古事類苑』を主としてやった人、一個人としては三宅米吉君と私と華族女学校の関根正直君、(中略)これからこの会は両一年の間、数回集会しまして、普通教育において国語の占むべき地位およびこれが教授法などについて相談をしたことがあったのです。これは井上文部大臣が国語・国文教育にすこぶる重きを置かれた一つの現れであるのです。

時期や内容、嘉納治五郎を頭に初期のメンバー全員の名前が確認される点、また、小中村、萩野、松井、畠山という、後に組合のメンバーとして名前を連ねる人々も確認されることからも、これは「教授法」、そして「要領」へとつながっていく会合であったと推定される。甲斐雄一郎(二〇〇八)は、井上毅が一連の指示や講演を通して、「直接的に大日本教育会の「要領」における国語観の拡大を促し、国語科の教科内容に変化をもたらした」と述べている。この三上の回想は、「要領」の前段階としての「教授法」が、井上の指示の下、嘉納を中心にして国語科研究組合のメンバー七名によって作成されていくことになったことを示す史料と言え、甲斐の指摘をより具体的な側面から補強することになる。

井上毅は、当時において国語科教育の重要性を強く訴え、またそのための施策を実行した文部大臣であった。明治二六年三月から明治二七年八月までの一年と五ヶ月の間文部大臣として在任し、明治二七年三月の「尋常中学校ノ学科及其程度」の改正では、国語及び漢文の週当たりの授業時数を二〇時間から三五時間に増加させ(甲斐〔二〇〇八〕)、また、各所での講演や執筆活動を通して国語国文教育、とくに普通文教育の推進に尽力した。

明治二六年八月六日、第一高等中学校にて、尋常中学校尋常師範学校教員講習会が開催され、その講師として井上は演説を行っている。[*9]

多クハ過去時代ニ属シタル所ノ古語古文ヲ主張スルコトニ過ギテ、却ツテ国民一般ノ感覚ヲ引クベキ所ノ今世普通ノ言語文章ニ遠ツテ、世間ノ人ヲシテ一種奇癖ノ思ヲ為サシメタコトガ、是ガ今日マデ国文ノ弊デアツタ。古文古語ハ固ヨリ尊重スヘキモノデアル、但シ専門トシテ尊重スベキモノデアル、又或ル場合ニ限ツテ一種ノ美術トシテ尊重スヘキモノデアル、之ヲ一般ノ国民教育ニ用フベキモノデナイ。故ニ今日御互ニ国文教育ノ任ニ當ル者ハ、自己ノ博雑ノ学識ノ光ヲ韜ンデ、成ルベク国民一般ノタメニ適用サル、所ノ平易近切ニ、又漢字ヲ自在ニ使用スル所ノ便利ナル国文ヲ用ルベク、国民一般ノタメニ適用サル、所ノ平易近切ニ、又漢字ヲ自在ニ使用スル所ノ便利ナル国文ヲ用フルノ方法ヲ取ルト云フコトガ、是ガ今日御互ニ最モ注意ヲ要スル所ノ点デアル。

右はその演説の一部引用であるが、現在通用している「平易近切」で「漢字ヲ自在ニ使用」している「便利ナル国文」を国民教育に用いていくべきであるという。一方、古文古語は尊重すべきものであるが、これは一般教育で適当ではないという。この「便利ナル国文」については、

今ノ俗語ノ其ノ儘ニ用ヒテ、直ニ之ヲ以テ言文一致ノ国文ト為スト云フダケノ資格ニ達シテ居ナイ。(中略)故ニ今吾人ノ国語国文ヲ発達セシムルタメニハ、現在ノ俗文ヲ我ガ範囲ノ中ニ養ツテ、漸々ニ之ヲ準縄規則ノ途ニ引付ケテ、俗語文ト雅語雅文トノ間ニ適当ナル調和折合ヲ得テ、而シテ始テ善美ノ結果ヲ得ルノ時期ニ到着スルデアラウ、其マデノ間ハ御互ニ苦心ノ地デアル。

と述べ、口語文は言文一致の国文としての資格は不十分で、俗文と雅文の調和を図る必要があるとしている。これは、いわゆる言文相近的言文一致論であり、より平易な形での文語文、つまり普通文形成を目指したものである。

この井上の演説がなされたのは明治二六年八月、井上の命令の下、嘉納治五郎を始めとする初期組合員が全員揃った国語科に関する集会は九月であり、井上の方針がその議論に対して大枠の方向性を与えたことは充分考えられることである。

三 「教授法」に示された国語科の内容

井上毅文部大臣は国語科教育の推進が喫緊の課題であり、またその学ぶべき国文は、俗文と雅文の中庸をなす普通文であるべきと考えていた。それを踏まえ、嘉納治五郎の主導の下、集会が行われ、国語科の在り方や教授法が検討された。それが一旦決議され、井上文部大臣に提出されたものが高津鍬三郎立案『国語科（中学校／師範学校）教授法』だと推定される。やや長い引用となるが、重要な史料であるので、一部を省略しつつ示すこととする。なお、本旨は先に示したのでここでは割愛する。

普通教育学校ニ於テ講習ス可キ国語ノ範囲

言語ハ時世ニ随テ変遷スルモノナレハ国語モ亦タ古今同一ナルコト能ハス。古事記祝詞宣命等ニ存スル国語ハ古代ノ国語ナリ、中古ノ国民カ用ヒタル国語ハ中古ノ国語ナリ、現今政府ニテ用ヒラル、法令ノ文新聞ノ論説雑報等ハ即チ之ヲ今日之国語ト言フ可キナリ。国語ノ範囲此ノ如ク広シト雖モ普通教育ノ学校ニ於テ主トシテ講スヘキハ中古以下ノ国語ナリ。中古以上ノ国語ノ如キハタトヒ之ヲ講習スルモ補助トシテ課セサルヘカラス。然ラサレハ国語科ハ実用ニ遠キ一学科トナリテ終ニ普通教育ノ本旨ニモ背クニ至ルヘシ。

国語科ノ分科

普通教育ニ於ケル国語ノ本旨ヲ実行センニハ之ヲ講読・文学史・作文・文法ノ四科ニ分ツヲ以テ便トス。此ノ如ク四科ニ分タレタリ而シテ此ノ如ク分ツヘキ理由ハ各科ノ本旨ヲミテ知ルヘシ。

尋常中学校ニ於ケル国語ノ時間（中略）

講読ノ本旨・程度及ヒ教授法

本旨　講読ノ本旨ハ生徒ヲシテ文学ニ因リテ表彰セラレタル事実及ヒ理論ヲ知ラシメ其知識ヲ増進セシメ兼テ其意思ヲ書キアラハスヘキ用語ヲ知ラシムルニアリ。

程度　第一学年第二学年ノ二年間ハ殊ニ普通漢字交リ文講読ノ時期トス。コノ間ニハ漢字交リ文ノ平易雅馴ニシテ其文体ハ作文ノ模範トナリ事実理論ハ道徳上歴史上文学上其他ノ学術上ニ渉リテ人生ニ必須ナル知識ヲ与フヘキ文章ヲ集メタル読本ヲ用フヘシ。然レトモ生徒ノ早ク此種ノ読本ニ習熟セル場合ニハ神皇正統記ノ類ヲ読マシムヘシ。

注意（中略）第三学年第四学年ニハ主トシテ中古以降ノ雅馴ナル文章ヲ講読セシメ兼ネテ和歌ヲ交ヘ授クヘシ。（中略）実ニ感化力ノ大ナルコト之ニ及フモノナシ。故ニコノ学年ヨリハ歌ヲ交ヘ授ケテ精神的感化ヲ務ムヘシ。コノ学年ニ於テ講読スヘキ文ハ神皇正統記ノ類ヨリ始メテ宇治拾遺物語・今昔物語・読史余論・折り焚く柴の記・保元物語・平治物語・源平盛衰記・平家物語・太平記等ノ文ヲ抜キ読ミセシメ進ンテ方丈記・徒然草ノ類ヲ読マシムヘシ。

教授法

（一）読方　通読シ得ヘキ生徒ヲ指名シテ半枚若クハ一枚位ヲ読マシメ他ノ生徒ヲシテ其誤謬ヲ正サシメ尚ホ

生徒中ニテ気付カサル誤謬アリタル時ハ教師之ヲ正スヘシ。（中略）

（二）解釈　教師ハ生徒ノ通読シタル全文ヲ一読シタル後ニ新シキ語或ハ熟語或ハ生徒ノ力ニテハ解シ難シト思ハルル詞遣ヒナトノ概略ヲ説明シ然ル後ニ生徒ヲ指名シテ其ノ大意ヲ解釈セシメ他ノ生徒ヲシテ其誤謬ヲ指摘正誤セシメ、マタ疑義ヲ質問セシムヘシ。而シテ尚ホ生徒ノ指摘シ得サル誤謬アレハ教師之ヲ正スヘシ。マタ生徒ノ中ニテ全文ノ解釈ヲ下シ能ハサル場合ニハ教師之ヲ解釈スヘシ。スヘテ教授ノ際ニハ出来得ルタケ生徒ヲシテ自身ニ講習セシメン事ヲ務メ最初ヨリ妄リニ教師ノ方ニテ講釈スヘカラス。（中略）

文学史ノ本旨及ヒ程度・教授法

本旨及ヒ程度

文学史ハ国文国語ノ全体概略ヲ沿革的ニ知ラシメ兼ネテ講読ノ不足ヲ補フニアリ。委シク言ヘハ片仮名平仮名ノ起源発達ヨリ国語国文ノ変遷シタル次第ヲ知ラシメ且ツ各時代ニ於ケル国文学ノ例証トスヘキ文章及ヒ歌ヲ講読セシメテ講読ノ科ヲ完備セシムルニアリ。講読科ノ程度ハ前ニ述ヘタルカ如ク中古以降ノ雅馴ナル歌文ニ止レハ其ヨリ以前ノ高尚ナル歌文ハコノ文学史ノ科ニ於テ補ハサルヘカラス。故ニ文学ノ時間ト講読ノ時間トハ互イニ之ヲ流用スルモ不都合ナカラン。

教授法　文学史ヲ教授スルニハ如何ナル時代ニ如何ナル文学カ如何ニシテ発達セシカ、マタ其文学ハ社会ニ如何ナル影響ヲ与ヘタルカ等ノ項ニツキ生徒ヲシテ其要領ヲ理解セシメサルヘカラス。（中略）マタ文学史ハ一種ノ歴史ナレバ古代ヨリ始メサレハ不都合ナレトモ奈良朝及ヒ其ヨリ以前ノ文学ハ今日普通ニ用ヒサル国語多キヲ以テ其時代文学ノ例証トシテ挙ケタル歌文ヲ講読スルコト頗ル困難ナリ。故ニ文学史

ヲ教授スルニ際シ平安朝ヨリ以前ノ部分ハ暫ク之ヲ措キ（中略）

作文ノ本旨程度及ヒ教授法（中略）

文法ノ本旨・程度及ヒ口授法（中略）

高津鍬三郎　立案

教授法に示された国語科は、「講読」「文学史」「作文」「文法」の四科で構成されており、このうち「文法」は第一学年のみ、「文学史」は第五学年のみに配置されている科目である。各科の本旨・程度・教授法について詳細に述べられているが、紙幅の関係上本章では、「講読」と「文学史」の一部のみの引用となっている。「講読」の教授法に目を向けると、「妄リニ教師ノ方ニテ講釈スヘカラス」という態度から、「通読シ得ヘキ生徒ヲシテ」通読させ、「他ノ生徒ヲシテ其誤謬ヲ正サシメ」るという、今の水準から見れば配慮に欠ける点もあるが、生徒の主体性の発揮を促す授業展開を推奨している点など興味深い。ただし、この教授法の項は、「要領」の時点では全て削除されており、国語教育史上から見た画期性はむしろ「本旨」や「国語ノ範囲」、「程度」によって、国語科の内容を具体的に確定した点にあると言える。

「普通ノ漢字交リ文ヲ自由ニ読ミ自由ニ書クコト」ができる学力を生徒に身に付けさせることが、「教授法」の本旨であった。[*10] そのため、教材範囲は自ずと限定され、「中古以下ノ国語」、つまり、平安時代を上限とした和漢混淆文、特に中世の和漢混淆文が中心教材となるのである。「講読」の第一学年第二学年では「作文の模範」となる「平易雅馴」の「普通漢字交り文」による、「道徳上歴史上文学上其他ノ学術上ニ渉リテ人生ニ必須ナル知識ヲ与フヘキ文章」を収めた読本を扱うべきだとする。どの時代の文章を扱うべきかについての指示は見当たらないが、「要領」では、第一学年第二学年は、明治期当時の文章と、近世の文章を扱うとしており、「教授法」においても、明治と近世の文章を教材として捉えていると考えてよいだろう。

第三学年第四学年では、「中古以降ノ雅馴ナル文章ヲ講読セシメ兼ネテ和歌ヲ交ヘ授クヘシ」とされ、具体的には「神皇正統記ノ類ヨリ始メテ宇治拾遺物語・今昔物語・読史余論・折り焚く柴の記・保元物語・平治物語・源平盛衰記・平家物語・太平記等ノ文ヲ抜キ読ミセシメ進ンテ方丈記・徒然草ノ類ヲ読マシムヘシ」と中世の文章が示され、和歌も教材として扱い、「精神的感化」を起こさせるように指示をしている。

第五学年では、「講読」の時間が全て「文学史」に充てられている。「要領」では「第三学年以後は通じて中古以下の文を講読せしめ第五学年に至り生徒の学力を量りて文学史の概略を授くることあるべし」とあり、第五学年の文学史学習の扱いには、ある程度幅を持たせている。この「要領」の文学史の扱いに比べると、「教授法」は、文学史学習の扱いが大変大きい。その本旨と程度は「文学史ハ国文国語ノ全体概略ヲ沿革的ニ知ラシメ兼ネテ講読ノ不足ヲ補フ」ことにあり、各時代の国語国文の変遷に触れつつ、講読では教材として採用されなかった中古以前の文章も取り上げることとしている。

第一学年第二学年では、明治期及び近世の文、第三学年第四学年では、物語文を除いた平安以降の和漢混淆文、第五学年では国語国文の変遷を把握しつつ、平安以前の作品も扱う、というのが「教授法」の教材配置である。この教材範囲については「要領」の本旨の「国語の大体」という文言に集約されたと言えよう。

四　「教授法」作成者らの国語教育観

「教授法」は井上文部大臣の普通文推進の姿勢の影響の下、嘉納治五郎、高津鍬三郎、那珂通世、落合直文、三上参次、三宅米吉、関根正直の国語科研究組合初期メンバーの七名によって作成されたと考えられる。このうち、落合、三宅、関根の三名は、普通文推進論者であり、井上の意見のみならず、彼らの普通文論も「教授法」の表記に大きく影響を与えたと考えられる。一方、三上と高津は、日本文学史の嚆矢『日本文学史』（明治二三年）の編者として有名であり、文学史に関する記述には、彼ら二人の意見が当然大きく影響していたはずである。

「教授法」が作成された明治二〇年代後半の時期とは、普通文の確立期に当たり、明治三〇年代は成長完成期とされている。[*11] 坪内逍遙は、明治二七年に、新聞等の普通文が文法的に安定したことを挙げ、それをこれまでの国文学者の成果であると賛辞を送っているが、[*12] ここで賛辞を受けているのが、落合を始めとする普通文の創成と普及に尽力した国文学者たちであった。

落合と関根の二人は、日本文章会発足当初（明治二二年五月）からの会員であった。日本文章会の活動は、会誌『文章会』を二集発行した以降は認められないが、その冊子上に、普通文によって書かれた記事を各会員が持ち寄り、その普及に尽力していた。この会には、後に国語科研究組合員に加わる小中村、萩野、今泉の名前も確認される。[*13]

落合の普通文論とは、言文一致体を「野鄙陋劣なる言語」としてそのままの運用を退け、話し言葉を「少し上品」にし、書き言葉を「少し引下げ」た言文相近の文語文の普及を目指したものであった。[*14] 関根の方向性も落合とほぼ同様で、[*15] 山本正秀（一九六五）は、関根の普通文論を「新和文体普通文運動ののろし」と評している。また、三宅米吉は、落合や関根に比べ、さらに早い時期から文体運動に尽力していた。明治十年代は、俗文尊重、すなわち言文一致体を推奨していたが、[*16] 明治二〇年代には、普通文論へとその論を変容させている。[*17] 普通文による文体統一とその普及が目に見え始めたのが、明治二〇年代後半であり、「教授法」及び「要領」はその動きと並行して普通文の読み書き能力を国語科の目標として位置付けるに至る。そこには、井上大臣の意向に加え、早くから普通文普及に尽力していた組合員の教育論が背景にあったのである。

「教授法」の本旨は、実用に即して普通文を読み書きすることができる力を生徒に与えることとされている。これが「要領」へと進むと新たに「国語の大体」に通じることが併記される。これは「教授法」において第五学年の主たる学習内容が文学史とされ、「要領」においても講読の発展的な内容として文学史が配置されていることを踏まえた修正であり、「教授法」にも本来は明記されるべき内容と言える。この「国語の大体」に通じること、すなわち文学史の学習については当然『日本文学史』の編者である三上と高津の意見が大きく影響したはずである。

『日本文学史』の作品把握は、それまで中古和文主義に則って、中世作品や近世漢学者の文章を評価・採用できなかった国学者の作品把握とは全く別物であった。近代国家日本において文学史を作成するという行為は、古代から明治に至る和文作品を、脈々と継承されてきた「古典」として時系列に把握することを可能とし、また共有の財産として、あるいは学ぶべき教養として、「国民」に「古典」を示す行為であった（品田〔二〇〇一〕）。

『日本文学史』は刊行とほぼ同時に大学・師範学校・中学校等で教科書として扱われることとなった。[18]『日本文学史』の簡易版である『教科適用日本文学小史』（明治二六年）の緒言には「地方の師範学校中学校等に於て、国語を教授せらるゝ諸氏より、日本文学史は、巻帙浩瀚にして、教場に用ふるには便ならず。之を縮約して、教科用書に適せしめよと、勧誘せらるゝことしば〳〵なり。加之、昨年七月、文部省は師範学校令を改正して、国語科の中には、文学史をも課することゝなされつ。中学校もまた、一般にさることゝならん。（中略）既に不便を忍びて、かの文学史を教科用書とせる学校さへありとのことなれば、諸氏の勧誘もまた実に理あり」とあり、実際に教育現場で使用した教師からの声や、前年明治二五年の師範学校令改正に対応しつつ、一方、将来訪れると考えられる中学校での使用をも見越して本書は執筆されたという。[19]そもそも『日本文学史』の緒言においても「此書を教科書として用ひんには、江戸時代の文章より始めて、次第に古に遡るべし。これ易きより難きに進み、近きより遠きに及ぼす教育の原則によりてなり」と既に教科書としての性格を自認しているのである。そして教材としての文学史は、その第一人者である三上と高津によって、「教授法」の教科内容の一部としても明記され、それは最終的に「要目」における正式な教科内容へと昇華されていくに至る。

五　普通文教育への志向

本章では、「要領」の原案となった「教授法」の形成過程について整理を行ってきた。ここで確認しておきたかったことは、井上文部大臣にせよ、「教授法」作成者の組合員にせよ、国語科教育における普通文教育が喫緊の課題であるという認識を持っていたことは一致するところであり、その方針はそのまま「教授法」「要領」の本旨として明記され、それに則り、中等国語科の学習内容が具体的に規定されていったということである。「教授法」から「要領」へ、「要領」から「細目」へ、そして「細目」から「要目」という過程を経て、近代の中等国語科の教科内容は整備されていくわけだが、その背景には普通文教育への強い問題意識があったのである。

本章で取り上げた「教授法」の背景にある普通文への志向は、第二章で扱った稲垣千穎の国学的文範観とは一線を画していることは明らかである。この「教授法」の成立から始まる「要領」、「細目」、そして「要目」へという流れが近代国語科教育の枠組みの成立の一連の流れとなり、普通文の文範としての古典の成立ともなっているのである。第四章では、その枠組みの具体化を行った新保磐次の仕事を取り上げる。新保の仕事のみならず、新保自身の学問的背景についても整理することを通して、明治中期における古典教材の実際的な取り扱いについて論じていきたい。

注

1 「四月十五日教諭稲垣千穎免本官（中略）五月三日東京大学御用掛物集高見本校御用掛兼務トナリ東京大学文学部付属古典講習科准講師佐々木弘綱本校御用掛トナリ共ニ和文ノ教授ニ従事ス」（「東京師範学校年報職員ノ事」『文部省第十二年報付録（明治十七年分）』五三六頁）

2 『国史大辞典』の「大日本教育会」の項を参照。

3 町田則文、野尻精一「大日本教育会組合規程説明」『大日本教育会雑誌』第一四〇号

　明治二十六年十二月十日大日本教育会臨時総集会ニ於テ該会規則ニ改正ヲ加ヘ、其第十四条ニ掲ゲタル該会事業ノ範囲ハ之ヲ伸縮スルコトナキモ、教育学術並ニ教育上須要ノ事項ヲ一層進デ研究調査スルノ主旨ヲ明ニシ、其第十五条ニ於テ前条ノ事項ニ関シテハ組合又ハ委員ヲ設クルコトヲ得ル旨ヲ規定シタリ。

4 白石崇人は、「組合」の役割の一つとして、高等師範学校教員を積極的に動員することを通して、高師自体の教育方法研究機能を補完する目的もあったと述べている。（白石崇人（二〇〇八）「明治二〇年代後半における大日本教育会研究組合の成立」『教育学研究』七五—三）

5 「大日本教育会ノ会員嘉納治五郎、高津鍬三郎、那珂通世、落合直文、三上参次、三宅米吉、関根正直ノ七氏ハ今般国語科研究組合ヲ設ケントシ、（以下略）」『大日本教育会雑誌』一四一号、明治二七年二月

6 「国語科研究組合第一回報告」『大日本教育会雑誌』第一五〇号、明治二七年七月

7 「教授法」に最も早く着目したのは田坂文穂である。田坂はこの「教授法」については、次のように述べている（『明治時代の国語科教育』（一九六九）一一七—一二八頁）。

　省令第七号公布（引用者注：明治二七年三月一日「尋常中学校ノ学科及其程度」を指す）の時期を中心として、国語教育に触れたものの二、三の中で恐らく年代の早い部類に属すると思われるのは、「国語科（中学校 師範学校）教授法」と題して、今日井上家文書の中に保存されている高津鍬三郎立案にかかるものであろう。国語科を講読・文学史・作文・文法の四科に分け、それぞれに就て教授法にまで具体的に言及している点は、後年の教授要目にもみられぬ特徴である。こういう内容のものとしては年代が比較的早い（不詳であるが井上が文相在任以前のものではなかろう。）ことと、又恐

らく未刊行のものではなかろうかと思われるので、左にその全文を掲げる。

8　昭和十二（一九三七）年における談話速記。（『明治時代の歴史学界——三上参次懐旧談』吉川弘文館、一九九一年、五七頁）

9　井上毅「国語講習会ニ於ケル演説」『大日本教育会雑誌』一三二号、明治二六年八月

10　「作文」は五年間通年で配置され、講読に次いで重視された科目である。その主眼は「漢字交リ文」（普通文）によって自らの意志を伝える流暢な文章を書く学力を育てることにある。例えば書簡の候文も漢字のみの文体ではなく、仮名交じりの一般の文章と文体をそろえることといった指示は、普通文による表記の統一を目指す具体例の一つである。「文法」は正しい文章表現をすること、あるいは正しく文章を解読するために必要なものであると位置付けられている。ただし、「無味乾燥ナル学科」であるため、生徒の興味を損なわないように指導するよう求めている。また「実際作文等ニ必要ナル部分ハ殊ニ注意シテ精密ニ講授」し、「講読」「作文」との関連を忘れてはならないことが強調されている。

11　岡本勲（一九八二）「言文一致体と明治普通文体」『講座日本語学7　文体史Ⅰ』六一—六二頁

12　西蹊生小羊子（坪内逍遙）「明治二十七年文学会の風潮」『早稲田文学』第七九号、明治二八年一月、十二—十三頁

昨年に至りて普通文の体裁はやゝ一定せりともいふべし。例へば新聞紙雑誌の文章の如きは昨年よりも一層雅馴（文法的）となり来たれり、すなはち明治普通文の成らん日の遠からざるを示したり。これらは前々年以来の国文学者の功績と称しつべし。然はあれど国文学者の事業は尚あまた成されずして遺れり、例へば昨年来対外思想の盛なると共に諸外国に対して我が国語を確定するの必要は衆の認むる所となり来たりぬ

13　日本文章会（明治二一年五月結成）

発起人　高崎正風　西村茂樹　西周

幹事　小中村義象　萩野由之　丸山正彦　関根正直　佐藤定介

会員　小中村清矩　黒川真頼　前田健二郎　木村正辞　阪正臣　中村秋香　落合直澄　落合直文　村岡良弼　大槻文彦　物集高見

14　落合直文「文章の誤謬」『皇典講究所講演』十一　明治二二年七月十五日（落合秀男編（一九九一））『落合直文著作集Ⅰ』所収）

私も、言語と文章とは離るべからずと云ふ論者であります。さりながら、これは余程注意せねばならぬと思ひ居ります。

即ち言語を今少し上品に進め、文章を少し引下げやうと云ふことであります。今日世間に行はるゝ所謂言文一致の文章を見るに、殊更に野鄙陋劣なる言語を列挙するが如し、是の如きは私の取らざるのみならず、大に排撃せんとする所であります

15 関根正直「国語ノ本体並ヒニ其価値」『東洋学会雑誌』第二編第三号、明治二一年一月二〇日

唯今日普通言文ノ雅正ナルニ就キテ、俚俗ノ訛誤ヲ匡シ、漢語即音語モ又一種ノ国語ナレバ、強ヒテ除去スルニ及バス、洋語トテモ国語ノ取扱ヒニ移シテ用キン事、亦不可ナラズ、斯クテコソ、国語ノ規模誠ニ浩大ナル者ナレト云フニアリ

必竟国語ノ本体ハ、今日普通ノ言文ナリ、此学ノ本義ハ、今日普通ノ語法文格ヲ改新シ、雅正ナル国文ヲ一定スルニアリ、カクテ言文一致ノ理ヲモ講ジテ平常ノ談話ト文章ト甚シク隔絶セヌ様ニシ世道ニ効益ヲナサントスルニアリ

16 三宅米吉「ぞくご を いやしむな」『かなのざつし』巻三・四・五 明治十八年・十九年（山本正秀（一九七八）『近代文体形成史料集成 発生篇』所収）

17 三宅米吉「言文一致ノ論」『文』第十号 明治二一年九月（山本正秀（一九六五）六八五頁―六八九頁）

18 坪内逍遙は次のような書評を書いている。「聞く所によれば此書の上巻は已に國學院、東京専門学校等にては教科書となり往々は高等中学校をはじめ哲学館、華族女学校等にても用ひらるべしとなり此書の時の必需に適ひたる良著なることいと著けし」（「批評」『読売新聞』明治二三年十一月三〇日、別刷一頁）

19 「尋常師範学校ノ学科及其程度」『官報』第二七一〇号、明治二五年七月一日

第三学年の教科内容として「文学史ノ大要 片仮名平仮名ノ起源ヨリ国文学ノ発達変遷ノ要略ヲ授ケ古今諸体ノ文章及歌ノ中標準トナルヘキモノヲ講読セシム」とされ、文学史学習が規程されている。

引用文献

・甲斐雄一郎（二〇〇八）『国語科の成立』東洋館出版社
・品田悦一（二〇〇一）『万葉集の発明――国民国家と文化装置としての古典』新曜社
・山本正秀（一九六五）『近代文体発生の史的研究』岩波書店

第四章　明治の教科書編集者・新保磐次と「普通文」の実現

一　稲垣千穎から新保磐次へ

明治最初期における古典教科書の始まりとも言える『本朝文範』『和文読本』『読本』を編集した稲垣千穎は、平田国学塾「気吹屋」に在籍した正統な国学者であった（第一部第二章）。稲垣は、約十年間勤めた東京師範学校教員職を明治十七年四月に免職となっている。その後任には、佐々木弘綱と『言文一致』を記した物集高見が呼ばれ[*1]、さらにその後、明治十九年には、『日本普通文如何』を記した新保磐次が東京師範学校の教鞭を執ることとなる。新保磐次は当時自らが師範学校の教員となったいきさつを次のように回想している（第二章でも同じ引用をしたところだが、明治中期における国語科教育のターニングポイントを示唆する重要な史料のため、再度引用する）。

> 御承知でもありませうが、高等師範学校の出来るまでは、国語科といふものがなく、中等以上の学校では和文・漢文の二科があつて和文の先生は純粋の和文ばかり教へて、学校を「学び屋」洋学を「西の国の物学び」などと長つたらしいことを書かせるし、漢文の先生は漢語を自由に使ふけれど、過去・現在・未来も分からぬやうな文を教へる。そして両方とも主格のない文を得意に書いてゐる。かういふ文では文明の良導体として高等の学術を伝へ複雑な事を記する資格がないから、是非和漢文を合一し国語科を創設して立派な普通文を作らねばならぬ。それをするには、和漢文は勿論外国文も一通り承知して、科学・文学の知識を多少兼備した主任者が

必要だといふので、おほけなくも私がその選に中つたのですが、サアその私の学歴はどうかと云ふと、和漢文に於ては全く師事する所なく、外国語は何れも田舎の学校や東京の私塾でかぢり散らしたので、一枚の卒業証書も持つてゐない。官歴はといふと、田舎の師範学校で足かけ三年教へたといふだけの貧しい履歴ですから、肝ッ玉の小さい人なら之を教育の最高府たる高等師範学校に入れて、剰さへ従来未曾有の国語科創設を命ずるなどといふことは、ありさうに思はれません。處が高嶺さんは平然として信任して疑はない。

（新保磐次（一九二一））

甲斐雄一郎（二〇〇八）は、稲垣の『本朝文範』『和文読本』に見られる「漢文脈の混入を排除する姿勢」は、普通文の形成普及を目指す高嶺秀夫の方向性と一致するものではなかったはずであると指摘し、先に引用した新保の回想をその傍証として見いだした。[*2] 新保が高等師範学校（旧東京師範学校）教員となったのは明治十九年であり、十七年に退職した新保と直接の面識はなかったと考えられ、回想の中で批判される「和文の先生」というのは、稲垣も含む国学的な中古和文主義を保持したままの教員全般を指しているのだろう。

本章は、この新保の回想とそれに対する甲斐の指摘から着想を得、教科書教材の範囲と区分、取捨選択の基準、教科書における順番・配置、文章規範としての格付け、国文学史教科書との連携といった観点から新保の国語教科書を分析し、「文明の良導体」の創出と普及という目的と国語教科書がどのように接合していったのかを明らかにすることを目指した。

本章の最後で触れるが、第三章で述べたように「教授法」から「要領」、「要領」から「細目」、そして「要目」へと国語科教育の枠組みが形成される中で、今回取り上げる新保の読本は、読本上での「要領」の具体化という役割を担っている。本章を通じて、明治中期の国語科教育の枠組み、そして古典教育の枠組みの結実とその内容を明らかにしていきたい。

二　新保磐次について

新保磐次編『日本読本』に関する論述は比較的豊富である。また、新保については、金港堂社員という観点から新保に注目した稲岡勝（一九九三）があり、山本正秀（一九六五）が言文一致運動に関わった人物として新保自身と新保編著の『日本普通文如何』と『日本読本』の二著を取り上げている。また、最近では、竹田進吾（二〇一二）が歴史教科書編集者としての新保に注目し、その中で新保自身の経歴についても詳細に調査している。その他、古田東朔（一九六一、一九六二、一九八二）、井上敏夫（一九八一）などで新保について述べた箇所が確認される。また、磐次の弟寅次の子息である新保正樹編著（一九九七）『追想新保正與・磐次・寅次父子』があり、磐次の人物像を掘り下げる大きな力となった。ここでは、これらの成果に学びつつ、新保磐次の経歴や思想について述べていきたい。

まず、新保磐次の氏名の読みについて少し整理したい。

国会図書館によると「しんぽういわじ」である。明治二〇年七月三日の読売新聞（朝刊）では「しんはういはじ」とルビがふられている。昭和十五年十一月二四日の朝日新聞（朝刊）では「新保（ほ）磐（いは）次」となっている。磐次を「ばんじ」と表記する図書館もある。

磐次自身が、父正與について述べた記事において、「シンボマサトモ」とルビをふっている。当時、「シンポウ」と読まれていた可能性はあるが、新保自身が記したこの「シンボ」の読みに従うのが穏当であろう。また、磐次の読みについては、新保正樹（一九九七、三六頁）が、「正與の二男のうち磐次は〝言わじ〟の義で寡言を指し、寅次は〝取らじ〟の義で廉直高峯を指す。」と記していることから、「いわじ」であることが分かる。

さて、その磐次は、一八五六（安政三）年、新潟県西蒲原郡曽根村において、新保正與の長男として生を受ける（月日は不明）。[*3]幼い頃から優秀であったようで、父正與はそのことを嬉しそうに語ったという。[*4]父の跡を継ぐ形で磐次は、藩校の助教となる。翌年には新潟県の小学校設置に尽力し、そのまま初代の校長となる。[*5]

一八七六（明治九）年、近代最初の工学系教育機関である新潟学校百工化学科に入学。[*6]『理科初歩』（明治二〇）などの化学教科書の作成、函館師範学校時代における化学教授法関連の論文執筆といった仕事の素養は、この百工化学科で培われたものだろう。同校でも優秀な成績を残していたことが語られている。[*7]また、彼を金港堂と高等師範学校へと導くことになる恩師中川謙二郎と盟友三宅米吉との出会いもあった。百工化学科を中退した後は、東京の私塾で英語を学んだり、工業関係雑誌記者に従事していたようである。[*8]後に『化学肥料説』（明治十八）や『家庭教育ノ原理』（明治二四）といった化学書、家庭教育書の翻訳の仕事が確認されるのは、そこで培われた経験からくるものだろう。[*9]その後、函館師範学校で教員職に就き、函館時代の明治十六年から十八年の足かけ三年の間に、[*10]多くの化学授業法に関する論文を執筆している。[*11]その後、中川謙二郎と三宅米吉の尽力により、東京に戻り金港堂編集所所員となり、さらに東京師範学校の教員職も兼務することになる。昼は師範学校、その後編集所に向かうという生活であったようである。体調を崩し、また三宅米吉洋行後の編集所の任もあり、短い在職期間で高等師範学校の職を辞したようだ。明治十九年七月の新聞朝刊には師範学校を辞職した旨が広報されている。[*12]ただ、竹田（二〇一一）によると、九月時点においても、『文部省職員録』に高等師範学校教諭として名前が確認され、七月の新聞広告は、新保が当時校長の高嶺秀夫に退任の了承を取らないまま、出してしまった可能性があるという。

辞職広告が出た同年同月、女性啓蒙と言文一致を目指した女性雑誌『以良都女（いらつめ）』が創刊され、その編集同人の一人に新保は名前を連ねている。この『以良都女』は、後に山田美妙の個人雑誌になることで有名である。

新保は、国語科のみならず、理科、歴史、地理といった様々な教科の教科書を編集しており、いわば教科書職人とも形容できる人物だった。小学校創設に尽力した経験からくる初等教育への理解、新潟学校百工化学科で培われた理系的素養と函館時代の理科教授法の蓄積、翻訳業の経験、『以良都女』における女性啓蒙と言文一致の運動。いずれも明治のトピックとなり得るものが新保の背景にはある。「国語科を創設して立派な普通文」を作ることを期待され、「和漢文は勿論外国文も一通り承知して、科学・文学の知識を多少兼備した主任者」としての新保の事跡は、確かに本人が回想する通りだったのである。

本章で取り上げる国語科教科書を編集した後は、地誌、地理、外国史、日本史の教科書編集を主に手がけ、国語読本や化学書などを編集することはなかったようである。管見の限りでは、一九二六（大正十五）年の『実業学校日本史教科書』（金港堂）が、教科書編集としては最後の仕事だったようである。一九三二（昭和七）年二月二九日に没する。*13

三　新保の目指した言文一致体

新保磐次の『日本読本』（明治十九—二〇）と『日本普通文如何』（明治二〇）については、山本正秀（一九六三）によって、近代文体の変遷史に位置付ける形でその全容について詳述され、新保の文範観についても述べられている。また、『日本読本』については、古田東朔（一九六一、一九六二、一九八一）、海後宗臣（一九六四）、山根安太郎（一九六六）、井上敏夫（一九八一）、稲岡勝（一九九三）、甲斐雄一郎（二〇〇八）などで言及されている。ここでは、先学に学びつつ、『日本読本』『日本普通文如何』に示された新保の文範観について整理しておきたい。

京都法政学校（現在の立命館大学）の創始者ともなる中川小十郎は、『以良都女』の編集に携わり、新保をよく知る一人であった。彼は『日本普通文如何』の作成経緯や新保自身の功績について述べたことがある（中川（一九三四））。それによると、『以良都女』発行の資金が欠乏した際に、その資金集めのために一気呵成に書かれたものが『日本普通文如何』であるという。中川は、新保の言文一致運動における功績を、山田美妙の作品と並べてたたえている。

ただし、新保は口語文をそのまま文章へと置き換える文体を目指していたわけではない。『日本普通文如何』の中では、口語をそのまま書き言葉に書き換えようとする早急な動きに対して拙速であると非難している。学校教育を通して、時間をかけて話し言葉と書き言葉を共に精査錬磨し「文ヲ言ニ近ヅケ、言ヲ文ニ近ヅ」けていくことで、「オノヅカラ文章ノ成長」が達成されるべきだと新保は考えていた（新保〔一八八七〕）。言と文が相互に歩み寄った「言文相近」（山本〔一九六五〕）の文体が、新保の目指す言文一致体、すなわち普通文であった。

明治期は文体の混乱期であり、これを統一し、近代日本にとってより適切な文体を確立し、普及することが目指された。そして、その役目を背負ったのが普通文だった。普通文については、「漢文読み下し調や近世の文章などの折衷」（『日本国語大辞典』）、あるいは「漢文訓読体を中心として、俗文的要素や雅文的要素を加えた」（『国史大辞典』）文体などとされている。新保の普通文を一つ引用してみる。

温泉

諸君ノ家ニハ井水ヲ飲ムモノアラン、或ハ河水ヲ飲ムモノアラン。山家ノ人ハ山ノがけ（ママ）又ハ岩ノ間ヨリ湧キ出ヅル水ヲ飲ム、カクノ如キ水ヲ泉ト云フ。泉ハ大抵清潔ニシテ且冷ナリ。夏ノ旅行ニハ山陰ノ泉ヲ見出スヨリ楽シキハナシ。

然ルニ泉ノ中ニハ温ナルコト湯ノ如キアリ、然ルノミナラズ熱クシテ手ヲ触レ難キモノアリ。カクノ如キ水ハ甚深キ地中ヨリ出ヅル者ナリ。サレバ地中ノ深キ所ハ甚熱キコト知ルベシ。ソノ湧キ出ヅル所ハ大抵山中ニアリ、而シテカクノ如キ水ヲ温泉ト云フ。（『日本読本』巻六　一丁表）

これは『日本読本』の教材文だが、漢文訓読体を中心とした平明な文体である。この『日本読本』は全八冊の内、二冊目の『日本読本初歩』第二に、口語文が採用されており、口語文を採用した最初期の読本としても高く評価されているが、この口語文採用は、あくまでも普通文学習への階梯であり、口語文学習自体が目標とされていたわけではないことは改めて注意したい。

四　『中学国文読本』『中学国文史』と「要領」

新保は、『日本普通文如何』『日本読本』を出版した後、『中学国文読本』全十冊（一八九五〈明治二八〉）と『中学国文史』（一八九五〈明治二八〉）を編集出版している（『中学国文読本』は、明治二九年十二月訂正再版、筑波大学蔵本を、『中学国文史』は、初版、国会図書館近代デジタルライブラリー本を使用する）。

『中学国文読本』は、「例言」（第一冊、一―二丁）の冒頭で、次のように述べている。

> 本書は尋常中学校国語科の教科書を目的として編纂せる者にして、大日本教育会国語研究組合の意見に基づき、第一学年は今時の文、第二学年は徳川時代以降の文、第三学年以上は通じて中古以来の文を以てし、毎半期一冊即ち全部十冊を以て成れり。

この大日本教育会国語研究組合（正確には大日本教育会国語科研究組合）とは、一八九四（明治二七）年二月に大日本教育会の部会として構成された研究会である（国語科研究組合と「要領」については、第一部第二章で詳しく述べた）。そして、その組合の意見とは、『大日本教育会雑誌』第一五〇号（明治二七年七月）に掲載された「国語科研究組合第一回報告」の要件の一つである「尋常中学校国語科の要領」（以下「要領」と略す）であると推定される。[*14]

この「要領」は、教科書教材の選定基準や学年配分について次のように記している。

> 講読の本旨は生徒をして文字にて書き現したる事実及び理論を解せしめ兼ねてその意志を書き現すべき用語を知らしむるにあり

講読の程度は第一学年には主として今日の文を講読せしめ第二学年には近世以下の文を講読せしむ
用書はその文体は作文の模範となりその事実理論は道徳歴史文学その他の学術に渉れるものを集めたる読本を主として用ふべし
第三学年以後は通じて中古以下の文を講読せしめ第五学年に至り生徒の学力を量りて文学史の概略を授くることあるべし
用書は第三学年には駿台雑話神皇正統記保元物語平治物語の類第四学年には藩翰譜十訓抄太平記源平盛衰記の類第五学年には読史余論増鏡徒然草土佐日記の類の程度の書を用ひ便宜これを抄読せしめまた各学年に通じて時々有益なる歌を講読せしむるも可なり

第一学年は今日の文、つまり明治普通文、第二学年は近世より明治までの文、第三学年以降は中古以降の文章を教材とするとしている。『中学国文読本』は確かに「要領」に示されたこの教材選択と配分の態度に沿って作成されている。第一学年・第二学年では、明治普通文・近世文を教材として編集し、各教材の内容はかなり幅広いものとなっている。また、第三学年以降は、具体的に提示された作品のうち、『土佐日記』を除いた十一作品が教材として採用されている。

「要領」は、その「本旨」で中学校国語科を次のように定義している。

尋常中学校の国語科は小学校の読本作文科を一層拡張したるものなりされば専ら実用を旨とし高尚に馳せず迂遠に陥らず卒業の生徒をして国語の大体に通じ普通文を自由に読み自由に書くことを得しむるにあり

この「国語の大体」とは、中古から明治期当時に至るまでの各時代の国語を範囲とすることが「本旨」直後の「範囲」の項で述べられている。各時代の国語表現のおおよそを学ぶことで、普通文に対する読み書き能力を学習者に獲得させようというのである。*15

新保は『中学国文史』の「結尾」（九二丁）[*16]で次のように述べている。

> 然るに漢学者風の散文最も多く世に行はれ、維新以後は殊に広く用ひらるるを以て漢文直訳の弊遂に国文語格の緊要なる部分をも省略し去らんとするの傾きあるは読本一、二に於いて之を見るべし。間亦洋文訓読の文脈も漸く国文に混合せり。和歌は維新前後の撹乱未だ静かならざるに新体詩等の出づるありて詩歌音節各々新奇を競へり。斯くして明治中興の頌未だ体を成さず。文学史上当代を特書するに至らずと雖も、中興以来猶僅に三十年、余が輩未だ遽に之を以て遺憾とせず。
>
> 然りと雖も斯かる変動に方りては一般に卑俚奇怪に傾き易きは吾が国文史の教ふる所にして、学者必ず純正なる和文の研究修練を積みて然る後始めて外国文の知識を運用すべきも亦吾が国文史の教ふる所なり。然らば則ち雅馴有益の国文を為らんとせば、必ず純正なる和文の知識を積むべき固より疑ふべからず。夫貝原、新井に継ぐものあらば百世と雖も知るべきなり。

明治期の文体が、「漢文直訳」体の影響を受け、「国文語格の緊要なる部分」を「省略」しようとしている。そのため、明治期の文章は中興と言える状態にはなく、文学史上特筆するには至っていない。したがって「雅馴有益なる国文」を形成していく必要があり、そのためには「純正なる和文の知識」が必要であるという。

現在通用している普通文も模範の一つとしつつも、さらに中古から現在に至るまでの古文作品を学習しながら、現在の普通文を「雅訓有益なる国文」へ鍛え続けていかねばならないのである。『日本普通文如何』で述べた「言文相近」における「文」の精錬がこれに当たるわけである。

五　教材の選定基準

『中学国文史』の「例言」は次のように始まる。

> 此の文学史は尋常中学校国語科の最後後半期に充て得べきものにして、自著中学国文読本と連絡せしめん為め、文例は重に同読本の文を指し示せり。

これは「要領」に「第五学年に至りて生徒の学力を量りて文学史の概略を授くることもあるべし」とあることを踏まえて、『中学国文史』が『中学国文読本』での学習を受けて作成されているからである。実際、読本に引用されている内容について言及することが多く、また『中学国文読本』の教材価値についても言及するため、『中学国文読本』の教材選択の態度の整合性を担保した書とも言える。ここでは、『中学国文読本』の教材編成について、『中学国文史』における言及を踏まえつつ、その編集態度について整理していきたい。『中学国文読本』の目次については、井上敏夫（一九八二）が詳細に示している。

「要領」は第一学年では明治普通文、第二学年ではそれに加えて近世の文章を読ませるとし、その上で、「その文体は作文の模範となり」、「道徳歴史文学その他の学術に渉れるもの」を広く掲載するとある。各領域から広く教材を集めるという点では、特に明治期の文章にはその態度が顕著である。その一部を挙げると、望遠鏡・英国遊歴・ロシアとの外交交渉に関わった高田屋嘉兵衛（たかだやかへえ）・マッチの製造工場の見学記・新農法に関する啓蒙・ナイヤガラの滝の見物記・博愛社（日本赤十字社の前身）の設立を請う文書といった具合である。筆者名で言えば、新保磐次・三宅米吉自身による文章が最も多く、朝野（ちょうや）新聞社長である成島柳北（なるしまりゅうほく）がそれに続いている。「要領」では、明治期の教材について具体的に指示しているわけではないため、その選定は編集者に委ねられるわけだが、報道の人間の文章が多く採用されていることは「文明の良導体」の完成を目指した新保の態度を考えると、象徴的な選抜と言えるだろう[*17]。

ただ、広範囲の素材内容で編集された明治普通文だが、新保自身はそこで示した普通文教材をもって文体の到達点と考えていたわけではない。「漢学者風の散文最も多く世に行われ、維新以後は殊に広く用ひらるるを以て漢文直訳の弊遂に国文語格の緊要なる部分をも省略し去らんとするの傾きあるは読本一、二に於いて之を見るべし」と『中学国文史』の「結語」で述べられているように、それはあくまでも和文脈が著しく崩れない程度でなければならず、明治普通文はそれに達していないのである。和文と漢文のより適切な融合のためには、さらに近世、そして次年度以降は中世の文、中古の文へと国文の学習を進めていかなければならなかった。

近世文は、貝原益軒の十五例が最も多く、松平楽翁（定信）の十四例、室鳩巣の十四例、新井白石の十三例が続いている。貝原益軒の採用が最多のため生活訓、人生訓を内容とした教材が多いことは確かだが、その他にも、手紙文・旅の記録・測量・茶の歴史・各人の伝記・各所名所の地理地誌など、その教材内容は様々なジャンルに渡っており、明治普通文と同様に、「道徳歴史文学その他の学術に渉れるもの」を広く集めた編集態度となっている。貝原以下のこの四名は、『中学国文史』では「漢学者の文」に分類されている。つまり、漢語あるいは漢文脈（漢文句調）の適切な使用が、近世文体を評価する際の観点になっている。『中学国文史』の「第八章　徳川時代の一（学者的歌文）」（六五丁）は、次のように始まる。

徳川家康の天下を定むるや、惺窩を聘し羅山を用ひて漢学を再興し、五代将軍綱吉更に之を奨励しければ、名儒碩学相踵ぎて出で、各々其の説を一般の世人に示さん為め、思ひ思ひに仮名文を綴りてより国文の体又一変せり。漢学者の文なれば、漢語を用ひ、漢文句調を帯ぶることは固よりなれど、鎌倉時代の変化とは大いに異なる所あり。鎌倉時代の漢文習気は四六体に非ざれば、東鑑を読むが如きものなりしが、此の漢学者の文は支那散文の句調にして簡潔縦横は更に大いに勝る所あり。和文上の文法或は習慣に至りては、和文衰微の時に

> 方り、専門歌人、和学者さへ誤謬を免れざる時なりければ、些しの不安当は偶々ありと雖も、要するに絶世の精力を以て和文の研究亦仮り初めならざりければ、一代の文章に模範を与えしこと偶然に非ず。其の最も著名なるは元禄享保前後に出でたる貝原益軒、新井白石、室鳩巣等なり。

儒学者が一般にその説を説くために作成した文章には、漢語、漢文句調が多く用いられ、「簡潔縦横」の「模範」となる文章が完成した。そして、その代表と言えるのが、貝原益軒、新井白石、室鳩巣などである。各人について述べた部分でも、彼ら「漢学者風の国文」は、「平易流暢」で「縦横自在」な文章であると高い評言が付されている（新保〔一八九五〈明治二八〉b〕六九丁）。一方、「古学者の文は兎角古雅に傾き、又漢語を縦横に用ひざりければ、其の文体は漢学者風の文体と並び馳するに至らざりき。」（新保〔一八九五〈明治二八〉b〕六六丁表）と国学者の文章は、漢語を十分に活用していないがために、低調な評価にとどまっている。

和文と漢文を合一させた文章を評価しようとする観点は、近世にとどまらず、中世中古作品の選抜の際にも重要な観点となった。事実、和漢混淆文によって記された『源平盛衰記』と『神皇正統記』がそれぞれ、中世作品中最多の十二例掲載されている。また、『太平記』『平家物語』『保元物語』『平治物語』も教材化され、第六、七、八冊は大半が軍記で占められている。

軍記について『中学国文史』では次のように述べる。

> 軍書の文体は此の時代に始れり。京都時代の文に、今昔及び宇治拾遺は漢語仏語等の字音語及び武家言葉の稍多きに覚にしが、軍書に至りては是等の言葉却つて主となりて、文脈さへ漢文訓読の風体を帯び、遒健明快縦横自在、全く一面目を開ける文体なり。　（四四丁裏）
>
> 斯くして鎌倉時代の軍書は文章の上に著しき変化を与えたるのみならず、仮名文歴史に重要なる起源を与え

たり。昔も栄華物語の如き仮名文歴史なきに非ざりしかど、唯宮中又は貴紳の間の細事を記すを主として、其の他の事に及ばざりしが、軍書に至りて初めて天下の大勢を記載するに至りぬ。（四七丁）

和文に、漢語や漢文句調を導入することで「漢文訓読の風体」を帯びさせ、「天下の大勢」を「遒健明快縦横自在」に叙述することを可能にした軍記の和漢混淆文を評価している。

『源平盛衰記』と並んで採用が最多であった『神皇正統記』についても次のように述べる。

其の文は、多くの漢語を運用し、能く漢文の簡潔を学びて和文の流暢を失はず、後人の為めに仮名文の模範となるもの多し、読本に親房と著せるは皆正統記の文なり。読本第九、吉野の末の秋に其の子顕家の戦死を叙したる所僅に数行の文字なれど、悲傷痛切にして多く読むに堪へず。其の軍書の如きは縦ひ天下の大勢を記すにもせよ猶一偏の戦記に過ぎざれども、正統記は則ち歴代政務の沿革（例へば読本、私領の事）より史論に及び、其の論公明正大なり。（四九裏―五〇丁表）

軍記よりさらに「天下の大勢」の記載範囲を拡大した点を高く評価し、「多くの漢語を運用し、能く漢文の簡潔を学びて和文の流暢を失は」なかった『神皇正統記』が、「後人の為めに仮名文の模範」となると絶賛している。

ハルオ・シラネ（一九九九）や品田悦一（二〇〇一）が指摘するように、一八九〇（明治二三）年以降、国民的古典の枠組みが創成される動きが活発となった。特に漢語の表現能力を摂取した和漢混淆文は、明治の文章の模範として把握されることで、古典教材としての選考基準を満たしたのであった。例えば、品田（二〇〇一）は次のように述べている。

見逃せないのは、過去の「国文」の範囲に和漢混淆文が含まれていた点、したがって、前代の国学者たちが和文による作品のみを古典と見なしたのとは基本的に異質な認定がなされたという点である。和漢混淆文に積極的な意義が認められたのは、外来の抽象語を織り混ぜたこの文体が、純然たる在来の文体と目された和文に比べ、表現能力において格段に優れていると考えられたからで、同時にまた、西洋語の移植を推進しつつある目下の国語改良の先蹤がそこに求められたからでもあった。

品田の指摘が、『中学国文史』で新保が述べていることと同内容であることが分かる。また、前段には、国学者が和文を古典として把握していたことを述べているが、東京師範学校教員の稲垣千穎が、国学的価値観に基づいて、中古和文を頂とした教科書を編集していたことも併せて想起される（第一部第二章）。

最後に、『中学国文読本』第九、十冊に採用され、第五学年において学習されるように配置された教材群について述べておく。『大鏡』（四例）、『水鏡』（一例）、『今昔物語集』（三例）、『宇治拾遺物語』（三例）、『唐物語』（二例）、『大和物語』（一例）、伊勢の歌（一例）など第八冊までには見られなかった中古作品が収められている。また、それ以外に、賀茂真淵（長歌一例）と、本居宣長（五例）、村田春海（一例）、清水浜臣（一例）、中島広足（一例）といった国学者の擬古文や『増鏡』（五例）、『徒然草』（七例）、『方丈記』（四例）などが収められている。

それぞれの作品の評価は、軍記などの和漢混淆文に比べると低調な評価にとどまっていることは確かだが、雅文であっても国学者中、本居宣長の文体が「其の文章古雅にして而も平易なるは尤も人の及び難き所なり。平生学問の普及に汲汲として、文章の易く且明らかならんことを務め」（新保〈一八九五〈明治二八〉b〉七三丁表）ていたと述べ、また『徒然草』についても文体の使い分けについて、「蓋し時に随ひ興に乗じて文を成すは此くもあるべく、又其の筆力の自在なるを知るに足るべし」（新保〈一八九五〈明治二八〉b〉五一裏—五二丁表）と、その表現能力の高さを評価している。第九、十冊中、『徒然草』は採用数が最も多く、宣長も国学者の中では最多である。第五学年については、中世和漢混淆文には及ばないものの、平易さ・高い表現能力から講読すべき和文作品として選抜されたものが割り当てられていると言えるだろう。

六　「普通文」を錬磨するための古文学習

『中学国文読本』は、「大日本教育会国語研究組合の意見に基づ」いて作成された。管見の限り、大日本教育会国語研究組合の意向に沿っている旨を明示した教科書は他に見られない。組合員である三宅米吉と新保とは盟友であり、普通文普及を目指した『日本読本』での共著者でもり、二人の教育観には共通点が多かったと考えられ、新保も「要領」に対して共感する点が少なくなかったはずである。『中学国文読本』『中学国文史』を編集するに至った具体的な経緯は不明だが、「組合の意見に基づ」いている点を敢えて明記し、『中学国文読本』と『中学国文史』が対となって発行されたことを合わせ考えると、「要領」が求める教科書を具体化しようとする目的が編著者の新保にあったと推測されるのである。

甲斐雄一郎（二〇〇八）は、明治二七年に「要領」が公にされたことを境に、中等国語科の教科書に今文、すなわち明治普通文が採用されるようになったことを指摘しているが[*18]、それにさらに言葉を続けるならば、「要領」によって、明治普通文、近世文、中世文、中古文を教材文として教科書に一括して配置することが可能となり、その方法論を積極的に引き受けたのが『中学国文読本』と『中学国文史』であった。新保が『中学国文史』の末尾で述べていたように、近世・中世・中古といった各時代の文章の学習は、いまだ発達段階である普通文をよりよいものへと錬磨するための必要な素材であると位置付けられ、古典学習の根拠はここに一度は明示されるに至るのである。

ここまで、第一章で近代以前の古典教材の位置付けを明らかにし、第二章では、稲垣千穎の仕事を通じて、国学的文範観から普通文教育への移行あるいはその葛藤について論じ、第三章で近代国語科教育・古典教育の枠組みの形成について明らかにしてきた。本章は、以上の近世から明治中期に至る展開の一つの終着点になるだろう。もちろん、問題はここで全てが解消されたわけではないし、明治後期・大正期にかけて、言文一致運動との関わりの中で、新たな国語科教育の枠組みは再編成が求められることとなる。本章は、近代古典教育の成立経緯の前半を締めくくる章となる。第五章では、日本文学史の嚆矢である三上参次・高津鍬三郎の『日本文学史』を取り上げ、日本文学史の中でも普通文の文範として古典作品が位置付けられることを明らかにしていく。第四章、第五章を通じて、普通文の確立と普及を目指した明治初期・中期における国語科教育の大きな目標の中に古典教育の目標あるいは古典教材の価値が位置付けられていくことを明らかにする。

注

1 「(明治十七年) 四月十五日教諭稲垣千穎免本官 (中略) 五月三日東京大学御用掛物集高見本校御用掛兼務トナリ東京大学文学部付属古典講習科准講師佐々木弘綱本校御用掛トナリ共ニ和文ノ教授ニ従事ス」(「東京師範学校年報職員ノ事」『文部省第十二年報付録 (明治十七年分)』)

2 浜本純逸は、甲斐のこの業績について「なお、東京高等師範学校の教諭新保磐次の論考から「高等の学術を伝へ複雑なことを記する」力のある「文明の良導体」の創出と普及という語句を掘り起こしたことに注目しておきたい。今後の国語科教育の目標と内容を考える概念になるであろう。」と評価している。(浜本純逸 (二〇〇九)「書評　甲斐雄一郎著『国語科の成立』」(『国語科教育』六六))

3 本間吾兵衛 (一九七八)「曽根小学校校祖新保正与先生」西川町教育委員会『西川町史考　その6』一―十頁

4 水戸部虎松「新保先生を偲ぶ」(新保正樹 (一九九七))

5 佐藤忠三郎「西水先生の追悼の記」(新保正樹 (一九九七))

因に磐次先生は明治草創の教育施設時代現在の四ッ合村、味方村等を学区とせる小学校初代の校長たり。

新保磐次 (一九〇二 (明治三五))「三十年前の田舎の学校」『教育界』一―三、一三六―一四一頁

明治四年吾輩は十六歳の時、諸藩主一同東京住居のこととなり、父は君候に随行して上京した。(中略) そこで吾輩は

臨時助教を拝命して教授不在中代講を命ぜられた。（中略）明治五年吾輩が十七歳の年、諸県に小学校を設けられたが、（中略）そこで山口が吾輩に頼むには、何分小学校は初めての事業で見当も付かず、無報酬といふ条件では外に来て呉る人もなし、貴君の食事だけは僕が自腹を切るから、堂か天朝への奉公と思ふて来てくれとのことである。（中略）儘よ遣つて見やうと云ふので承諾した。

6 石田文彦・小島浩治（二〇〇〇）「明治初期中等工業教育の萌芽（二）新潟百工化学科の挫折」『科学史研究』第二期、三九―二一五頁

7 青木直治（一九二三〔大正十二〕）「中川先生につきて」『清芬録』

同学生中講話に於て最評判がよかつたのは三宅米吉氏、新保磐次氏（前高等師範の教官趣味の日本史の著者）などであつて、其今日あるは既に其際に顕はれたので、実に栴檀は二葉よりと申すべきか。

新保正樹（一九九七）五八頁（『明治天皇聖蹟史』の転載記事）

化学実地試験場に於て化学科生徒新保磐次小高邦知上村要蔵小林義忠青木直治及二国万次郎の六名各自化学実地試験をなし天覧に供す云々

8 竹田進吾（二〇一一）

9 なお、百工化学科においても「英学」を学んだと言う。（竹田進吾（二〇一一）二頁）

10 竹田進吾（二〇一一）

11 函館教育会（一八八三―一八八五〔明治十六―十八〕）『函館教育協会雑誌』十―二四（『教育関係雑誌目録集成　第Ⅳ期国家と教育編　第四巻』所収）

第十号論説「鉱物小学所載複屈折ノ理及用」、第十三号論説「尺度ノ基礎」、第十四号論説「習字教授法」、第十五号漫録「実方中将ノ為ニ免チ解ク」、第十六号論説「物理学教授法」、第十七号論説「習字教授法」、第十九号講義「化学試験講義」、第二〇号講義「化学試験講義」、第二一号講義「化学試験講義〇化学熱ノ原理〇植物生理学進化」、第二三号講義「第二十四試ニ至ル試験講義」、第二四号講義「濾過法〇硬水軟水ノ利害」

12 読売新聞（一八八六年七月二五日朝刊、四頁）

小生今般高等師範学校教員の職を辞し金港堂編集事務を担任す此段知己の諸君に御吹聴申上候也
日本橋区本両替町十一番地
金港堂編集所に於て
十九年七月　　新保磐次

また、『朝野新聞』（七月二五、二七、二八日）にも同様の広告が出ているという（竹田進吾（二〇一一））。また、新保磐次の回想にもその経緯が記されている（新保（一九二七））。

13　朝日新聞（一九三二年三月一日朝刊、十一頁）の訃報欄より

14　今泉定介・畠山健・萩野由之・嘉納治五郎・高津鍬三郎・那珂通世・落合直文・安井小太郎・松井簡治・小中村義象・吾妻平二・三上参次・三宅米吉・関根正直の十四名で構成されている。

15　なお、この「範囲」については、甲斐雄一郎（二〇〇八）が、明治期当時の文章をも国語科の学習対象として捉えようとする「国語観の拡大の端緒の一つをなした」と位置付けている。

16　『中学国文史』の丁数については、例言や目次が入っているため実際の丁数とずれがあるが、混乱を避けるため、『中学国文史』に付されている丁数を記載することとする。

17　なお、成島の教材名は以下の通りである。「三好九郎兵衛」「新燈社製造場を観る記」「新製漆器を観る記」「義農作兵衛」「看桜の記」

18　甲斐（二〇〇八）

引用文献

・朝日新聞（一九四〇年一一月二四日朝刊）
・稲岡勝（一九九三）「明治検定期の教科書出版と金港堂の経営」『研究紀要』二四、五二―五八頁
・井上敏夫編（一九八一）『国語教育史資料』第二巻教科書史、東京法令出版
・甲斐雄一郎（二〇〇八）『国語科の成立』東洋館出版社
・海後宗臣（一九六四）『日本教科書大系　近代篇』第五巻、講談社

・品田悦一（二〇〇一）『万葉集の発明――国民国家と文化装置としての古典』新曜社
・新保磐次（一八八七〈明治二〇〉）『日本普通文如何』金港堂
・新保磐次（一八九五〈明治二八〉a）『中学国文読本』金港堂
・新保磐次（一八九五〈明治二八〉b）『中学国文史』金港堂
・新保磐次（一九〇五〈明治三八〉）「柳暗花明」『教育界』四―三、一二―一四頁
・新保磐次（一九二一〈大正十〉）「故高嶺先生の事ども」『高嶺秀夫先生伝』培風館（明治教育古典叢書Ⅰ―10〈一九八〇〉所収）
・新保磐次（一九二三〈大正十二〉）「中川先生に付て」（茨木清二郎ほか著『清芬録』桜蔭会、六〇―六四頁）
・新保磐次（一九二五〈大正十四〉）「中川謙二郎先生小伝」（中川謙二郎編著『婦人の力と帝国の将来』冨山房、二四三―二九〇頁）
・新保磐次（一九二七〈大正十六〉）「三宅君の一面」『教育』三六九、六三―七〇頁
・新保正樹（一九九七）『追想新保正與・磐次・寅次父子』黒木出版社
・大日本教育会国語科研究組合（一八九四）「国語科研究組合第一回報告」『大日本教育会雑誌』一五〇、二〇―二三頁
・竹田進吾（二〇一一）「新保磐次と歴史教科書」『近代史料研究』十一、一―二三頁
・中川小十郎（一九三四〈昭和九〉）「「いらつめ」と言文一致――序に代へて――」『立命館文学』一―六、七（『美妙全集』上巻〈一九三五〉再録版、五一―五四頁）
・浜本純逸（二〇〇九）「書評　甲斐雄一郎著『国語科の成立』」『国語科教育』六六
・ハルオ・シラネ、鈴木登美編著（一九九九）『創造された古典――カノン形成・国民国家・日本文学』新曜社
・古田東朔（一九六一）「口語文体の形成――小学読本における――（八）」『実践国語教育』二二―二五八、四三―四八頁
・古田東朔（一九六二）「口語文体の形成――小学読本における――（九）」『実践国語教育』二三―二六〇、四五―四七頁
・古田東朔（一九八一）『小学読本便覧』第三巻、武蔵野書院
・正木直彦（一九三七）『回顧七十年』学校美術協会出版部
・山根安太郎（一九六六）『国語教育史研究　近代国語科教育の形成』溝本積善館
・山本正秀（一九六五）『近代文体発生の史的研究』岩波書店
・読売新聞（一八八七年七月三日朝刊）

コラム❶　「古典探究」における新出の指導事項

「高等学校学習指導要領比較対照表」によると、平成三〇年告示学習指導要領の「古典探究」で新設された指導事項は「読書」の指導事項一つのみとされているが、それは分類項目として「読書」が新設されたということを指しての新設という意味で、他の指導事項の多くも事実上の新設と考えてよい。次に示した表は、「高等学校学習指導要領比較対照表」をふまえつつ、「古典A」・「古典B」・「古典探究」の指導事項を比較し、著者の判断で各指導事項の対応関係を整理したものである。この比較表を見ると、「古典探究」の指導事項において、「古典A」・「古典B」の指導事項との重なりがないものは、次の七つである。

〔知識及び技能〕（一）言葉の特徴

イ　古典の作品や文章の種類とその特徴について理解を深めること。

ウ　古典の文の成分の順序や照応、文章の構成や展開の仕方について理解を深めること。

エ　古典の作品や文章に表れている、言葉の響きやリズム、修辞などの表現の特色について理解を深めること。

〔知識及び技能〕（二）我が国の言語文化

エ　先人のものの見方、感じ方、考え方に親しみ、自分のものの見方、感じ方、考え方を豊かにする読書の意義と効用について理解を深めること。

〔思考力・判断力・表現力等〕読むこと（精査・解釈①）

ウ　必要に応じて書き手の考えや目的、意図を捉えて内容を解釈するとともに、文章の構成や展開、表現の特色について評価すること。

「古典探究」「古典A」「古典B」指導事項対応表

	古典探究	古典B	古典A
構造と内容の把握	ア　文章の種類を踏まえて,構成や展開などを的確に捉えること。	イ　古典を読んで,内容を構成や展開に即して的確にとらえること。	
構造と内容の把握	イ　文章の種類を踏まえて,古典特有の表現に注意して内容を的確に捉えること。	【再掲】イ　古典を読んで,内容を構成や展開に即して的確にとらえること。	
精査・解釈【①】	ウ　必要に応じて書き手の考えや目的,意図を捉えて内容を解釈するとともに,文章の構成や展開,表現の特色について評価すること。		
精査・解釈【②】	エ　作品の成立した背景や他の作品などとの関係を踏まえながら古典などを読み,その内容の解釈を深め,作品の価値について考察すること。	エ　古典の内容や表現の特色を理解して読み味わい,作品の価値について考察すること。	
考えの形成、共有【①】	オ　古典の作品や文章について,内容や解釈を自分の知見と結び付け,考えを広げたり深めたりすること。		
考えの形成、共有【①】	カ　古典の作品や文章などに表れているものの見方,感じ方,考え方を踏まえ,人間,社会,自然などに対する自分の考えを広げたり深めたりすること。	ウ　古典を読んで,人間,社会,自然などに対する思想や感情を的確にとらえ,ものの見方,感じ方,考え方を豊かにすること。	ア　古典などに表れた思想や感情を読み取り,人間,社会,自然などについて考察すること。
考えの形成、共有【②】	キ　関心をもった事柄に関する様々な古典の作品や文章などを基に,自分のものの見方,感じ方,考え方を深めること。		
考えの形成、共有【②】	ク　古典の作品や文章を多面的・多角的な視点から評価することを通して,我が国の言語文化について自分の考えを広げたり深めたりすること。		エ　伝統的な言語文化についての課題を設定し,様々な資料を読んで探究して,我が国の伝統と文化について理解を深めること。

〈思考力・判断力・表現力等〉読むこと（考えの形成、共有①）

オ　古典の作品や文章について、内容や解釈を自分の知見に結び付け、考えを広げたり深めたりすること。

〈思考力・判断力・表現力等〉読むこと（考えの形成、共有②）

キ　関心をもった事柄に関連する様々な古典の作品や文章などを基に、自分のものの見方、感じ方、考え方を深めること。

「古典探究」では、「古典A」や「古典B」に比べて、指導事項の数が大幅に増加している。指導内容として新しく増えたと捉えるべき指導事項もあれば、これまでも行われてきた学習内容を指導事項として明確に位置付けたものもある。

例えば、〈知識及び技能〉（一）言葉の特徴イ「古典の作品や文章の種類とその特徴について理解を深めること。」は、多種多様な形態の散文作品の特徴について理解を深めて、作品の内容把握や古典への関心へつなげることが求められている。これなどは指導事項としては新しくても、実際にはこれまでも学習されてきたことである。イは、中学校第3学年の〈知識及び技能〉（一）「ウ　話や文章の種類とその特徴について理解を深めること。」を受けて、位置付けられた指導事項であるとされており、中学校の学習内容との系統性も意識しながら、古典学習につなげていくことが必要になる。また、エ「古典の作品や文章に表れている、言葉の響きやリズム、修辞などの表現の特色について理解を深めること。」も、韻文の指導を中心に、修辞については丁寧に指導がこれまでも行われてきたところだろう。

一方で、読書の指導事項については、古文読解・品詞分解一辺倒の古典学習観ではカバーできてこなかったであろう内容と言える。これは、古典を読むということの可能性を大きく広げる指導事項として注目したい。つまり、古文読解・品詞分解に押し留めることなく、読書指導の一環として古典に関する様々な書籍や文章を学習内容・教材として捉えるということである。例えば、『源氏物語』は谷崎潤一郎、与謝野晶子を始め、多くの現代語訳が刊行されているが、これらの比較を通じて、本文の内容や表現の理解に役立てることが考えられるだろう。私見だが、原文読解を尊重する立場は立場として重視しつつも、本文読解のみに押し込められ挫折するよりも、受容そのものも古典というシステムとして捉え、生涯を通して接する、読む、学ぶというさまざまなルートを用意しておきたい。

〔思考力・判断力・表現力等〕の「読むこと」指導事項の方はどうだろうか。平成三〇年告示高等学校学習指導要領においては、中学校学習指導要領との系統性が強く意識されている点が重要である。〔精査・解釈①〕ウ「必要に応じて書き手の考えや目的、意図を捉えて内容を解釈するとともに、文章の構成や展開、表現の特色について評価すること。」の「評価する」という文言が古典学習に位置付けられたことは、学習指導要領の史的経緯からも重要である。平成二二年告示高等学校学習指導要領解説の「付録六　読むことに関する指導事項」（一二六－一二七頁）を確認すると、「解釈」と「考えの形成」の指導事項が空白であったり、再掲であったりしたが、平成三〇年告示版では、その読むことの過程に沿った指導事項一つ一つが丁寧に位置付けられているのである。これは中学三年、高校一年の「現代の国語」、「言語文化」、「古典探究」における指導事項の系統性を十分に意識した設計を行ったためである。そのため古典を読んでその構成や展開を評価する指導事項（ウ）や自身の知見と結び付けながら把握した内容や解釈、自分の考えを深めていく指導事項（オ）が今回新たに位置付けられることとなった。今後、古典を読むプロセスは、内容の把握に留まらず、評価することや知見と結び付けることが意識されねばならないということである。

最後に、〔思考力・判断力・表現力等〕読むこと（考えの形成、共有②）キ「関心をもった事柄に関連する様々な古典の作品や文章などを基に、自分のものの見方、感じ方、考え方を深めること」を取り上げよう。これは探究の指導事項である。探究と聞いてひるむ声もあるようだが、探究の指導事項自体は「古典B」には位置付けられてはいなかったものの、「古典A」には当初から位置付けられていた指導事項である。今回の「古典探究」において古典科目が一つになったことで、探究の指導事項が二つ設定された形となる（もう一つはケである）。このキの指導事項で注目したいのは「学校図書館などと連携した読書指導を行い、多くの古典の作品や文章などに親しむ機会を設けることが必要である」や、「指導に当たっては、例えば、〔知識及び技能〕の（2）の「エ　先人のものの見方、感じ方、考え方に親しみ、自分のものの見方、感じ方、考え方を豊かにする読書の意義と効用について理解を深めること。」などとの関連を図ることが考えられる」などと読書指導と関連付けていることである。古典の学習に読書指導も位置付けようとする新たな古典学習観の提示と言えるだろう。

参考文献

・有馬義貴（二〇一八）「古典の享受・継承に関する学習――現行中学校教科書を中心に――」『次世代教員養成センター研究紀要』五三―五八頁
・文部科学省「高等学校学習指導要領比較対照表【国語】」https://www.mext.go.jp/component/a_menu/education/micro_detail/__icsFiles/afieldfile/2018/07/13/1407085_2.pdf（最終閲覧　二〇二〇年十二月六日）

第五章　明治始発期の日本文学史は『平家物語』をどう捉えたか

一　三上参次・高津鍬三郎『日本文学史』における古典の評価

明治十四年に発行された『本朝文範』は、国学者稲垣千穎によって編集された中等国語読本における最初の古典教科書である。その背景には和文を通用文とするべきという国学的な和文主義があった（第一部第二章）。この『本朝文範』で注目すべきは、中古和文とそれを模した近世擬古文が中心に教材化されている一方で、中世和漢混淆文はきれいに排除されている点である。漢文混入によって文章の読解が困難になったことを難じる稲垣は、和漢混淆文の価値を純粋な和文に比べて低いものとして位置付けていた。ただ、初学者が『本朝文範』を学習することの困難については稲垣自身も認めており、『本朝文範』の前段階として和漢混淆文を中心に扱った『和文読本』が準備されている。『教科書史』（国語教育史資料第二巻）は、『和文読本』について「書名の表題において「和文」を特にとり出しているものはあまり見あたらない」と述べている。この『和文読本』という書名は、理想としての和文にたどり着くための階梯であるという稲垣の国学的な姿勢が現れていると解釈するべきなのだろう。

もっとも、この『和文読本』は、稲垣の当初の意図とは異なり、普通文の模範である和漢混淆文を収めた教科書として長期間使用された。当時の日本では複数の文体が通用しており、その統一が急がれていた。その役目を負うのが普通文と呼ばれる明治版和漢混淆文だった。小学校・中学校の読本は、それに対応した編集が進められたのである。そして、古典教材も、普通文との対応関係の中で教材としての価値が捉えられ、カノンとして再編されていくこととなる。

そして、明治期に創成された日本文学史も、普通文や教科書教材と無関係ではありえなかった。明治期の文学史については、八木雄一郎による制度面からの研究がある。[*1] また、都築則幸（二〇一三）による文学史教科書の緒言を網羅的に調査したものもある。ハルオ・シラネ、鈴木登美編著『創造された古典』（一九九九）や品田悦一『万葉集の発明』（二〇〇一）などの成果を踏まえつつ、より教育史的に、教材史的な把握を可能とする成果が積み重ねられている。普通文の先達として和漢混淆文が認められ、それに併せて中世軍記が高い評価を得ることは、すでに指摘されている。ただ、その詳細な過程の解明についてはまだ不十分な状態である。近代の日本文学史がどのような観点で各古典作品を叙述していったのかについて、国語科教育史の側面から中心的に扱われたこともない。本章は日本文学史の嚆矢とされる三上参次・高津鍬三郎『日本文学史』の叙述をたどりつつ、同書がどのような観点から古典作品を評価しているのかを明らかにしていく。また、近代に始まった文学史の脆弱さを厳しく批判し、文学史の方法論の構築に挑んだ風巻景次郎の叙述をたどりながら〈文学史〉自体の評価の在り方についても考えてみたい。

二　日本文学史――教材としての始発

伴蒿蹊（ばんこうけい）『国文世々の跡（くにつふみよよのあと）』は、日本文学史の嚆矢としての評価を得ることはなかった。風間誠史（一九九四）が指摘するように、[*2] 真淵学の流れにある国学者蒿蹊は、和文の歴史を叙述することを企図し、意図的に中世和漢混淆文を排除する態度をとったからである。例えば、中世軍記について、「又平家物語は（中略）是もよきことばども見ゆ。保元・平治物語・源平盛衰記は軍書のうちにてよきものとはいふべし。文章にはとりがたし」とその補考において述べており、和漢混淆文についてある程度の評価を加えつつも、和文の文章史の一つとして扱うことはなかった。

日本文学史の嚆矢は三上参次・高津鍬三郎『日本文学史』（一八九〇〔明治二三〕）とされている。実は『国文世々の跡』と三上・高津『日本文学史』の叙述姿勢には共通点が見いだせる。『国文世々の跡』が和文という文体にこだわった点も、三上・高津『日本文学史』が普通文との関係性の中で文学史を論じた点も、彼らの時代の文章の改善を志向することが前提となっている。『国文世々の跡』は和文の可能性を見いだそうとした。三上・高津『日本文学史』は、普通文の練度を高めようとした。結果的に和漢混淆文に対し正反対の評価をそれぞれ加えることになる。『国文世々の跡』は、異物である漢語漢文が混入してしまった文体と断じ、三上・高津『日本文学史』は、漢語漢文を加えることで伝達力を高めた新文体と絶賛したのであった。

三上・高津『日本文学史』は、『平家物語』などの軍記を「歴史体の文」という項に収め、次のように述べる（中略は古今著聞集や水鏡に関する部分。引用の際の傍線は特に断りがないかぎり引用者による）。

水鏡の文体は大鏡と同じく、殆んど純粋なる平安朝の文なり。保元物語、平治物語などは、漢文を交ふること尚少しといへども、平家物語は。之を交ふること既に稍多く、源平盛衰記に至りては、益多し。此二書の如きは、啻に漢語の多きのみならず、文脈さへ漢文の風を帯びたる所多く、情に応じ境に従ひて、或は紆余屈曲、簡浄明潔、或は柔軟、或は遒健の筆を用ふる事、極めて自在にして、叙事整々、議論堂々、実に和漢混和文の上乗にして、江戸時代の漢学者の手に成りしものと匹敵すべし。江戸以前の時代に出でたる此類の著書にして、能く之と肩を比べ得べきものは、唯、太平記あるのみ。平家物語が其凄惨悲哀なるところを写せる筆、及び趣味字句の外に在るの妙は、或は盛衰記に上るべし。是れその仏語仏説を交ふること殊に多きと、諷誦を主としたるとの故なるべし。然れども、全体の上より評すれば、少しく盛衰記に遜る色あるが如し。其記事も、盛衰記の中より、撰び抜きたりと思はるゝ所多きかと思はる。或は云ふ。平家先に成りて、盛衰記は後に他人の之を完成せしものなりと、それ或は然らん。

此等の諸書の著者は分明ならず。保元物語、平治物語、源平盛衰記は、共に葉室大納言時長の作るところと伝ふれども、既に右に云ひし如く、保平二語と、盛衰記とは、其文体甚だひとしからずして、同一人の手に成りたりとは見えず。而して時長といふ人も、亦其履歴を詳にせざるは、実に惜むべきことなり。平家物語は、信濃前司行長なる人が作りしといふ。然れども、これもまた詳かならず。もと法師をして、琵琶に合して諷誦せしめしものなりとぞ。是れ即ち、後の謡ひもの、語りもの〻の権輿なりといふ。（中略）保元物語、平治物語は、各其年代の変乱をしるし、源平盛衰記は、両氏の興亡盛衰を述べたれば、大に其時代の事情を詳かにするを得へし。近時歴史編纂新法の開けしまでは、修史家概ねみな此等の書のみに依頼したり。余輩は、今、其史学上の価値を問はず。其文例を下に掲げて、以て其文章上の光輝を発揚せんとす　（下巻　二七―三〇頁）

『源平盛衰記』が『平家物語』に先行するという論が示されたり、軍記の史学上の価値については問わないことを断ったりと、軍記研究が始まったばかりであることを示す叙述が見てとれる。そういった中で軍記はどのように評価されているのか。「是れその仏語仏説を交ふること殊に多きと、諷誦を主としたるとの故なるべし」、「もと法師をして、琵琶に合して諷誦せしめしものなりとぞ。是れ即ち、後の謡ひもの、語りもの〻の権輿なりといふ」というように琵琶法師による語りとの関わりについても言及されている。ただ、作品を積極的に評価する言葉が費やされるのは、文体に関する叙述においてである。三上・高津『日本文学史』は、軍記の文体を、漢文を導入した「和漢混和文」における最上のものと評価し、その表現能力の拡大を絶賛する。そして、その和漢混淆文は、「江戸時代の漢学者の手に成りしものと匹敵すべし」とするのである。

かくの如くして、新に漢学者の手に成りたる、一種の和漢混和文は、実に今日国文の模範とすべきものなり。優美にして、しかも雅文のごとく柔弱ならず。遒強にして、しかも漢文の如く佶屈ならず。妙に和漢両文章の粋を抜き、長を取りて之を混化融成せしものなれば、如何に富贍なる思想も、如何に錯綜せる事物も之を写し出だすに於て、自由自在ならざるなし。抑、社会の現象、彌よ複雑に趣き、学問の弁論、益、高尚に進むに及びては、たとひ如何に艶麗にして、また如何に巧緻なるにもせよ、かの源氏物語、若くは枕草紙の如き文章のみに依頼しては、言語文字の数も少なく、語格句法も意の如くならず、萬、物足らぬこと、多かるべきは勿論なり。されば、此等の文章は江戸時代の雅文（第三章を看よ）とともに、わが国文の精華とも云ふべく、骨髄とも称すべしといへども、決して今日に行はるべき、国文の標本なりとは云ふべからず。漢学者の手より生れ出でし、この和漢混和文こそ、実に標本とすべきものなれ。（下巻　二二一―二二二頁）

平安以来の和文を「わが国文の精華」とも「骨髄」とも言うべきものであるとしつつも、新たな時代における複雑な事象を記述していく言葉としては不適格であると断じている。そして、近世の漢学者による「和漢混和文」こそが今日の「国文の標本」であるとする。漢学者の和漢混淆文が模範として捉えられるのは、明治期の通用文である普通文もまた和文と漢文の適切な混淆から形成された文体であり、その模範が強く求められたからである。なお、この三上・高津『日本文学史』にもすでに「言文一致」の言葉が確認されるが、俗文を文語化したものとして、新たな国文としてはふさわしくないものとして退けられている。この言文一致体に対する見解は、当時の一般的な見解であり、言文一致運動による文体観の大きな変化はもう少し時を待たねばならなかった。一八九〇（明治二三）年当時において、求められていたのは普通文の創成と確立であり、その模範となるべき和漢混淆文によって記述された作品群だった。

本章では各作品に関する全ての記述に対して論じる余裕はないが、三上・高津『日本文学史』において、作品の評価の観点として、普通文の文範となり得るかどうかという点が大半を占めていたことは確かである。三上・高津『日本文学史』が、イポリット・テーヌの『英国文学史』（一八六三―一八六四）やポスネットの『比較文学』（一八八六）を踏まえた上で記述されていることは、久保忠夫（一九七五）によって指摘されていることだが、その具体的な記述態度をどれほど摂取したのかは明らかになっていない。『英国文学史』を読んでみても、テーヌの記述態度と三上・高津のそれは全く別のものである。三上・高津『日本文学史』が出版された一八九〇年代は、国文の模範を示すことが喫緊の課題とされており、文学史もまたその課題に対応することが迫られていた。普通文に対する文範という観点から、軍記の評価の言葉を紡ぎ出すことは当然のことであったのだろう。

三上・高津『日本文学史』は、各節が終わる毎に各作品から抽出した文章が掲載される形式が繰り返される。軍記が含まれる「歴史体の文」の節では、鎌足公の薨去（水鏡）、病人を棄つるを止むる官符（同）、仲国曾我野に小督を求む（平家物語）、小松内府泣て父を諫む（源平盛衰記）、旧都の月（同）、馳遂の中の連歌（著聞集）、瓜中の蛇（同）が掲載されている。叙述の最後に作品の一部を掲載するというこの体裁は、この後続く文学史にも採用されている形式である。

三上・高津『日本文学史』の緒言には、次のようにある。

> 一此書を教科書として用ひんには、江戸時代の文学より始めて、次第に古に遡るべし。これ易きより難きに進み、近きより遠きに及ぼす教育の原則によりてなり。然れども、江戸時代の文学にも、王朝の文学に類する者あり。鎌倉時代の文学に、却りて江戸時代の文学より、解し易き者もあるべし。之を要するに、本書の作例を講読する順序、及び之が選択取捨は、一に之を享受する者の、方寸にあるべしといへども、著者の考案は、先づ本書に載せたる近代の和漢混交文より始め、次第に遡りて、中古体の文を講習し、稍、中古体の文に習熟したる時に当りて、韻文即ち和歌の類を講授し、終に上古の文学に進むにあり。而して専ら作例を講授するときにも、一方に於ては、教師常に本書の総論を斟酌し、また其時代の文学の状態を節略して、生徒に話すべし。且つ教師生徒互に例証を批評するも、亦甚だ有益なるべし。

発刊当初から教科書として活用されることが前提で作成されていることは、この文学史の性格を考える際の重要な要素である。そして、この後陸続と出版される文学史も学校教育で使用される教科書として発行されるのである。日本文学史は創造されたその瞬間から、すでに教材としての性格も有していた。そのように考えると各説の末尾に示される各作品の「作例」はまさに教材として扱うには手頃な分量であり、当然、教室で教科書として紐解かれる場面が想定された選定がなされたわけである。

坪内逍遙が三上・高津『日本文学史』を紹介した記事（『読売新聞』明治二三年十一月十四日、別刷）がある。

> 人の欲に限りはなけれど我最初の文学史としては誰か限りなく欲をいはむや只少しく欲をいはば巻頭にいと長々しき文学論是れ疵也凡例の中に短く記されて当然なりき初学の便にとての老婆心切と見ゆれど文学論としては深からず初学の為としては長々しきに過たり第二には古文に注解無きこと教科書としては不足なり此ままにては地方の教員は困ずべしまた総て文例を別にして本文の末に一束とせられたる、却りて学ぶ者の為に不便なりこれは評論の都度且論じ且例証ありし方便利なりきさる例は西の文学史にはいと多き例にてよくすれば最も興のある法なるに何故に用ひざりけん

これは本邦初の日本文学史出版に対して、祝いの言葉を並べつつも、ところどころ注文を付けている箇所である。坪内が教科書として見た際の不備について述べている点をここでは確認しておきたい。

なお、文学史教育について、規定上最初に触れたのは、一八九二年の「尋常師範学校ノ学科及其程度」においてであり、[*3] そこでは第三学年に毎週二時間で、「文学史ノ大要」・「作文」・「読書作文ヲ教授スル順序方法」を学習することとされている。「文学史ノ大要」には次のようにある。「片仮名平仮名ノ起源ヨリ国文学ノ発達変遷ノ要略ヲ授ケ古今諸体ノ文章及歌ノ標準トナルヘキモノヲ講読セシム」。この規定に従って、尋常師範学校では正式に文学史の学習がスタートを切っている。ただ、こういった制度面の整備を待たずに、三上・高津『日本文学史』は教材として使用されたようである。三上・高津は『日本文学史』をさらに教授用に縮約した『教科適用日本文学小史』

（一八九四〈明治二七〉）を出版しているが、これは、『日本文学史』は授業で扱うには大部であるので縮約してほしいとの現場の教員からの要望に応えたものである。*4 日本文学史が教材としての性格を当初から有していたことは、文学史の記述態度を評価する際に重要な観点である。しかし、日本文学史という看板のためか、その教材性については捨象されて論じられることが多いようである。

三　日本文学史という方法論――風巻景次郎の発言を中心に

文学史に位置付けられる作品とはどのような作品なのか。あるいは、作品にどのような言葉を添えるのか。これは文学史を記述する際の中心的な事柄であり、教材性を担保する当時の根拠ともなった。文学史の最初期に限って言えば、その評価軸は、普通文の模範たり得るかどうかが重要な観点だった。ハルオ・シラネ（一九九九）は次のように述べている。

一八九〇年代以後の国語教科書は、国語を書くためのモデルにするという実際的な目的のために、テクストを選定した。（中略）この当時の明治の教科書編纂者は、中世・江戸の文章、とくに漢文の表現を和文の文法と組み合わせた和漢混淆文こそ、明治における文章の模範としてふさわしいと考えたのである。実際、芳賀矢一が「和文の悲哀なるに漢文の雄壮なるを交へ」たものとして賞賛した『源平盛衰記』（『平家物語』の異本）が明治期にカノン化されたことは、それが和漢混淆文の代表例と見なされたことと大きく関連している。

シラネは、『源平盛衰記』を文体の模範として評価した一例として、芳賀矢一・立花銑三郎（せんざぶろう）の『国文学読本』（一八九〇〈明治二三〉）を引用している。『国文学読本』の例言では、まず「一。此書は読者をして粗々国文学の通観を得せしめん事を期し、専ら教育上、並に文学上の目的を以て編纂せり」として国文学の大要を学ぶことが第一目的であるとする。また、「八。此書古代に略にして近代に詳なるは、普通文の模範とすべきもの彼に在らずして此にあればなり。徒に高尚なる古文を今日に通用せしめんとするが如きは編者が志にあらず」ともあり、「普通文の模範」となる文体への意識が強いことが明らかにされている。『国文学読本』は作者別に文学史を区分しており、『源平盛衰記』は葉室時長（はむろときなが）の項で登場する。

> 葉室時長（紀元千八百年代）
>
> 時長は伝記詳ならず、たゞ其作れる源平盛衰記、世に知らぬものなし。或人の考に、盛衰記は宝治二年より建長元年までの間になりしならんといへば、時長は此頃世に在りし人なるべし。その文和文の悲哀なるに漢文の雄壮なるを交へ、流暢精細にして、よみもてゆくに、まのあたり千古の現場を見る心地す。太平記と相並びてともに比類著作の巨擘なり。

この叙述の後には、「成親已下被召排事」、「小松殿諫父事」、「落行人々歌附忠度自淀歸謁俊成事」、「義経落鵯越並畠山荷馬事」の本文が掲載されている。説明の後に、作品の一部を並べる体裁は、三上・高津『日本文学史』と同様である。また、その評価の観点が文体にあることも確認できる。三上・高津『日本文学史』や芳賀・立花『国文学読本』によって切り開かれた日本文学史は、その後出版が相次ぎ、活況の様相を呈する。この時期について風巻景次郎（一九五八）は次のように評している。

> そして三上・高津の『日本文学史』が出ると、続いて鈴木弘恭の『新撰日本文学史略』（二十五年）や大和田建樹の『和文学史』（同年）が出た。しかし三上の『日本文学史』もすこぶる調子は月並みで、年代誌的な説明と国文学読本的な引例とを交互に重ねたものに過ぎず、よく読まれたアストンの『日本文学史』や、後年書かれたフローレンツの『日本文学史』と較べても、はるかに調子の低いものであった。（中略）といっても大和田・鈴木の諸学者に較べれば、三上の『日本文学史』も出来はそれほど悪いともいうべきものではなく、いわばそ

つのない優等生の試作品であった。ただそこには福沢諭吉の『文明論之概略』や田口卯吉の『日本開化小史』に見られたような、民族の解放に戦のく維新当時の自由民権の精神の高揚がほとんど感じられないのだが、実は文学形式の最も切実な主題は、近代個人意識に貫かれた人間像の造型であって、すでに青年の現実からやや遊離した、法学書生気質の天下国家論ではなくなっていたのである。しかしまた、青年らしく気負い立った選ばれたる人間としての誇りと大まかで浪漫的な夢もまだ生命を保っていて、政治に行こうか、文学者と成ろうかという煩悶、文学は畢竟人間一生の業とするに足りぬとする懊悩が、二十年代の最も典型的な時代の思潮であった。そうした当時のインテリ青年の精神に触れながら、文学研究という事業をもって明治新国家の代表者と成り得るという選ばれた道を歩いていたのが芳賀矢一で、その『国文学史十講』は、当然のことながらその時代文学史の最高傑作となった。それは学術をもって国家の選良となるべき運命を背負つて、ドイツに留学しようとする直前の東京帝国大学助教授が三十歳を越した間もないころの著作。気負ったあせりもなく煩悶する神経質もなく、国民的建設への率直で明るい信頼に満ちた安定感のある均衡が支配している。傑作のゆえんである。と同時にやや神経は粗笨であって鋭利に過ぎるというところがない。

風巻が、三上・高津『日本文学史』に対して「すごぶる調子は月並み」、「そつのない優等生の試作品」などと、積極的な評価を下さないのは、「文学史の構想力の主体的脆弱さ」（風巻景次郎〔一九四七〕）を見取っているためである。文学史構築の方法論とその実現に精力を注いでいた風巻は、西洋文学史の模倣と国学的文学史把握を混交した日本文学史の記述姿勢を厳しく批判する。この風巻の批判するところは妥当なものであると思うが、一方、風巻が当時の文体の混乱あるいは統一の問題について触れないまま、文学史批判を展開する点については問題なしとは言えない。確かに、風巻の言うように、明治期文学史には構想の脆弱さがあった。だが、文体の混乱期にあって、その状況を是正しようとする意識も文学史側にあったわけであり、それも踏まえた上での批判であるべきだった。例えば、上代・中古の作品群を取捨選択する姿勢が、あくまでも国学上の重要文献であるかどうかという観点から選抜されているにすぎないことを風巻は指摘する。先に示した国学的文学史の把握のことである。その上で、中世軍記が文学史に採り入れられている理由については次のように述べているが、[*5] 説得力に欠けることは否めない。

> 平安時代・鎌倉時代などの作品についても、文学史の採択範囲は『扶桑拾遺集』などのそれと、同種類のものを軸としていることがわかるのであって、国学系の採択基準をほとんど脱れるものではない。ただ説話集や軍記物語やのごとく眼に触れやすいものがそれに追加されているに過ぎない。
>
> しかし、この追加もまた重要な意味を持っていることを忘れてはならない。中世において説話集・軍記物語・謡曲・連歌・お伽草子の類を追加した見識はいずれから取りきたったものであるか。（中略）当時の事情としては、それは西洋の文学史に眼をひらかれた意識以外にはないと思われるのであって、西洋文学史に対抗すると同時に模倣するところからそうしたジャンルの取り上げ方は生まれたに違いないのである。三上博士が『日本文学史』の序に述べたところはそれを端的に推測せしめるものを持っている。
>
> 以上のようにして、従来の文学通史の類型の一部として眼につく記載作品のジャンルの時代による不同という特色は、上世文献についてはほぼ国学者の取り上げたところに従い、中世以後、とくに近世の文献については、西洋に影響を受けた意識によって文芸的作品に主力を注いでいるところから生じるのであって、こうした作品採択における諸基準の混交ということは、文学史の構想力の主体的脆弱さを最もよく証明しているものに外ならない。

普通文の模範として和漢混淆文が認められ、その観点から軍記が評価されている点を捨象し、その上で「西洋文学史に対抗」し「模倣」したため、軍記等は取り上げられたとする。西洋文学史に対抗し模倣するとなぜ軍記が注目されるのかといった具体的な指摘はなく、この点については、上代や中古の記述に比べ、とたんに説得力がなくなるのである。[*6]

三上・高津『日本文学史』を初め、それに続く文学史たちが、作品の成立と作者に関する事項以外は、文体の評価に終始し、「解題的の作品年代誌」（風巻〔一九四七〕）と評価されるような姿勢があったことは確かである。風巻が傑作と評価した『国文学史十講』の軍記に関わる箇所（第六講）を見てみると、文体の問題はすでに見られず、琵琶法師による語りや、近世における受容について重点を置く記述となっている。『国文学史十講』が出版された明治三二（一八九九）年時点では言文一致運動も展開中であり、古典の文範性はまだその意義を有していた。そういった状況にあって、古典の文範という問題意識から早くに脱出し、新たな視点で作品を論じ直したことは、新しい文学史の時代を感じさせるものだった。『国文学史十講』は、帝国教育会の夏季講習会で芳賀が日本文学史の概要を講義し、講習会では都合で省いた明治文学の一章を加えて、補訂したものである。[*7] 談話体で記された文学史という意味でも最初期に位置すると考えられ、清新な印象を読者は受けただろう。

ただ、同書は講習会に参加した教師たちに語られたものであり、中学校教科書として出版されたものでもない。これは先に評価されたアストンやフローレンツの文学史にも言えることである。つまり、中等教科書として編集されたものと、そうではないものとを同列に論じることにすでに問題があったのではないか。あるいは、文学史が教科書という枠組みの中にあることを前提とした議論でなければならなかった。その意味で風巻の議論はフェアではなかった。三上・高津『日本文学史』への、「年代誌的な説明と国文学読本的な引例とを交互に重ねたもの」であり、「いわばそつのない優等生の試作品」であるという揶揄的な風巻の評価は、そもそもそれがまさに教科書として求められていた性格でもあり、風巻の意図とは裏腹に、むしろ正当なものだったわけである。

四　言文一致体の完成と古典教材観

風巻から教育の問題・文体の問題を捨象せしめたものは何だったのか。そこには言文一致体の完成という時代状況を想定する必要がある。古典から、あるいは文学史から文体の問題が解消された地点に風巻はすでに立っていた。通用文としての地位が、普通文から言文一致体に移行することで、古典作品に与えられていた「普通文の模範」という評価は意味を成さなくなった。文範性が古典から消失したときに、改めて古典を評価する言葉や枠組みを生み出す必要が発生し、そういった営みの先駆に芳賀矢一の姿がある。古典を担保するかつての枠組みが喪失し、その苦しみの中から文学史を語る言葉を紡ぎ出す営為に比したとき、明治期の文学史の姿勢は、歴史社会学派の一人と目されていた風巻にとって、随分物足りないものに映ったのだろう。しかし、日本文学史の始発が日本文学史教科書の始発でもあり、文体統一の苦しみの中から文学史を語る言葉が紡ぎ出されていった事実は、ここで確認しておきたい。

本章を通じて、明治中期における国語科教育の中心的な目標であった普通文の完成と普及が、日本文学史の叙述へも大きく影響していることを確認してきた。普通文普及を目指した時期を古典教材観の形成期前期、言文一致運動が完成に至る時期までを古典教材観形成期後期とするなら、第四章とこの第五章は前期の締めくくりに当たる。第六章では、前期から後期へと議論を展開させるための土台として落合直文編集の読本を取り上げる。

注

1　八木雄一郎（二〇一〇）「中学校教授要目（一九〇二（明治三五）年）の制定に伴う「国文学史」観の確立：明治二〇年代

と三〇年代の「国文学史」テクストの比較から」『信大国語教育』二〇

2 風巻景次郎（一九四七）にも同様の指摘がある。

3 八木雄一郎（二〇〇七）「「国語」と「古文」の境界線をめぐる対立――『尋常中学校教科細目調査報告』（一八九八〈明治三一〉年）における上田万年と小中村義象――」『国語科教育』六五

4 この点については、都築（二〇一三）の指摘がある。

5 風巻景次郎（一九四七）

6 西洋の叙事詩と対応するものとして軍記を位置付けるいわゆる「叙事詩論」の登場はもう少し後のことであり、この時の風巻に叙事詩論の観点は存在していない。生田弘治（一九〇六）「国民的叙事詩としての平家物語」がその最初期であるとされる。叙事詩論の登場については大津雄一（二〇一三）『『平家物語』の再誕　創られた国民叙事詩』に詳しい。

7 藤井貞史（一九八三）「解説」（芳賀矢一『芳賀矢一選集』第二巻国文学史編）

引用文献

・風間誠史（一九九四）「幻の文章史・幻の修辞学―伴蒿蹊『国文世々の跡』をめぐって―」『相模国文』二一

・風巻景次郎（一九四七）「文学史の問題」『季刊国文学』一（『風巻景次郎全集1　日本文学史の方法』一九六九、所収）

・風巻景次郎（一九五八）「日本文学史の足どり」（『日本文学史の方法』五四二―五四三頁）

・久保忠夫（一九七五）「国文学研究事始――三上・高津『日本文学史』とその文学論――」『季刊藝術』三五―IX―四

・都築則幸（二〇一三）「明治期の中等教育における国文学史教育の実態とその変遷――教科書の緒言・文例を中心に――」『早稲田大学大学院教育学研究科紀要別冊』二〇―一

・ハルオ・シラネ、鈴木登美編著（一九九九）『創造された古典――カノン形成・国民国家・日本文学』新曜社

・三上参次・高津鍬三郎（一八九〇〈明治二三〉）『日本文学史』金港堂（『明治大正文学史集成』一、二　日本図書センター一九八二）

・『読売新聞』明治二三（一八九〇）・十一・十四別刷、二頁「三上、高津両学士合著日本文学史上巻金港堂発行」

第六章　教科書に導入される言文一致体——落合直文編『中等国語読本』について

一　中等国語読本における言文一致体導入の時期

明治中期において、言文一致運動はその最中にあり、完成には今しばらくの時間が必要とされていた。明治二〇年代の小学読本においては言文一致体は導入されつつあったものの、中等国語読本ではその実現には至っていなかった。明治後期・大正期の中等国語読本を紐解くと、言文一致体で綴られた教材を発見することは難しくない。中等国語読本における言文一致体はいつ、どの読本において始まったのか。本章は、そのはじまりが落合直文編『中等国文読本』（明治三二年検定本）であることを指摘し、その背景について言及する。*1

二　明治三五年検定本『中等国語読本』の教材選定基準

落合直文（一八六一―一九〇三（文久元年―明治三六））は、明治十五（一八八二）年に東京大学文学部古典講習科に一期生として入学する。同期には、小中村義象、萩野由之、関根正直など、後に国語教育の中心となる面々が名を連ねている。兵役後、第一高等中学校、国語伝習所などに勤務する。四二歳という若さでこの世を去るまで、国語教育に関わる重要な仕事を残した。中でも『中等国文読本』と『中等国語読本』は最も目を引く仕事の一つである。

この『中等国文読本』及び『中等国語読本』は、『検定済教科用図書表』によると明治三〇年から大正十年までの間に、十二回の検定通過を確認することができる。『検定済教科用図書表』で確認される明治三〇年代に検定通過した『中等国文読本』と『中等国語読本』の各版の発行年と検定通過年については、八木雄一郎・辻尚宏（二〇〇九）によって、【表二】のように整理されている。同書は改訂のたびに、掲載内容が少なからず変更されることに特徴がある。例えば、明治三五年二月に検定を通過した『中等国語読本』は、『中等国文読本』から書名が変更されたことに加え、八割以上の教材が差し替えられた。

【表二】

題	発行年月日	版	検定通過年月日
①中等国文読本	明治三〇年二月二五日	訂正版	明治三〇年三月四日
②中等国文読本	明治三一年十一月十八日	訂正五版	明治三一年十一月二四日
③中等国文読本	明治三二年一月三〇日	訂正六版	明治三二年三月九日
④中等国文読本	明治三三年十一月十五日	二五版	明治三四年六月十七日
⑤中等国語読本	明治三五年二月七日	訂正再版	明治三五年二月十四日
⑥訂正中等国語読本	明治三六年十一月二七日	訂正二六版	明治三六年十一月二八日

『中等国語読本』は、近代を代表する定番教科書であったにも関わらず、それを取り立てて扱った研究は必ずしも多くはない。そういった中で、『中等国語読本』の各版の目次を資料として提示した浮田真弓（一九九九）の仕事は精力的である。

明治二〇年代後半から明治三〇年代は、国語科教育に関する制度が整っていく時期であり、中等国語科に関して言えば、明治二七年七月に大日本教育会国語科研究組合によって、「尋常中学校国語科の要領」が『大日本教育会雑誌』

第一五〇号に掲載され、明治三一年七月八日には、後の「中学校教授要目」の土台となる「尋常中学校国語科教授細目」（以降「教授細目」と略記する。『尋常中学校教科細目調査報告』所収）が報告され、さらに明治三四年三月五日に「中学校令施行規則」、明治三五年二月六日には文部省訓令として「中学校教授要目」（以降「要目」と略記する）が示されることになる。浮田は、その「中学校令施行規則」及び「要目」と、落合読本の変容を関連付けて把握しようとする。

浮田は、大幅な変更が確認される三五年検定本が、「中学校令施行規則」（明治三四年）を受けて改訂されたものと推測する。ただ、この指摘には疑義が残る。その「中学校令施行規則」の「第一章　学科及其ノ程度」の第三条「国語及漢文」は次のようにある。

> 国語及漢文ハ普通ノ言語文章ヲ了解シ正確且自由ニ思想ヲ表彰スルノ能ヲ得シメ文学上ノ趣味ヲ養ヒ兼テ知徳ノ啓発ニ資スルヲ以テ要旨トス国語及漢文ハ現時ノ国文ヲ主トシテ講読セシメ進ミテハ近古ノ国文ニ及ホシ又実用簡易ナル文ヲ作ラシメ文法ノ大要、国文学史ノ一班ヲ授ケ又平易ナル漢文ヲ講読セシメ且習字ヲ授クヘシ

これは「国語及漢文」の教科の特性や目的について明らかにしたものであり、教材選定の具体的な基準を示したものではない。この文言だけで、読本内容の大きな変更が促されたとするのは無理がある。明治三五年検定本の編纂の趣旨については落合直文著『中等国語読本編纂趣意書』（明治三四年十一月）を確認することがまず採るべき手立てである。管見の限り、『中等国語読本編纂趣意書』に言及した先行研究はない。本書は、『中等国語読本』の編集意図を明らかにする際の重要史料でありながら、これまで放置されてきた。同書では、現在の中学校が、高等普通教育と高等専門学校の予備教育という二つの目的を同居させた状態にあり、その二つを満たす教科書を作成することへの困難をまず述べる。それを受けて、「余の、本書を編纂するにつきては、いふまでもなく、文部省の教授

細目の趣旨に従ひ、また、実際教授の任にあたらるゝ各学校教師諸君よりの注意に従ひて、専心、その趣旨と注意とに背からざらむことをつとめたり。」と述べる。その上で智識の啓発、徳性の涵養、読書力の養成、作文の修練の四つが目的であるとする。そしてそれらの目的を達成するための教材選定の方策について項目別に述べていく。「教授細目」とは、先に示した明治三一年の「尋常中学校国語科教授細目」のことである。

「教授細目」は「国語科ノ本旨」を次のように定義する。

○国語科ノ本旨

尋常中学校ノ国語科ハ小学校ニ於ケル国語教授ノ後ヲ承ケ生徒ヲシテ一層理解力ト運用力トヲ発達セシムルヲ目的トス

その上で国語科を「講読」「文法」「作文」の三科とし、各科の在り方について具体的な提言を行う。国語読本の内容に関わるのは「講読科」であるが、その要旨を次のように示している。

講読科ニ於テハ左ノ数項ヲ以テ其要旨トス

（一）読書力ヲ養ヒ併セテ口演及作文ノ模範ヲ示スコト

（二）高雅ナル文学上ノ趣味ヲ解セシメ兼ネテ徳性ヲ涵養スルコト

（三）百科ノ学術ニ関スル知識ヲ啓発スルコト

（一）に「口演及作文ノ模範ヲ示スコト」とある点に注意したい。また第一学年の講読科の教材について「附言」として具体的に教材作成の基準を提示した上で、次のようにも記していることにも注意したい。

本学年級ノ読本ニハ普通今文ノ外ナホ左記ノ種類ノ文ヲ含ムヘシ

（い）正確ナル口語ノ標準ヲ示スヘキ演説談話ノ筆記

（ろ）名家ノ書牘文

（は）韻文ハ主トシテ新体詩

読本における言文一致体の扱いに関する具体的な提言として、これは大きな意味を持つ。この文言は、「要目」にも引き継がれ、その後の中等国語読本における言文一致体の導入を強く誘因することとなる。

この「教授細目」に従って編集されたとされるのが明治三五年検定本『中等国語読本』である。「教授細目」を踏まえていることは、趣意書の説明のみならず、教科書構成からも判断できる。例えば、「教授細目」「附言」の「（は）韻文ハ主トシテ新体詩」という文言は、巻二中村秋香「平壌の曲」において実現されている。巻四にも著者作（落合作）「波瀾懐古」がある。あるいは、「教授細目」には、第三学年について「韻文ハ主トシテ今様歌」とある。第三学年に該当する巻五には、清水浜臣（はまおみ）「夏夜」、小杉榲邨（すぎむら）「古戦場」の二つの今様が確認される。その他の巻にも五つの今様が確認される。他にも全巻を通して今文（明治期の文章）が配置されている点[*2]、謡曲が教材化されている点など「教授細目」の影響が見て取れる。[*3]

また、「附言」の（い）「正確ナル口語ノ標準ヲ示スヘキ演説談話ノ筆記」に従うように、勝海舟談話筆記「海外の一知己」（巻一）に加え、加藤弘之談話筆記「少年時代の苦学」（巻二）、川田剛演説筆記「普通文の話」（巻二）も掲載されている。「海外の一知己」は前の版から掲載されているが、追加された二教材については「教授細目」の影響と判断して問題ないだろう。[*4]

これに付言すると、落合は「教授細目」の土台となったと考えられる「尋常中学校国語科の要領」を作成した大日本教育会国語科研究組合の一員であり、「教授細目」作成者メンバーである高津鍬三郎もまた、その一員であった。「尋常中学校国語科の要領」作成のさらに前段階として高津の名前で立案された「国語科（中学校／師範学校）教授法」にも落合を含む組合員が関わっていると推定される（第一部第三章）。「教授細目」の作成の際には、高津は組合代表としてその知見を元に発言したはずである。落合自身も「教授細目」の動向に注意を払っていたであろうことは十分にあり得ることである。

三　中等国語科における言文一致体の導入

古川正雄著『ちゑのいとぐち』（明治四年）は、児童幼年期の読本としては、言文一致体の採用の最初期に当たる。明治五年の学制発布後のものでは、文部省編『小学教授書』（明治六年）が最初期になる。その後、明治六・七年に「会話（コトバヅカヒ）」（「学制」）を学ばせるための会話読本が編集され、そこにも言文一致体を見いだすことができる。それからしばらく時を置き、新保磐次『日本読本初歩』第二巻（明治十九年）、文部省編『読書入門（よみかき）』（明治十九年）、文部省編『小学国語読本巻之一』（明治二〇年）などに至って、言文一致体は小学読本に定着の様相を見せるのである。[*5]

では、中等国語読本において、言文一致体が最初に取り入れられたのはいつなのか。この点について言及しているのは、管見の限り、田坂文穂（一九七四）のみである。田坂は明治三四年十一月出版の『中等国語読本』を採り上げる。同論文の中で示される章段名が明治三五年検定本の内容と一致することから、田坂が扱っている版は明治三五年検定本と同内容のものであることが分かる。

田坂は、『中等国語読本』の前の版である『中等国文読本』について「時は二十年代の後半とはいえ、同時代人をこれだけまとめて登場させた教科書は空前であろう」と指摘している。また、『中等国語読本』が近代文学を最初に採り上げたという重要な指摘もあるが、ここでは、言文一致体に関する指摘に集中したい。田坂は次のように述べている。

小説の世界の言文一致運動は、長谷川二葉亭や山田美妙などによって明治二十年代のはじめから展開されていくのだが、ジャーナリズムはまだ当分は言文一致体をとりあげることに二の足をふんだので「普通文」とか

「時文」とか称せられた明治期の文章は殆ど例外なく旧套を墨守しつづけたという客観情勢におされ、また古典作品や擬古文が教材の骨格となっていた為もあって教科書は言文一致体を取り入れにくい事情があったのだが、落合はこの本ではじめて口語体の文章を採り上げた。巻一の加藤弘之の談話筆記「少年時代の苦学」、巻二の川田剛演説筆記「普通文の話」がこれである。この二例を通じて、教科書への言文一致体の導入は話しことばを通じて始められたことが知られる。

言文一致体と中等国語読本の最初の接点についてのこの田坂の指摘は誤りである。たしかに、言文一致体を中等国語読本に取り込んだのは落合直文だったが、それは『中等国語読本』ではなく、その前々版の三二年検定本『中等国文読本』から始まっていた。そして、その際に採用された教材は、勝海舟の談話筆記「海外の一知己」であった。*6

そもそも、この三二年検定本は、前版から教材内容が大きく変更されている。【表二】に示したのは、明治二九年八月発行訂正版（東書文庫蔵）巻一の目次である。検定印はなく、最初の検定を通過する直前のものだと考えられる。全巻を通じて言文一致体は採用されていない。明治三〇年の検定を通過したのは、明治三〇年二月二五日発行のものである。残念ながら発行日と同じものを調査することはできておらず、明治二九年版との、厳密な差異を明らかにすることはできていないが、その間に大きな変化はなかったようである。【表三】は三一年検定本（明治三一年十一月十八日発行訂正五版（東書文庫蔵））の巻一目次であるが、この段階においても全巻通して言文一致体は確認されない。

その三二年検定本の変更の中に言文一致体も含まれていたのである。【表四】に示したのは、三二年検定本巻一の目次である。同時代作者の文章によって構成されていることは、前版とも同じであるが、その中に「海外の一知己（口語文訳）」という教材があることに気付く。これが中等国語読本における最初の言文一致体である。

【表二】明治二九年発行訂正版『中等国文読本』巻一目次

国体の基礎　小中村義象	旅順の慰魂祭
君仁民忠国　阪正臣	将棊の盤　高崎正風
皇后陛下より東京慈恵医院への御令旨	北畠親房郷　久米幹文
徳育の歌　福羽美静	学問　堀秀成
富国策　福沢諭吉	学生を諭しゝ歌　落合直亮
技芸教育新書の端書　井上毅	学問のすゝめ緒言　福沢諭吉
岩崎弥太郎の伝　その一	細川大人に与ふる書　井上毅
岩崎弥太郎の伝　その二	熊木直太朗の伝　井上毅
実業論　福沢諭吉	勧学　高崎正風
アームストロング製造場　黒田清隆	塙検校保己一　栗本鋤雲
黄海の戦　その一	勤懶二字の説　那珂道高
黄海の戦　その二	善く働き善く遊ぶべき論　大島圭介
杉坂の曲　物集高見	草まくら　その一　中根淑
天津　末広重恭	草まくら　その二　中根淑
芝罘　末広重恭	

【表三】明治三一年検定訂正五版『中等国文読本』巻一目次

国体の基礎　小中村義象	将棊の盤　高崎正風
君仁民忠国　阪正臣	北畠親房卿　久米幹文
皇后陛下より東京慈恵医院への御令旨	学問　堀秀成
富国策　福沢諭吉	学生を諭し歌　落合直亮
技芸教育新書の端書　井上毅	学問のすすめ緒言　福沢諭吉
岩崎弥太郎の伝　その一	細川大人に与ふる書　井上毅
岩崎弥太郎の伝　その二	熊木直太郎の伝　井上毅
実業論　福沢諭吉	勧学　高崎正風
アームストロング製造場　黒田清隆	塙検校保己一　栗本鋤雲
黄海の戦　その一	忍耐　西村茂樹
黄海の戦　その二	勤懶二字の説　那珂通高
杉坂の曲　物集高見	善く働き善く遊ぶべき論　大島圭介
天津　末広重恭	草まくら　その一　中根淑
芝罘　末広重恭	草まくら　その二　中根淑
旅順の慰魂祭	

【表四】明治三二年検定訂正六版『中等国文読本』巻一目次

この「海外の一知己」は次のように始まる。

一夕、勝海舟を氷川邸に訪うた、ところが、はなしは、たまたま、丁汝昌のことにおよんだが、翁は、口を開いて、『丁汝昌は、おれが、海外の一知己だつたが、日清戦争の時に、とうとう、自殺してしまうた。当時、おれは、今昔の感にたへず、病気を推して、こんな文章をも書きかけた。

二十八年二月十六日、丁汝昌、その率ゐるところの軍艦に、降旗をかかげて、われに降るといふ。（中略）

ここまで書いたところが、胸中の感慨と、病余の衰弱とで、頭痛がしだしたものだから、已むを得ず、それなりにした。今、そのつづきを口で話さうわい。（以下略）

これは記者が勝海舟の許に訪れた際に、勝海舟の談話を筆記したという体裁になっており、この教材の末尾には「勝海舟談話筆記」とある。そして、この直後には文語文による同内容の文章が続く。

一夕、勝海舟を氷川邸に訪ふ。談、たまたま、丁汝昌のことにおよぶ。翁、丁汝昌は、余が海外の一知己なりしが、日清戦争の時、終に、自殺せり。当時、余は、今昔の感に堪へず、一篇の文章をつづらむと、病をつとめて、筆とりぬ。

二十八年二月十六日、丁汝昌、その率ゐるところの軍艦に、降旗をかかげて、我に降るといふ。（中略）

と書きかけたりしが、胸中の感慨と、病余の衰弱とにて、頭痛はげしく、ために、中途にしてやみぬ。今日、幸に、君の訪ふあり、そのつづきを語らむとて、語られぬ。

この談話教材の元となったのは、明治二八年二月二二日、二三日の『国民新聞』に掲載された「氷川伯の丁汝昌談（一）（二）」である。勝海舟は、長く居住していた赤坂氷川にちなんで氷川伯と呼称されていた。同記事は次のように始まる。

昨氷川伯を訪ふ例に依り養病臥床に横はる然れども健談旧に異ならず警世諷時の談吻を銜ひて出づ談忽ち丁汝昌自殺の事に及ぶ伯粛然として曰く丁は実に余が海外の一知己不幸此の訃音に接し転た今昔の感に堪へず満胸の感慨を此四十字に攄へたりとて座右に在りし白紙に大字したる左の詩句を示さる曰く余が詩平仄もなければ題字もなし詩人に見せたら笑らふだらうよ笑ふが笑ふまひが其所は詩人の御勝手だ余は只だ丁に酬ひる一片の回向を手向るのだ哩

二月十七日聞旧知清国水師提督丁汝昌自殺之報（中略）

種々の感懐は胸中を往来して止まず為めに此の病軀を驅て左の文字を認めしめぬ併し此等の文字を新聞なんぞに出されると忽ち世間の人に勝の老爺は敵の大将なんぞを贔屓してフラ―奴だと叱られるよ

而して伯は徐ろに左の文字を読み聞かされぬ

廿八年二月十六日丁汝昌其率ゆる所の軍艦を以て降旗我に降ると（中略）

伯は読んで此所に至り嘆息して曰く書いて是に至れば胸中の感慨と病余の衰弱は頭痛岑々止を得ず筆を擲ち去

りぬ他は御話だよとて丁に関する談話を続けられぬ

これは教材の内容に近接しているが、表現が一致せず、直接の引用元とは考えられない。その後、勝海舟の談話記事を収集し、それを口語文にリライトした吉本譲『海舟先生氷川清話』が明治三〇年十一月に出版される。これには「丁汝昌」の記事も口語文で掲載されており、次のように始まる（底本は、明治三三年発行、第十版、国会図書館蔵本を使用した）。

丁汝昌は、おれが海外の一知己だつた。が、日清戦争のときにとうく自殺してしまつた。当時、おれは今昔の感に堪へず、かういふ詩を作つた。併し平仄などは、無茶だヨ。

二月十七日。聞二旧知清国水師提督丁汝昌自殺之報一。（中略）

廿八年二月十六日、丁汝昌その率うる所の軍艦を以て、降旗我に降ると。（中略）

此所まで書いた所が、胸中の感慨と、病余の衰弱とで、頭痛がし出したものだから、止むを得ずそれなりにした。今、その続を口で話そうワイ。

また病気を推して、こんな文章をも書きかけた。

読本の表現にかなり近似していることが分かる。これが直接参考にされたことは間違いないだろう。教材「海外の一知己」は、吉本の『海舟先生氷川清話』を下敷きに、口語文、文語文共に落合自身の手によって、再構成されたものだと推定される。

もっとも、この吉本の仕事には、瑕疵があることは断っておかなければならない。この『海舟先生氷川清話』は、吉本が収集した新聞記事を口語文にリライトしたわけだが、吉本が当時の風潮を鑑みて採用しなかった記事も多数ある。また、新聞掲載当時の談話内容をまるで最晩年に回顧したかのように改竄されてもおり、この「海外の一知己」もそれを免れていない。本来は日清戦争の最中、すなわち『国民新聞』に掲載された明治二八年二月二二日、二三日に掲載された記事が元となっているわけだが、『海舟先生氷川清話』では、日清戦争以後に回顧したかのように書き直されてしまっているのである[*7]。そして、落合自身はそのように改変されている『海舟先生氷川清話』を元としたと考えられ、本来、日清戦争最中に書かれた記事を、「日清戦争の時に」と回顧録のように書き記すことになってしまったのである。

四　言文一致体の採用の契機と意図

三二年検定本に言文一致体が初めて採用された契機や理由を明示する史料は現在のところ見いだされていない。ここでは、史料的な限界を踏まえつつ、後の版である『中等国語読本』の編纂趣意書などを扱い、その契機と理由について考えてみたい。

三二年検定本において、勝海舟の談話筆記「海外の一知己」が掲載された契機としてまず考えられるのは、明治三一年七月八日に示された「教授細目」の影響である。『中等国語読本編纂趣意書』にて、三五年検定本が「教授細目」を踏まえていることは明言されているわけだが、この趣意書はあくまでも『中等国語読本』の編纂趣意書であり、今問題にしている三二年検定本『中等国文読本』が、「教授細目」を踏まえているという直接の根拠とはならない。事実、『中等国語読本』が、「教授細目」に従い、新体詩や謡曲の教材化を行っているような配慮は、三二年検定本では確認できないし、巻七以降に、明治期の文章や近世文が掲載されることもない。三二年検定本は、「教授細目」を強く意識した三五年検定本とは、内容を大きく異にしている。しかし、「教授細目」と国語科研究組合員であった落合との距離は近く、「教授細目」が示された後、落合がそれに全く目を通していないということもあり得ない。そして、「教授細目」（明治三一年七月八日）に「演説談話ノ筆記」の文言が記され、その後、三二年検定本（明治三二年一月三〇日発行）に勝海舟の談話筆記が掲載されるという時間的経緯には因果関係を想起させる。落合が「教授細目」を踏まえた上で、「海外の一知己」を教材化した可能性は十分あり得ることである。ここでは仮説として述べるにとどめておきたい。

「海外の一知己」に期待された教材としての価値について少し考えてみたい。「教授細目」の「附言」には「正確ナル口語標準ヲ示スヘキ演説談話ノ筆記」を読本に含めるとだけある。これが話し方の標準なのか、文体としての口語文の標準なのか。あるいはその両方なのかということについては説明がない。

先に挙げた『中等国語読本編纂趣意書』の「四、作文の練習」の項に次のような文言がある。

> 又、文典の教授も受けざる生徒に、係結のむづかしきものなどを読ましむるも、無用無益の事たり。故に、本書は、文典の教授の学年学級をはかり、初年級には、さる文を避けたり。ことに、初年級にありては、口語文など書き習はしむるも、必要なるべければ、さるものをも、まじへたり。その他、文話の如き、作文の注意の如きものに関する文章を、ところどころに、とり用ゐたるも、皆、作文練習といふことを、重じたるがためなり。

『中等国語読本』において、三つの談話筆記の教材を採用したのは、初学年に「口語文など書き習はしむる」ためであり、それは「作文練習」を重視した結果であるという。「教授細目」の「附言」の意図するところは本章では整理することができなかったが、落合自身はこれらの談話筆記を初学年の作文教材として位置付けている点に注意したい。三二年検定本においても、第一学年の前半（巻二）の段階で勝海舟談話筆記「海外の一知己」は学習されるよう配置されている。この配置は、『中等国語読本』と同様、初学年の作文教材として位置付けられていたと考えてよいのではないか。

五　古典教育の根拠の消滅と再生についての見通し

甲斐雄一郎（二〇〇八）は、明治期小学読本における言文一致体の採用数を網羅的に調査し、明治三三年の小学読本においてその扱い方が飛躍的に増大していることを指摘した。そして、それは、前近代の文語文を国語と把握してきた従来の在り方から、明治期の文体をも国語として把握しようとする「国語観の拡大」を背景としていることに加えて、方言格差の是正や学習困難の改善といった問題への対応のためであったと推察した。

山本正秀（一九六五）は言文一致運動を大きく七期に分けており、第四期（第二自覚期）が明治二八年から明治三二年、第五期（確立期）が明治三三年から明治四二年としている。甲斐も言うように、小学読本における言文一致体急増と第五期への移行のタイミングは一致している。そして、落合が言文一致体を中等国語読本に初めて採用したのは、その第五期（確立期）直前の明治三二年であった。すなわち中等国語読本を分析する際の観点として、言文一致運動の大きな流れとの関連に加えて、小学読本との継続性を念頭に置かなければならないことが課題として見えてくる。「教授細目」においても「第一年級ニ用フヘキ読本ハ小学読本トノ連絡ヲ図」ることが記されている。本章ではこの観点からの分析に至ることができていない。再度この点を踏まえた調査を進めたい。

冒頭に述べたように、本章において、談話体、口語文といった区別をあえてせず、それらを包括した言文一致体という表現に統一した形で論を進めてきた。ただ、今後は、その定義を細やかにしていく必要があろう。談話体の導入によって始まった言文一致体の教材化であるが、それが談話体から口語文（近代小説など）へ移行する時期が到来する。「口語ノ標準」（「教授細目」）であった談話体から文章語としての口語文への移行は、同時に通用語の地位が本格的に普通文から言文一致体へと移行するということでもある。そして、普通文の文範として把握されていた古典の教育的根拠はこのときにいよいよ消滅の段階となり、古典教材観の再構築も同時に進行したはずである。本章はその見取り図を描くための始発として言文一致体と中等国語読本の出会いについて述べてきた。

注

1　なお、その中で採り上げる勝海舟「海外の一知己」は本来、記者の取材に対する談話であったわけだから談話体という表現がふさわしく、物事を叙述するための口語文とは区別される。ただし今回は、普通文すなわち明治版和漢混淆文との対比を鮮明にしたいという意図から、談話体、口語文などを大きく内包した言葉として言文一致体という表記に統一している。

2　各学年の教材として「今文」が項目としてある。

3　第五学年の指示に「謡曲ノ文ニ編若クハ三編」とある。

4　もっとも、『中等国語読本』は「教授細目」で提示された案通りに全てが構成されているかと言えば、必ずしもそうではない。「教授細目」では、第三学年の段階で、神皇正統記などの近古文（中世文）の学習が設置されているが、読本では第三学年（巻五、六）では近古文は扱われず、明治期の文章と近世文が掲載されている。近古文が扱われるのは第四学年（巻七、八）からである。

5　小学国語読本における言文一致体の歴史については、山本正秀（一九六五）、古田東朔「口語文体の形成〈一〉〜〈十三〉」『実践国語教育』（一九六一・五〜一九六二・六）を参照した。

6　文法書（『日本語法』など）や一古典作品のみを掲載した読本（『徒然草読本』など）を除き、明治十九年から明治三二年の間に検定を通過した中等国語読本（雑纂本）の調査を行った。また、『中等国文読本』『中等国語読本』の各版の調査も行った。

7　この吉本譲『海舟先生氷川清話』における改竄については、勝海舟全集刊行会代表江藤淳（一九七三）『勝海舟全集21』、勝海舟／江藤淳・松浦玲編（二〇〇〇）『氷川清話』（講談社学術文庫）に詳しい。

引用文献

・浮田真弓（一九九九）「明治期中学校の文学教育（一）――落合直文編集教科書に関する一考察――」『桜花学園大学研究紀要』一

・甲斐雄一郎（二〇〇八）『国語科の成立』東洋館出版社

・田坂文穂（一九七四）『落合直文編「中等国語読本」の研究』

・八木雄一郎・辻尚宏（二〇〇九）「明治三〇年代における中学校国語教科書の編集方針――落合直文の国語教育観と編集教科書から」『人文科教育研究』三六、十三―二三頁

・山本正秀（一九六五）『近代文体発生の史的研究』岩波書店

第七章　古典は誰のものか——保科孝一の言説を手がかりに

一　古典の価値を自明視した古典教育論

古典の教材としての機能を再検討する必要がある。少なくとも公教育において古典を（古典で）学ぶことの理由・理論を提示すること、その説明責任は果たされなければならない。石塚修（二〇〇七）はその説明責任について次のように厳しく指摘している。

> では、こうしたときに用いられている「我が国の文化と伝統」とはどのような存在であり、それを「尊重」する態度とは、どのような方法で児童・生徒の内部に「育成」されるのが適切だと考えるべきなのであろうか。
> この点について具体的に国語科教育の立場から言及している論考がどれほど存在しているのかというと、きわめて少ないというのが現状であろう。もちろん個々作品を取りあげ、その古典教育内における意義を検証している論は多数見られる。しかし、「我が国の文化と伝統」の総体として最低限学習者に身につけさせるべき学習内容について、体系的学習計画を行い、それを基盤に教育内容を作品へと還元していくような視座は、これまでの古典教育論ではほとんど顧みられてこなかったのが実情ではなかろうか。

そのことは内藤一志の古典教育論の整理を見ても明らかであるし、渡辺春美の戦後古典教育論の整理からも同様のことが言える。

現在の現場の教師が持っている古典教育への視座は、たとえば早乙女利光の「現在のところ、我々にできることは作品に対する精緻な読みを持ちながらも、その読みを提示するだけでおわることのないよう自戒することだけだ」というような、古典作品の内容の読解を中心としていけば生徒たちにも古典の興味関心が自ずともたらされるとする考え方に代表される。[*1] つまりは、古典教育に関する議論の多くはこうした視座からの教材（学習材）の選定や指導方法の改善に関する内向きの論にとどまり、我が国の社会全体に向けて古典教育の必要性を訴えかけ、その同意を得られるような外向きの論まで展開してこなかったのではなかろうか。

また、石塚（二〇一〇）は次のようにも述べている。

それには、古典教育で教えるべき内容についての再検討がなされなくてはなるまい。名作と言われるものには、自ずから文化的価値があるという前提はすでに疑われるべきだからである（ハルオ・シラネ『創造された古典』新曜社、一九九九年）。その作品の古典的価値を一度払拭したうえで、次世代に教育という「制度」を用いて伝承していかなくてはならない内容は何なのか。それについて社会に発信する義務が、国語教育関係者に問われているのである。「学生の『今』」に結びつけようとする新たな試みも一部にあるが（中嶋隆『国語教育研究』早稲田大学教育学部、二〇〇〇年）、多くは従来の古典的評価を前提に、生徒によりよく読解させるために、教師がどうすればよいかという古典文学研究成果を元にした指導方法の整理と分析に終始している。

稿者は、その「我が国の社会全体に向けて古典教育の必要性を訴えかけ、その同意を得られるような外向きの論」の不在がなぜ、あるいはいつから発生したのかを明らかにするため、近世の往来物から明治大正の中等国語読本における古文教材の扱われ方を追跡してきた（菊野雅之（二〇一一）（二〇一三）（二〇一四a）（二〇一七））。「名作と言われるものには、自ずから文化的価値があるという前提」に立って古典教育が論じられる経緯について歴史的な観点から明らかにしようとするのが本章も含めた稿者の一連の研究の目的である。本章では、一九一六（大正五）年に創刊された最初の国語教育専門誌の主幹でもあり、文部官僚でもあった保科孝一（ほしなこういち）（一八七二―一九五五）の言説を取りあげて、その古典の文化的価値の前提に立った古典教育論の様相を捉え、戦前戦後の古典教育観の相似性について議論を行いたい。

二 「国民的性情の陶冶」「国民性の涵養」という古典教育の根拠が見えなくしてきたもの

明治期においては、近世や中世の作品群は、普通文の文範として期待され教材化が行われていた。ただ、その文範性は言文一致運動が進むにつれ、急速に消失していくこととなる（菊野雅之（二〇一一）（二〇一三）（二〇一四ａ）（二〇一七））。山本正秀（一九六五）は、言文一致運動史の時期区分として、一九〇九（明治四三）年—一九二二（大正十一）年を「成長・完成前期」、一九二三（大正十二）年—一九四六（昭和二一）年を「成長・完成後期」と区分している。今回取りあげる保科の言説は「成長・完成前期」および「成長・完成後期」の時期のものである。つまり、言文一致運動は完成期に入り、中世文の文範性という学習根拠は喪失していった時期であると言えよう。

保科孝一については、イ・ヨンスク（一九九六）や安田敏朗（二〇〇六）により、上田万年の国語の理念を継ぎ、標準語の制定、大東亜共栄圏における国語普及による同化政策、漢字制限、表音仮名遣いの採用、口語文の普及に力を尽くした様相が明らかにされているところである。保科は現代語の整備あるいは現代語教育の推進を強く訴えた。古文教育に傾斜していた当時の学校教育を、保科は厳しく批判し、現代語教育を最優先事項とするべきであると主張した。そして、思想の複雑化と言語の発達という観点から「現代の国語がもつとも完美なもの」（保科孝一（一九一六））と位置付ける。加えて、現代の国語とは保科にとっては標準語のことであり、方言などの限定された地域で使用される言語は、むしろ排除対象であった。標準語を広く日本各地に十分に普及させることを通じて、保科は国家あるいは国民を形成しようとした。さらには、植民地への国語の普及においても積極的な姿勢を見せ、国家主義・帝国主義的国語政策の実行を目指したのである。

では、そのような保科にとって古典教材はどのように位置付けられるのか。国語教育上からすると古代の言語は現代語よりも価値が少ないと断じた上で、保科（一九一六）は次のように述べる。

ただし古代文学の一斑を玩味させ、あるひは国語発達史の一端を窺ひ知らせることはもとより必要であるから、中等学校においては、中古時代の言語および文学につき、一般的知識を授けるのは当然である。英仏独の小学校においては、その上級の生徒に中古文学の一斑を玩味させるやうになつてゐるが、今日の状態から見ると、我邦の小学校において、中古文学はおろか近古にすら遡ることが困難である。中等学校において近古あるひは中古文学を玩味させるの、いはゆる文学的趣味を養成し、知徳を啓発するのが主で、これによつて思想を発表させるのが、かならずしも主要な目的でない。さきに詳述した国語教育の目的は、現代の国語を対象とする場合において、はじめて完全に貫徹せられるけれども、古代におけるものでは到底不可能である。

大正五年段階では、現代の国語の学習の重要性を訴えることが保科の大きな関心事であり、古代文学・中古文学の教育根拠については現代の国語の学びに付随する形で、「文学的趣味を養成し、知徳を啓発するのが主」な目的として位置付けられている。その六年後、先に示した山本の区分における「成長・完成前期」の最終年である一九二二（大正十一）年には、保科は「国体」「民族」「国民性」「人格の養成」「品性の陶冶」という言葉を用いながら、近世文・中世文（近古文）の価値を力強く述べる（保科（一九二二））。

現代文には日常の生活に裨益し常識を養成するに足るものが豊富に存在するけれども、わが国体及び民族の美風を記し国民性を発揮するに足るものはかならずしも多いとは言へない。おなじくわが国体や民族の美風を記したものであつても、近古文で読む場合と現代文で読む場合とでは、その受入れ方が非常に違ふ。平安朝や鎌倉時代の文学を味はふ場合には、自然われわれの品性が向上していくやうに感ずるのでつまり人格の養成品性の陶冶の上から見て、近世近古文の価値は現代文よりはるかに大なるものである。

八木雄一郎（二〇〇九）が指摘しているように、中学校教授要目（一九〇二〈明治三五〉）や中学校教授要目改正（一九一一〈明治四四〉）において、すでに「国語」と「古文」の機能分化が発生しており、文学史的知識の教授とともに国民性の由来を学ばせることが位置付けられている。さらには、中学校教授要目改正（一九三一〈昭和六〉）には、「国民性の涵養」という国民国家と古文の関係性あるいは国民国家が古文の学習根拠となることが明瞭な形で示されるに至る。保科の言説は「国民性の涵養」という言葉が中学校教授要目に位置付けられる過程を埋める資料であると八木は位置付ける。

一九三七（昭和十二）年に、保科（一九三七）は「古典の口語訳について」という文章で次のように述べる。

> 古代の文学を研究し、その文意を十分に理解することは容易ではない。しかし、よくこれを理解することによつて、国民固有の精神を啓培することが出来るのであるから、欧米各国においても、つとに古代文学すなわち古典の研究とその教養にふかく意を潜めて居ることは、あらためて言うまでもないことである。わが国においても、中等学校から古典の教養に努め、上級の学校に進むに従てます〳〵重きを置かれて居るのである。なにゆえに古典の教養が重視されるかとゆうと、これによつて国民の思想や文化の由て来るところを捜り、その固有の精神を啓培して、人格の養成品性の向上を図ろうとするにあるので、国民教育上自然に重大な地位を占めるに至つたのである。

これがハルオ・シラネ（一九九九）が指摘したカノン化の実相である。

> この言文一致体がついには明治の雅文を廃れさせ、古典のカリキュラムから直接的・実用的機能を失わせてしまったのである。言文一致運動の最初の結実は、二葉亭四迷の『浮雲』（一八八七—八九）や山田美妙の『武蔵野』（一八八七）としてあらわれたが、それが明らかな形で教科書に採り入れ始めたのは一九〇八—一〇年以降のこ

とであり、完全に浸透したのは大正末期のことである。文学の文体がしだいに言文一致体によって置き換わられ、文語文がその実用的機能を失うにつれて、古典のテクストは次第に倫理的・イデオロギー的機能を果たすようになった。

稿者がカノン化の問題にこだわるのは、そのカノン化の過程において古典教育の理論的根拠が「倫理的・イデオロギー的な機能」、「国民性の涵養」という点以外に見出すことができないからである。現代は、国家主義の時代ではないのだから、そうこだわる必要はないのではないかという声もあるだろう。そういった声に再度問いたいのは、では、古典を学ぶ意義が詰まるところ、いかに微温的とは言え「倫理的・イデオロギー的な機能」、「国民性の涵養」という根拠のみで、公教育の一部を担い続けることができるのだろうか、ということである。

ここであえて保科孝一を取りあげたのは、単に教育史として整理したかったわけではなく、われわれの古典教育への姿勢あるいは理論が保科の言説とその温度差はあっても、その方向性はなんら変わらないのではないかという問いを立てたかったからである。

加えて、グローバリゼーションの進む中で、国民国家的な概念である教養はその実用性や必要感を急速に失い、それに代わって国境を越えたコンピテンシーという考え方が教育界では強調されるようになった(吉見俊哉〔二〇一六〕)[*2]。社会状況や学力観の変化が進む中で、古典を初めとする教養主義的と見なされるコンテンツはその流れに柔軟に対応しきれないまま、その意義が倒壊しようともしている(大澤聡〔二〇一八〕)。このような社会システム、国家観、教養観、教育観の変化が起きている中で、我々の古典教育観は大きな更新が求められるのではないだろうか。保科からは、古典の文範性の消失によるとまどいや苦悩は感じられない。保科は、軽やかに国民性や品性といった情緒的、ナショナリスティックな言葉で古典教育の意義を説く。古典教育は国民性や品性を授ける機能として始まったのである。そして、ここに古典教育論における学習者の主体、あるいは言葉の学習という視点の不在が確認されるのである。そして、その残滓をわれわれは今も引きずり続けている。

三　古典は誰のものか

保科の「国民的性情の陶冶」あるいは中学校教授要目の「国民性の涵養」からの脱却を目指したのが、時枝誠記、荒木繁、益田勝実らの戦後直後の古典教育論であり、それを批判的に継承した渡辺春美（二〇〇四、二〇一六、二〇一八）の関係概念としての古典観の提示、竹村信治（二〇〇三）のテクスト分析（言述論）など古典教育論は積み重ねられてきている。しかし、学習指導要領をはじめとして古典を学ぶ意義については、戦前戦後ともその大枠を保存したまま、その意義が語られることとなる。例えば、文化審議会答申（二〇〇四）において古典の意義は次のように説明される。

特に日本の文化として、これまで大切にされ継承されてきた古典については、日本語の美しい表現やリズムを身に付ける上でも音読や暗唱にふさわしいものであり、情緒力を身に付け、豊かな人間性を形成する上でも重要なものである。現在以上に、古典に触れることのできるような授業の在り方が望まれる。

ここにはカノン化の議論についての配慮は読み取れないし、「平安朝や鎌倉時代の文学を味はふ場合には、自然われわれの品性が向上していくやうに感ずるのでつまり人格の養成品性の陶冶の上から見て、近世近古文の価値は現代文よりはるかに大なるもの」として古典と人格品格の形成を繋げた保科の捉えと変わるところがない[*3]。

同様の指摘は中村格（一九八三）も行っている。先述の石塚の外向き議論の必要性の訴えも含め、「国民性」「品性」「人格」「情緒力」「人間性」といった言葉を使わずに語れる古典教育の理論的根拠を再検討し、一定程度の共有意識を形成していく時期がきているのではないか。

安田敏朗（二〇〇六）は、「ことばは誰のものか」という見出しを付け、次のように述べている。

しかし、ことばとは一体誰のものなのだろうか。（中略）ことばとは、そもそも「わたし」のものではないのか。（中略）これまでは、ことばは「民族」なり、「国家」なりとの結合が当然のこととされすぎてはいなかっただろうか。そうであるからこそ、まずは「わたし」のものとして考える、という視点をもってみたいのである。ともかく「日本人らしさ」に始まり、「民族」や「伝統」そして「国家」というようなものに回収されないものとして、みずからのことばを確立していくことが、とりあえずは必要だと思うのである。

安田の文章の「ことば」を「古典」に書き換えて考えたい。古典と学習者との関係性のなかで議論を進めたいとも言い換えてもよい。古典自体を語る（批評する）ことについて、大津雄一（二〇一三）は、『平家物語』が近代から現代にかけてどのような言葉でその価値が語られてきたのかを明らかにしつつ、それが『平家物語』が抱える多声性を抑圧するものであったと指摘し、その姿勢を批判する。

複数の「声」が響き合う『平家物語』を、一つの「声」で規定しようとすることは愚かしいことだと思う。明治時代以降、『平家物語』はそのときの社会状況に応じて「国民的叙事詩」、「日本精神」、「武士道精神」、「中世革命」、「運命」、「英雄」というような一つの「声」で読まれ、語られてきた。物語内部の小さな「声」は、外部の要求に応えて大きく増幅され、ロマンティックにファナティックに語られた。それは、この物語のもつ可能性を抑圧する営為でもあった。

私は、典型的で、しかもときには矛盾し対立するこの物語の複数の「声」を聞きとどめて、人間という生き物について、そして私たちにとってのこの物語の存在意義について、ロマンティックな言葉を使わずに考え、ファナティックな言葉使いをすることなく語りたいと思うのである。

この大津の指摘は、古典を学ぶ意義あるいは古典自体の価値を一義的な言葉でカノン化する行為を批判する言葉としても読むことができるだろう。あるいは、中村格（一九八三）も戦後の古典教育の戦前の在り方との相似性を指摘しつつ、さらに深い議論の必要性を訴える。

戦前の古典研究・教育の内実を、戦後のそれが、理念はともかくその内容・方法において、どれ程超えるものになり得ているであろうか。たとえば「国民の徳粋」「愛国心の涵養」に代って、戦後の国語教育界には「人間性の尊重」「創造力の育成」等の掛け声が喧しいが、それらは果たして、内発的な、自己の精神内容をよく把握した上での主張であろうか。敗戦を機に解放された古典教育は、しかし、今日よくひとり立ちできる確かな自律性をもち得ているであろうか。

カノン化自体が問題なのでない。カノン化のプロセスを一切意識することもなく古典の価値を自明視する姿勢が問題なのである。カノン化という現象はどの時代にも発生するし、その現象自体には問題はない。さらに次の世代へ古典を引き継ぐために、自身と古典との関係を常に問い直すことが必要なのである。それは古典の価値をおとしめることにはならないし、それでもなおその価値が評価されるからこそ古典なのだろう。現在の我々が価値を見いだせるかどうか。これまでのカノン化のプロセスで付着した言葉を無頓着にあるいは無意識に使用せず、我々と古典との関係を問い直し続けることが求められるのである。

四　学習者と古典の関係を再構築する

平成三〇年告示の高等学校学習指導要領における古典を学ぶ意義に関する言及について着目したい。新科目である「古典探究」の設置のねらいについては次のようにある（文部科学省〔二〇一八〕）。

「古典探究」は、このことを踏まえ、共通必修科目「言語文化」により育成された資質・能力のうち、「伝統的な言語文化に関する理解」をより深めるため、ジャンルとしての古典を学習対象とし、古典を主体的に読み深めることを通して伝統と文化の基盤としての古典の重要性を理解し、自分と自分を取り巻く社会にとっての古典の意義や価値について探究する資質・能力の育成を重視して新設した科目である。

「伝統と文化の基盤としての古典」とあるように、学習者自身がその古典を学ぶ意義や価値を探究するという古典の捉えが確認できる。加えて「自分と自分を取り巻く社会にとっての古典の意義や価値について探究する」という新たな指導内容が示されている。「古典探究」には「ク　古典の作品や文章を多面的・多角的な視点から評価することを通して、我が国の言語文化について自分の考えを広げたり深めたりすること。」という指導事項があり、次のように説明されている（文部科学省〔二〇一九〕）。

伝統的な言語文化についての課題を探究する学習が、自ら設定した課題の解決にとどまらず、我が国の言語文化についての理解の深まりに資することが大切である。国際化、情報化が進む知識基盤社会に生きる生徒にとって、我が国の伝統的な言語文化の在り方について自分の考えをもつことは、極めて重要な意味がある。とりわけ古典は、我が国の文化の中で重要な位置を占めており、古典を読むことを通して我が国の文化の特質を考え、国際化の時代における国語の在り方を考えることは大きな意義がある。また、伝統的な言語文化に対する深い理解は、他者や社会との関係だけではなく、自己と対話しながら自分の考えを深めていく上でも大切なことである。このような学習を重ねる過程で、我が国の伝統的な言語文化についての課題も、次第に明確になることが考えられる。その課題を自ら設定して探究することは、学習意欲を高めるとともに、言語文化に関する課題を解決しようとする態度を育成することにもつながる。

「国際化」「情報化」「知識基盤社会」「我が国の文化」「国語の在り方」「他者や社会との関係」「自己と対話」といった観点から古典の価値について考えを深めていく学習活動が求められている。それは必然的に我々、教師側の古典教育論がこれらのキーワードとの関係の中で十分に位置付けられていくこととなる。

益田勝実（一九七五）は、学習者と古典との関係性の回復についてラディカルに問うている。

巷間流布の古典文学全集の中に、出来上がっためいめいの文学の古典が待ち受けているのではない。いまほどのあらゆる価値の転換期に、どうして前代からの古典文学の目録どおりの継承がありえよう。教師はめいめいの文学の古典を求めて探索し、その探索の過程に学習者を同伴し、学習者も自己の古典をしだいに探すようになる。学校の古典文学教育は、古典再発見のプロセスであり、プロセス以外ではない。古典があるから学習が開始されるのではなく、古典を求めて学習がはじまる。教師は経験を活かして多くの資料を提供する。初登攀（とうはん）者を案内する山案内人のように、案内しつつ彼みずからも初登攀をなしとげるだろう。登山と違うことは、その場合、両者のきわめる山頂が同一とはかぎらないことである。

益田は、これに続けて、沖縄の「おもろそうし」、アイヌのウポポ（唄）をはじめ様々な古典教材発掘の視点を提示し、実際の有り様を示す。今後の教材発掘・教材研究のモデルの一つとして捉えるべき内容だろう。

さらには、戦後に積み重ねられてきた様々な古典教育論もまた改めて学習者と古典の関係性という観点から読み直す必要があろう。時枝誠記、荒木繁、西尾実、増淵恒吉、そして益田勝実らの議論はもちろんだが、武久康高（二〇〇四）や中村格（一九八三）による従来の古典観へのラディカルなまなざし、竹村信治（二〇〇三）や井浪真吾（二〇一七）による教材分析（言述論）、前田雅之（二〇一八）の近代を相対化する古典、村上呂里（二〇一四）の地域教材としての古典教材発掘、渡辺春美（二〇一八）の関係概念としての古典観、石塚修（二〇〇七）の文化資源としての古典、府川源一郎（二〇〇九）のことばの所有者をめぐる国語教育提言、髙木まさき（一九九七）や菊野雅之（二〇〇九、二〇一四b）の言う他者を捉える教材研究の視点、大津雄一（二〇〇五）の古典に対する批評の目などの研究あるいは発言がある。その論点は多岐にわたり、ここで整理する余裕はないが、古典を読むことの機能、学習者にとっての学ぶ価値とは何かということを一つ一つの教材、単元に丁寧に位置付けるあるいは掘り起こす、更新する営みを続ける際の教育目標、教材研究、教材発掘、単元構想等の観点あるいは方法論として、フラットなレベルで活用する発想が必要となるだろう。

注

1 早乙女利光（二〇〇八）『『源氏物語』の表現と方法に関する研究』（早稲田大学学位請求論文）に該当論文が所収されている。十六章「古典教育のあり方に関して――作品の表現をてがかりに――」

2 こういった議論の背景には、吉見が指摘するように、文系知、人文知の機能性が、理系の知と比べて短期的、道具的な成果を発信できないことから、その創造的機能への理解が失われていることも要因としてあるだろう。

3 安田敏朗（二〇〇六、二五七―二五九頁）もこの答申について「精神主義的」で「「国語」の「伝統」を強調し、統合原理としての「国語」が強化されていることは明白である。」と指摘する。

引用文献

・石塚修（二〇〇七）「これからの日本社会で古典教育がはたす役割はどうあるべきか――「文化資本」の概念を用いて――」『人文科教育研究』三四、七五―八六頁
・石塚修（二〇一〇）「古典がなくて誰が困る」望月善次編『国語科教育学はどうあるべきか』明治図書
・井浪真吾・竹村信治（二〇一七）「古典教材研究のための論文読解：古典文学研究者の〈学び〉を学習者の〈学び〉に変換する」『学習システム研究』六、三五―四九頁
・イ・ヨンスク（一九九六）『「国語」という思想　近代日本の言語認識』岩波書店
・大澤聡（二〇一八）『教養主義のリハビリテーション』筑摩選書

・大津雄一（二〇〇五）『軍記と王権のイデオロギー』翰林書房
・大津雄一（二〇一三）『『平家物語』の再誕　創られた国民叙事詩』ＮＨＫブックス
・菊野雅之（二〇〇九）「「敦盛最期」教材論：忘却される首実検と無視される語り収め」『国語科教育』六五、八二―七五頁
・菊野雅之（二〇一一）「古典教科書のはじまり：稲垣千穎編『本朝文範』『和文読本』『読本』」『国語科教育』六九、九〇―八三頁
・菊野雅之（二〇一三）「文範として把握される古文：明治期教科書編集者新保磐次を通して」『読書科学』五五（四）、一二七―一三七頁
・菊野雅之（二〇一四ａ）「中等国語読本における言文一致体のはじまりに関する試論：落合直文編『中等国文読本』『中等国語読本』を中心に」『早稲田大学国語教育研究』三四、八二―九一頁
・菊野雅之（二〇一四ｂ）「「扇の的」教材研究――「ふるつはもの」の言葉と義経の人物像を中心に――」『月刊国語教育研究』五〇九、五〇―五七頁
・菊野雅之（二〇一七）「近世における『平家物語』の教材性――素読・書写のためのテキストとしての様相――」『横浜国大国語教育研究』四三、十一―一八頁
・髙木まさき（一九九七）「教育改革の中の古典教育――あるアンケート調査をもとに――」『日本古典文学の諸相』勉誠出版
・武久康高（二〇〇四）『枕草子の言説研究』笠間書院
・竹村信治（二〇〇三）『言述論 for 説話集論』笠間書院
・中村格（一九八三）『現代国語教育論考（上）――現状と課題――』教育出版センター
・ハルオ・シラネ、鈴木登美（一九九五）『創造された古典――カノン形成・国民国家・日本文学』新曜社
・府川源一郎（二〇〇九）『私たちのことばをつくり出す国語教育』東洋館出版社
・文化審議会答申（二〇〇四）「これからの時代に求められる国語力について」http://www.mext.go.jp/b_menu/shingi/bunka/toushin/04020301.htm（二〇一九年一月二日閲覧）
・保科孝一（一九一六〈大正五〉）『国語教授法精義』育英書院
・保科孝一（一九一九〈大正八〉）「国文学の教育に重を置け」『国語教育』第四巻五号、一―六頁
・保科孝一（一九二二〈大正十一〉）「中学校の学科課程について」『国語教育』第七巻第七号、一―六頁
・保科孝一（一九三七〈昭和十二〉）「古典の口語訳について」『国語教育』第二二巻第十号、一―六頁
・前田雅之（二〇一八）『なぜ古典を勉強するのか』文学通信
・益田勝実（一九七五）「古典文学教育でなにが問題なのか」『季刊　文芸教育』十四（益田勝実〈二〇〇六〉『益田勝実の仕事

五』ちくま学芸文庫、二七四―二九六頁所収）
・村上呂里・萩野敦子（二〇一四）『沖縄から考える「伝統的な言語文化」の学び論』渓水社
・文部科学省（二〇一九）『高等学校学習指導要領（平成三〇年告示）解説国語編』東洋館出版社
・八木雄一郎（二〇〇九）「中学校教授要目改正（一九三一（昭和六）年）における教科内容決定の背景――「現代文」の定着に伴う「古文」概念の形成――」『国語科教育』六五、四三―五〇頁
・八木雄一郎（二〇一五）「一九六〇（昭和三五）年高等学校学習指導要領における「古典としての古文」の成立過程：古「典」教育における古「文」の位置」『日本語と日本文学』五八、一九―四〇頁
・安田敏朗（二〇〇六）『「国語」の近代史　帝国日本と国語学者たち』中公新書
・吉見俊哉（二〇一六）『「文系学部廃止」の衝撃』集英社ｅ新書
・渡辺春美（二〇〇四）『戦後古典教育論の研究――時枝誠記・荒木繁・益田勝実三氏を中心に――』渓水社
・渡辺春美（二〇一六）『古典教育の創造――授業の活性化を求めて――』渓水社
・渡辺春美（二〇一八）『「関係概念」に基づく古典教育の研究』渓水社

参考文献

・浮田真弓（二〇一五）「保科孝一の国語教育研究における国家主義と「国語」の民主化」『岡山大学大学院教育学研究科研究集録』一五八、六三―七〇頁
・酒井直樹（二〇一五）『死産される日本語・日本人　「日本」の歴史―地政的配置』講談社学術文庫
・品田悦一（二〇〇一）『万葉集の発明――国民国家と文化装置としての古典』新曜社
・都築則幸（二〇一二）「『平家物語』「木曾の最期」教材化の変遷――戦前から現在に至るまで――」『早稲田大学大学院教育学研究科紀要：別冊』二〇（一）、一六三―一七五頁
・内藤一志（二〇〇六）「古典教育意義論の行方」『月刊国語教育研究』四〇五、四―九頁

コラム❷　読むことの学習過程から古典学習を構想する

学習指導要領は学習の基準を示したものだとされている。一方、学習指導要領に対する高校側の反応はこれまで冷ややかであった。今般の平成三〇年度学習指導要領では、その科目構成について議論が巻き起こり、その注目度はこれまでと比較にならないほど高まっている。ただ、それぞれの科目の指導事項一つ一つがそれこそ精査・解釈され、議論される場面はそれほど多くない。また、「文学国語」と「論理国語」に論点が集中しており、「古典探究」はほとんど議論の対象にあがっていない。

さらに言えば、熱心に議論されてきている古典不要必要のシンポジウムなどにおいても、学習指導要領の中身である指導事項が取り上げられることはなかったように思う。もちろん、そういった議論は稿者のような国語科教育学の人間が担うべきであり、これまでの議論は議論として大いに実りがあったと思っている。ただ、今後、古典学習論の前進を考えていくのであれば、基準としての学習指導要領、指導内容としての指導事項を吟味・批評していくことが重要であろう。

ここで確認することは特段目新しいことでもないのだが、古典の学習が議論される際に、あるいは実際の高校の古典の授業で無視されがちな指導事項の配列を取り上げることとする。『高等学校学習指導要領（平成三〇年告示）解説』には次のように記されている。

③学習過程の明確化、「考えの形成」の重視、探究的な学びの重視

中央教育審議会答申においては、ただ活動するだけの学習にならないように、活動を通じてどのような資質・能力を育成するのかを示すため、平成二十一年告示の学習指導要領に示されている学習過程を改めて整理して

いる。この整理を踏まえ、〈思考力、判断力、表現力等〉の各領域において、学習過程を一層明確にし、各指導事項を位置付けた。

これは、〈思考力、判断力、表現力等〉を構成している三領域「話すこと・聞くこと」「書くこと」「読むこと」の指導事項が学習過程・活動過程に沿って配列されているということである。「書くこと」で言えば、「題材の設定・情報の収集・内容の検討」→「構成の検討」→「考えの形成・記述」→「推敲・共有」といった書くことの活動過程に沿って、指導事項が配置されているということである。

「古典探究」では、古典教材を通じて「読むこと」の指導が位置付けられており、当然ながら、読むことの学習過程（構造と内容の把握、精査・解釈、考えの形成、共有）に沿った指導事項の配置となっている。コラム❶で扱った【「古典探究」「古典A」「古典B」指導事項対応表】では、「古典探究」の〈思考力、判断力、表現力等〉の指導事項とともに、「古典A」「古典B」の指導事項を「古典探究」の指導事項との関係性をふまえた上で併記したが「古典探究」が従来の指導事項よりも「学習過程を一層明確にし、各指導事項を位置付けた」ことがよくわかるだろう。

なお、いわゆる文法もしくは品詞分解に直接的に関わる指導事項は〈知識及び技能〉（2）イ「古典を読むために必要な文語のきまりや訓読のきまりについて理解を深めること。」が位置付けられている。

これは翻って述べると、文法や品詞分解の指導事項は、この一つに過ぎず、古典学習においては、その他にも学ぶべき指導事項があるということである。もちろん、原文を重視する授業の中では、文法知識を駆使した品詞分解や現代語訳の作業は行われるだろう。ただ、その学習活動が「読むこと」の指導事項を達成するための学習と結びついていなければならないのである。古典学習を通じて「読むこと」の資質・能力を育成しなければならない。構成や展開を捉えること、表現に注意して内容を的確に捉えること、内容を解釈すること、構成・展開・表現の特色を評価すること、作品の価値について考察すること、作品と自分の知見を結び付けること、人間・社会・自然に対する考えを深めること、作品を多角的・多面的に評価すること、言語文化についての考えを深めること。これらの指導事項を古典を読むことを通じて指導されなければならない。品詞分解と現代語訳をひたすら行う授業でそれが達成されることはないだろう。

高校の先生方には、ぜひ学習指導要領解説を精査してほしい。そして指導事項を出発点とした古典教材研究、古典学習の構想について考えていただきたい。我々は古典学習の改善を、その方法論を喫緊に解明する必要がある。そのためにはまず指導事項の精査から始めたい。その上で批判は大いになされるべきだし、学習指導要領を超える、あるいはさらにアップデートする授業案、方法論が開発されれば、それは喜ぶべきことだ。

第二部
古典とはどのような教材なのか

第一章　古典を教材化するための視点を求めて

一　第二部の位置付けについて

本章について述べるのに先立ち、第二部の位置付けについて述べておきたい。この第二部は「古典とはどのような教材なのか」と銘打った。稿者は、第一部の近代古典教育史の研究を進めるのと併せて、『平家物語』の教材的価値について研究を重ねてきた。『平家物語』の教材としての価値が教材論や実践論の積み重ねの中で培われてきたことを思い合わせると、教育史研究の観点が必須であることは明らかであり、第二部（特に第二章と第三章）の叙述が教材研究の歴史的経緯を整理しながら叙述されていることを確認するとき、教育史研究と教材研究の親和性については了解されるはずである。

また、古典の価値は各時代の要請によって変化する。それは作品自体の価値にとどまらず、例えば「扇の的」、「敦盛最期」といった各教材、各章段ごとの解釈にも影響する。それは時には教材の読みを一定の方向へ差し向けたり、特定の描写についての無関心や無視の態度を促したりする。第二部第一章は、そういった状況の中で教材研究に求められる態度や観点について整理している。第二章、第三章、第四章では、「扇の的」と「敦盛最期」を取り上げる中で、これまでの教材研究が見落としてきたものを指摘しつつ、古典教育あるいは古典教材に求められる価値や機能について言及している。

第一部での叙述が、第二部に直接的に関わることはないが、古典教育という事象を、第一部では近代教育史から、第二部では教材論から考究しようとしている。

二　古典教育論を進めていくための知見を整理する

古典教育に関する論稿や出版物は豊富な状態にある。古典の授業実践を一書にまとめたものとなると、決して多いとは言えない状況もあるが、学術雑誌等における個々の実践報告はかなりの数が報告されている。各大学の紀要や地方の学術雑誌などに掲載された古典授業実践を網羅掲載した世良博昭ら（二〇〇六）の報告もある。さらに、全国大学国語教育学会編『国語科教育学研究の成果と展望Ⅱ』（二〇一三）が出版され、一〇年単位で研究動向を網羅する事業が継続されている。また、日本国語教育学会編『国語教育総合事典』（二〇一一）もあり、各自の専門とする領域の全体像を把握するための環境も整備されつつある。

内藤一志（一九九七）は、国語科教育研究者の在り方について次のように述べている。

教材文の解釈については、研究者が先行研究の整理を提示し、授業者が解釈上の不明な点を指摘し続けるということになるだろう。

先行研究を十分に踏まえた上での教材解釈は、多くの仕事を抱える授業者にとって困難きわまりない。授業者はいわゆる全評釈とか全注釈といった、主だった解釈書を紹介しつつ自説を展開する書に、教師用書を加えた形で教材文の解釈を行っていよう。ところが全評釈ものが準備されている古典作品は決して多くない。この作業は、物理的な面で多くの時間を研究者でいられる者が任に当たるべきだ。しかし、現状では国文学研究の進展に依拠しながら、その整理を引き受ける国語教育サイドの人間は少ない。教材が作品ではなく、部分であることを踏まえればかなり詳細な解釈研究が行われていた方が良いのだが、作品全体を論じる傾向にある国文学研究にそれを求めるのは現状からいって難しい。一方、実際の授業での不明点は、多くの場合、国文学研究の置き去りにした問題点であり、とりあえずの正解さえも求めることが困難な、多様な読みを現出させることが多い箇所でもある。（中略）（引用者注：『伊勢物語』二四段の結末場面で）特に女が死ぬことについて、実践報告書や研究書では目を留めるものの、深入りはしない。いや、深入りしようもないのかもしれない。こう書いてあるんだから、そうなんだ――と。ただ、この結末が意味することはとなるとそうはいかないだろう。そしてそのような問いを発することが学校古典の内容の一つではないのか。

不明点の指摘（もちろん自力解決をめざしつつ）と究明の要求を公にする場をひろげていくことが課題である。

全ての古典作品に対して、十分な教材研究を教員に求めることは困難と言わざるを得ない。上代、中古、中世、近世、そして様々なジャンルの研究状況を把握した上で、各個の教材と学習者との関係性の中から適切な教材解釈や発問の開発を単独の力で達成することは、ほぼ不可能だろう。そこで、内藤が言うように、各作品、各教材について「国語教育サイド」の研究が、教材解釈や発問の開発などを引き受けていくことが求められるのである。稿者もそのような仕事をしたいと願う一人である。第二部第三章と第四章では、諸本研究や武士道研究、「敦盛最期」に関わる教材研究と作品研究などを踏まえた上で、教科書や指導書、実践報告では、熊谷直実の首実検の所作を捨象した教材化が行われていることを指摘しているが、これは教材研究の域にとどまらず、国文学研究が置き去りにしたままだった問題を明らかにした作業だったと言える。本章は、古典教材研究を今後進めていく際の方法論や視点の形成を図るため、古典教材研究に関する知見を整理していくことを目的としている。

三　カノン研究の成果と課題

日本の古典作品は、近代化の過程の中でカノンとしての地位を獲得してきた。このカノン化に関する理解は二〇〇〇年前後から広まり、国語科教育の領域においても看過できないものとなっている。そういった状況認識を端的に示したものとして、府川源一郎（二〇〇二）の言及がある。

「古典」も、国民文学としてとらえ直されることで、強い磁場を形成する。「古典」文学が定位し直されることで、どのような働きをしたのか、そして、それが広い意味で、どのように教育的な役割を果したのかを具体的な国語教育実践との関係の中で明らかにする必要がある。

そうしたことを考えるためには、ハルオ・シラネ、鈴木登美編著（一九九九）『創造された古典――カノン形成・国民国家・日本文学』が示唆を与えてくれる。サブタイトルからも類推できるように、「古典(カノン)」の果たす役割を再検討した仕事である。「国文学」研究によって権威づけられた古典が、学校教育のなかに位置付けられることで、国民国家を下支えしてきた経緯を、ジャンルごとに、あるいは作品ごとに追求した本である。

このなかで品田悦一は、「万葉集」について次のように述べる。私たちは、万葉集を、天皇から庶民までの各階層の、素朴で雄渾な歌を集めた国民歌集だと受け止めている。が、それは明治以降のナショナリズムのなかで作られてきた観念である、と。国文学者の発言や政治的な思惑のなかで、万葉集がその時々に新たな相貌を顕し、また人々の欲求が様々な万葉集像を創り出してきたのである。品田は、以上のような論議を、『万葉集の発明』（二〇〇一、新曜社）にまとめあげた。

このような視覚から、様々な古典作品群を検討していくと、今日「日本的」だと考えられているもの、日本文学の精髄をあらわすと考えられているものは、実際には、少なくともかなりの部分、十九世紀ヨーロッパのジャンルならびに「文学」や「国民」の概念に基礎をおく近代の構築物、という結論が導かれる。「古典」に対する私たちの「まなざし」を相対化し、国語教育の「現在」を考えようとするきわめてアクチュアルでスリリングな問題提起である。

「「古典」に対する私たちの「まなざし」を相対化」するための起点がシラネ・鈴木（一九九九）や品田（二〇〇一）によって示されたわけであり、古典教材を研究する際に常にこのカノン化に関する知見を念頭に置いておくことが求められる。また、大津雄一（二〇一三）は、『平家物語』がかつて（今でも教材研究に散見される）国民的叙事詩としてカノン化されたその経緯を詳細に分析し、その内実を明らかにした。明らかに、「詩」ではないものを「詩」であると強弁したのはなぜだったのか。その歴史的な過程が明らかになると、古典は我々の価値観や思想を通過した上で初めて古典となるのだということを確認せざるをえない。そして、その営為は今の教材研究においても起こり続けているのである。

武久康高（二〇〇四）は、教科書の古典単元に提示される課題の分析を通して、次のように述べる。

> 以上のような〈古典〉の〈価値〉（〝規範としての古文〟）観にもとづく古文学習（「ものの見方や感じ方」を「知り・学ぶ」学習）とは、〈古典〉の〈価値〉を所与のものとして実体化し、その実体化された〈古典〉の〈価値〉の伝達を古文教育の〈価値〉（目的）へとスライドさせたものといえる。だが、ここで前提とされている〈古典〉の〈価値〉とはそれほど自明なものであろうか。文化研究としての文学研究においてまず否定されたのは、文学テクストに普遍的な〈価値〉が内包されているといった神話ではなかったか。たとえばスコールズは、その神話解体の要因として「普遍的な人間性への信仰」の失墜をあげ、それにともない「文学テクスト著者の、普遍性をもった叡知への信頼もうしなわれた」と指摘する。

武久は、「一方的な「真実性」（〈価値〉）の受容に終わらないテクストとの向き合い方」（二一八頁）として、テクスト分析を通じて、語り手の偏りや思惑を明らかにする実践を提案している。

さて、カノン化の問題は上記のように周知がなされつつあるが、松澤和宏（二〇〇三）は、文学研究・文学教育の根拠は、究極的には社会や解釈共同体で形成されたモラルとの関係の中でしか論じることはできないと確認した上で、歴史的社会的産物であるカノンを批判・あるいは相対化する研究手法についての懸念を次のように示した。

> それをもう少し具体的に考えると、そこには思想的な問題が潜んでいる。それは、近年カルチュラル・スタディーズなどによってしばしば批判の対象にさらされている、カノン（正典）という概念です。ある文学テクストがカノンとして古典として祭り上げられることを批判する、それは常に歴史的社会的産物だとして批判するというカルチュラル・スタディーズの観点に立つ人が近年増えているように思います。
>
> しかし、大事なことは、人間の社会や共同体というものが多かれ少なかれそういうカノンとなるようなテクストを常にもっているわけですね。カノンそのものは歴史的社会的産物であるから、場所によって時代によって当然変化します。しかしながらそういうカノンを全くもたない社会や共同体というものは非常に考えにくいわけです。そのカノンの中にいわゆる法だけではなくてさまざまな慣習とか文化というものが入ってくる。その暗黙の価値体系に依拠して人は生きているわけです。

これは、座談会における松澤の発言である。紋切り型の「〇〇は近代に創られたにすぎない」という結論で終わることなく、またやはり古典は大事だから大事にせねばならないといった本質主義に陥ることなく、常に学習者（さらには教師自身）と古典との関係の中でどのような価値が生み出されるのか、そもそもそこに価値があるのかということも含めて、検討し続ける姿勢が必要とされるのである。

古典のカノン化に関する議論は、国文学の領域のみならず国語科教育においても引き続き進められるべき作業である。それが、決まり文句のように「近代に創られたにすぎない」といった結論に終始することは避けるべきだが、我々の教材観が歴史的過程の中で付与されたことを明らかにし、それ自体に対し批判的な立ち位置を確保するための作業はさらに続けられる必要がある。我々の作品への眼差しには無自覚に様々な価値観が付随されており、それは時として古典作品の読みに大きく影響する。[*1] 軍記に関して例を挙げてみると、武士道という言葉があるが、この武士道という言葉がもつイメージの多くが近代的な文脈の中で形作られたものであり、中世の武士の様相を読もうとするとき、その読みをミスリードしている場合が少なくない。佐伯真一（二〇〇四）は、新渡戸稲造の『武士道』について、新渡戸自身は中世武士の実態などについてそれほど知識を持っていなかったことを指摘しているし、中学校の定番教材「敦盛最期」において、熊谷直実が施した首実検の所作に対して、教材研究は今でも無関心のままである（第二部第三章）。もう一つの定番教材である「扇の的」でもその事情は同じであり、扇による挑発を平家の風流心として読もうとする姿勢によって、「ふる兵（つはもの）」の実基の助言が排される教材化が行われている現状もその一例である（第二部第二章）。古典に限ったことではないだろうが、教材研究という営為は、その教育実践、教育研究を行う我々自身の眼差し自体を相対化するための知見を備えたものでなければならない。

四　古典教材の文学史的把握から学習者主体の教材発掘へ

教材としての古典の価値を、生徒と作品との関係の中から批判した論稿が見られるようになった。竹村信治（二〇〇三）は次のように述べる。

『宇治拾遺物語』の「かいもちひ」の話（十二段）、『枕草子』「うつくしきもの」（一四六段）。これらをおなじ教科書の小説教材、評論教材とくらべてみれば、その内容がいかに「大脳細胞活動の快感」「一時間中ひきまわされて緊張しきったあとの快いつかれ」と無縁なものであるか、いうまでもないことでしょう。さらに生徒たちの日ごろ享受している視聴覚文化とくらべてみても、それはあきらかです。映画、TV、ビデオ、漫画、アニメ、音楽の歌詞。それらは教科書の古典教材よりももっと複雑な人間関係とそこでの心の葛藤をとりあげ、人間の生や社会への観念的だが切実な問いを、視るもの聴くものになげかけています。そうした世界に日頃ふれている生徒たちが、古典の世界を前にして「白けるような恋の話ばかり」「話自体に興味が持てない」と思うのは、当然ではないでしょうか。（中略）

教材選択の不適合、学習指導内容の表層性。これをまとめれば、教材、学習指導ともに、生徒のかかえもつ現実感覚や知的欲求にとどいていない古典の教室ということになります。

学習者にとって古典学習の先に何かを得られた達成感が存在しない。古典教材の選択の在り方は果たして妥当なものなのだろうか。学習者が古典と向き合うための方策はどのようなものがあり得るのか。その問いを竹村は突きつける。藤原克己（二〇〇三）は、国文学研究の立場から古典教育に対して、古典学がどのように対応することが求められているのかを厳しく問う。

また、古典教育との関連で言えば、そもそもいったい何をもって《古典》とするのか、また、《古典》を教えることの意義は何か、という問題についても、真剣に考えなければならない。私は、調整班「近現代社会と古典」の研究会に参加するなかで、たとえば西欧の古典と比較して、『源氏物語』や『徒然草』や、『古今集』『新古今集』等の和歌などを学ぶ意義はどこにあるのか、それらはいったい《古典》と言えるのか、という問いをつきつけられた。西欧の古典には、高く掲げられた人間の理想があり、また人と社会との関わりなどについて考えさせられる素材があり、あるいは論理的な思考を鍛錬したり、説得や対話の技術を修練しうる素材がある。それに対して、たとえば『源氏物語』などはどうか。光源氏の恋愛を読むことが、高校生にとっていかなる意義を有しうるのか、といった問いである。新しい古典学は、こうした問いに答えなければならない。

文学史的に重要な古典作品が必ずしも学習者の問題意識を揺さぶるような内容を持っていないことへの指摘は、以前からなされていた。桑原武夫（一九六一）は次のように発言している。

古い国文学者的日本文学観からの脱却が必要であろう。『奥の細道』などというのは形式的な美文で、あれを江戸時代の文章の最高峰と考えるのには疑問がある。私には白石の散文の方が、はるかにすぐれているように思われる。『枕草子』は風俗史資料としては重要だろうが、また『土佐日記』は古い紀行文として歴史的価値はあるが、古典文学作品としての価値は別であろう。国語教科書は文学史の教本と混同してはいけない。

桑原武夫の発言を受けて、増淵恒吉（一九七五）は次のように言葉を続けている。

いわゆる伝統的な教材観に対しての反発である。柳田国男先生も『奥の細道』や『枕草子』は、高校の古典教材から排除すべきであるとの御意見をお持ちであることを、私は、先生から直接お伺いしたことがある。私も、この三つの作品は、日本古典の中ではあまり好きな方ではない。『枕草子』の中の「九月ばかり、夜一夜降り明かしつる雨の……」「野分のまたの日こそ……」「五月ばかりなどに、山里のありく……」「月のいと明きに、川を渡れば……」など随想的章段の場景描写は、手ばなしで高く評価はしている。また、「すさまじきもの……」「にくきもの……」などの類集的章段も、われわれの共感を呼ぶものが多い。しかし、「大進生昌が家に……」「頭の中将の、すずろなるそら言を聞きて……」「中納言殿まひりたまひて……」「五月ばかり、月もなう……」「雪のいと高う降りたるを……」などの日記的章段は、話は興味深いものではあっても好きにはなれない。こうした自画自賛的のものは、現代の青年たちから支持をうけることはないのではないか。しらけてしまうに違いない。

『土佐日記』にしても、感動的な場面は少ないようだ。文学史的には重要な位置を占めており、国文学の流れを解説する際には、無視するわけにはいくまいが、高校生が是非読んでおかなければならぬものであるかどうか。

文学史的に重要な古典、すなわち中学高校の定番教材という枠組みへの批判は、桑原のように一九六〇年代からすでに見えている。同様の指摘はさらにさかのぼれるだろう。文学史の学習が明記されたのは、一八九二年の「尋常師範学校ノ学科及其程度」においてである。[*2] この時期には、まだ、古典作品には当時の文語文(普通文)に対する模範(文範)としての性格が認められており、国民的教養という側面とともに、その意義・根拠を支える基盤が存在していた。ただ、言文一致運動が進展し、完成が近づいていく中で、普通文から言文一致体へと通用文が移行していき、古典の文範性という根拠は急速に失われていく。明治後期から大正にかけて大きな変化があったと考えられるが、その際、古典の教材性はその教育的意義を再構築することが求められたはずである。そこに上記に示したような疑義が発生する可能性が胚胎していたのではないだろうか。

文学史と学習者との乖離が自明視されている現在においては、我々は学習者と古典との関係性の中で新たな古典教育意義論を追求することが求められている。戦後古典教育歴史研究について多くの業績を示す渡辺春美も、文学史主体の教材から学習者を踏まえた教材研究・開発が必要であるという旨の発言をしている。[*3]

高等学校学習指導要領(二〇〇九年告示)の「古典A」では、生涯学習を視野に入れ、古典を読む楽しさを味わうことが目指されている。また、次期学習指導要領に向けての中央教育審議会の「論点整理」(二〇一五年八月)では、「古典及び古典以外の文章に関わる言語文化を理解し、社会や自分との関わりの中で生かす学習を重視」する科目案(現行の「国語総合」に相当する)も提示されている。古典を学ぶことの意義を学習者が体感することができる授業実践が一層求められる時期になっている。そして、それを達成するためには、ここまでの議論の積み重ねを十分に押さえておくことが必要になるだろう。[*4]

五　教材研究の視点

髙木まさき（一九九七）は現代における古典教育の意義を国内の問題にとどめることなく、世界との関わり合いの中で述べている。その際に重要となるのが、時代を超えた普遍性ではなく、むしろ逆の異質性・違和感であると言う。

国際理解教育、情報教育というとき、そこで本質的に大切な力とはいったい何か。おそらく語学力とかコンピューター・リテラシーといった技術的なものではない。いちばん大切なのは、それらがいずれも異質な文化や価値観との接触を前提とする以上、異質なものにいかに接し、理解し、受容し、あるいは批判するかという姿勢・態度ではないか。だとすれば、現在とは異質な何かを内包している古典を学習することは、私たちに、異質な存在に接する姿勢や態度を養う可能性を秘めていると言える。（中略）

異文化は、空間的な広がりの中にあるのではなく、時間的広がり、つまり過去にあると言われることがある。例えば、吉本ばななは、欧米やアジアの同世代の若者に何の違和感もなく広く受け入れられているが（これはかつて谷崎や川端、あるいは三島などが読まれたのとは事情を異にしている）、世代を異にする多くの日本人には不可解な世界であるらしい。つまり、現代では、異文化の感覚は地域の隔たりではなく、世代の隔たりにおいてこそ実感される。自国の古典は、たんに伝統だとか現在に通じる普遍性をもつなどと言って安心してはいられないのである。むしろ古典のもつ異質性を認識し、その理解をいかに学習活動の中に組織することができるかというところにこそ、古典教育の現代的な価値の中心が見出されるように思われる。

この異質性をも前提とした教材研究の姿勢がこれから求められる。「敦盛最期」における熊谷の首実検やそれに伴う直実の武士としての所作も、中世武士という異質な他者の具体的営為であるし、「扇の的」の後藤兵衛実基の進言も、我々の読みを混乱させる異質性を持った言葉であろう。ただ、それらを無意識にとはいえ排する姿勢が、古典教材の価値を低下させる要因になっている。古典の異質性、現代との相違については学習指導要領にも言及があり、より自覚的な教材研究の態度が求められるのである。[*5]

内藤が指摘したように、具体的な教材研究や教材観にする提言は大学研究者が引き受けるべき仕事だろう。ここで、「扇の的」に関して具体的に考えてみたい。「扇の的」を扱った言語活動例は相当数報告されており、その成果も上がっている。ただ、その方向性は与一の心情を読み解くことに傾いている。その学習目標自体は引き続き継続されるべきことだが、「扇の的」は、与一の心情さえ読み解ければよい教材だろうか。

例えば、間(アイ)狂言「奈須与一語」を観ると、与一の気迫を伝えることもさることながら、射貫かれた扇が空に舞い上がる描写を、印象的に演ずることにも大きな力が注がれていることが一見して分かる。金の日輪の真っ赤な扇が、夕日の光を帯びた赤い空を、ひともみふたもみと舞いながら、白波へそっと落ちる。鮮やかな色彩に満ちた場面である。「奈須与一語」はその情景にも強い興味を示している。与一の心情読解に傾注する一方で、「扇の的」の世界自体に親しむ視点が欠落している現状はないだろうか。古典を教材化する際の姿勢に一定の正解があるわけではないが、今の教材研究の現状は一定の正解（与一の心情読解）を出したまま、そこで立ち止まり続けているように見える。話し合い・インタビュー・劇・日記・書き換えなどの様々な言語活動が古典の授業の中で行われており、それ自体は今後も推進されていくべきことである。ただ、古典教材にはどのような可能性が内在しているのかを、自らの教材観を常に再点検しつつ明らかにしていこうとする姿勢が古典教材研究に求められる。そして、その作業の多くは最初に内藤が指摘したように、研究者が負うべき仕事であろう。本章はその作業を進めていくための前提の整理を行ってきた。

注

1　例えば、吉見俊哉編（二〇〇一）『知の教科書　カルチュラル・スタディーズ』の「イデオロギー」の項には次のようにある（文責　山口誠）。

こうしたアルチュセールのイデオロギー装置論から示唆を受けつつ、CSがそれぞれのフィールドで実践しているのは、社会の状況に特定の仕方で言及する作法を指摘して「それはイデオロギーだ」と単に批判することではない。彼らは、社会的な現実を構築していく言説的実践としてのイデオロギーが、誰によって／誰に対して発され、いかなる社会的な意味をめぐるせめぎあいが生きられているのかを記述することで、イデオロギーが作動する仕方を文脈的に把握することを目指している。そうしてイデオロギーのメカニズムを把握することが、重層的に決定される権力関係を根本から脱構築していく糸口となる。

2　八木雄一郎（二〇〇七）「「国語」と「古文」の境界線をめぐる対立――『尋常中学校教科細目調査報告』（一八九八〈明治三一〉年）における上田万年と小中村義象――」『国語科教育』六五

3　第七六回日本国語教育学会大会分科会会場にて（品川区立小中一貫校品川学園、二〇一三・八）

4　なお、古典教育の批判の的となっている品詞分解と古語の意味調べの活動に傾倒した学習について本章では取り上げることはできなかった。益田勝実は、沖縄の「おもろそうし」、アイヌ文学、「イソポのハブラス」、「出雲国風土記」などの新しい教材の発掘・提唱を行った。益田（一九七五）は古典教材の発見のための視線について次のように述べている。

言うまでもなく、古典は古いから古典ではなく、そのもつ価値が現代人に古典性をもつものとして機能するから、古典なのである。古典は、現代的なものに強く働きかけ、新しい生命力を注入してくれつつ、しかも現代的なものと対峙する内容のゆえに古典なのである。「古典」という固定したものがわれわれ以前にあるわけではなく、われわれの方がわれわれ以前に強く求めていくから、古典が発見されるのである。したがって、文学の古典は前近代の文学とはかぎらない。こちら側の現代意識によって、近代の中でも、古典は次々と発見されるし、前近代の文学作品でも、現代人の生命力を強く更新しえないものは、古典ではありえない。（中略）だから古典文学教育は、文学の古典の教育であって、文学的古語ないし古語文学の教育ではない。文学の古典は、近代から古代までにわたって、多様な時代のことばから成るであろう、という予測が立つ。古典文学の学習は、それぞれに違う多様な時代の文学のことばの学習でもある、という特徴をもつ。

益田はこの議論を古典の言葉の力、言葉のリズムに重きを置いて述べている。ここでは、我々の言葉に対する感性や理解を強く更新するものとして古典の価値を捉えている。古典の原文自体を学ぶことの意味について言及したものとして考慮に入れたい観点である。

「古典A」の指導事項アの解説では次のようにある（文部科学省（二〇一〇））。

> 古典などに表れている、様々な思想や感情には現代に通じるものもあれば、異質なものもある。これらに触れることを通して、ものの見方が広くなり、考え方が深まり、豊かな感性や情緒がはぐくまれる。古典を読むことを通して、自らの生活や人生に目を向け、その在り方を深く考える態度を育成することが大切である。

「伝統的な言語文化と国語の特質に関する事項」の中学校第二学年（1）ア（ア）の解説では次のようにある（文部科学省（二〇〇八））。

> 「古典に表れたものの見方や考え方」の中には、長い年月を隔ててもなお現代と共通するものもあれば、現代とは大きく異なるものもある。それに気が付くことが古典を学習する大きな楽しみであり意義である。

引用文献

・大津雄一（二〇一三）『『平家物語』の再誕　創られた国民叙事詩』NHKブックス
・桑原武夫（一九六一）「現代教育学6」『言語と教育I　教材論』
・佐伯真一（二〇〇四）『戦場の精神史　武士道という幻影』NHKブックス
・品田悦一（二〇〇一）『万葉集の発明　国民国家と文化装置としての古典』新曜社
・世羅博昭、渡辺春美、内藤一志（二〇〇六）『高等学校における戦後古典教育実践の調査研究』科学研究費補助金基盤研究研究成果報告書

・髙木まさき（一九九七）「教育改革の中の古典教育――あるアンケート調査をもとに――」『日本古典文学の諸相』勉誠出版
・武久康高（二〇〇四）『枕草子の言説研究』笠間書院
・竹村信治（二〇〇三）『言述論――for 説話集論』笠間書院
・中央教育審議会　教育課程企画特別部会（二〇一五）「高等学校　国語科目の改訂の方向性として考えられる構成（検討素案）」『教育課程企画特別部会　論点整理　補足資料（三）』http://www.mext.go.jp/b_menu/shingi/chukyo/chukyo3/053/sonota/1361117.htm 二〇一六年一月閲覧
・内藤一志（一九九七）「「古典教育の課題」覚え書」『月刊国語教育研究』一月号
・ハルオ・シラネ、鈴木登美編著（一九九九）『創造された古典――カノン形成・国民国家・日本文学』新曜社
・府川源一郎（二〇〇二）「国語教育思想の展開」『国語科教育学研究の成果と展望』明治図書、四七―五四頁
・藤原克己（二〇〇三）「日本の高等学校における古典教育の現状分析と国文学批判　新しい古典学のために」『論集　近現代社会と古典』（古典学の再構築・調整班研究報告集Ⅳ）
・益田勝実（一九七五）「古典文学教育でいまなにが問題なのか」『文芸教育』十四
・増淵恒吉（一九七五）「古典教育管見」『文芸教育』十四号
・松澤和宏・難波博孝・髙木まさき・（司会）田中実（二〇〇三）「〈座談会〉文学と教育における公共性の問題――文学教育の根拠――」『日本文学』五二
・文部科学省（二〇〇八）『中学校学習指導要領解説　国語編』東洋館出版社
・文部科学省（二〇一〇）『高等学校学習指導要領解説　国語編』教育出版

第二章　「扇の的」教材論——古典学習の構築の視点①

一　教材研究が振り落としてきたもの

文学教育に関する著作を多数執筆してきた西郷竹彦（一九八一）の提案から、「弓流（ゆみながし）」冒頭を含めた教材化が光村図書の教科書において始まった。*1 それ以降、「男」を射殺す与一の心情の読解が本教材のポイントとなった。与一の妙技を見て「あまりの面白さに、感にたへざるにやとおぼしくて」「扇たてたりける処にたッて舞ひしめ」た「男」を義経の命令に従い、与一は射殺した。従来はこの場面を「美しい弓技が一転して殺人の具となる恐ろしくも非情な場面」（光村図書（一九八七））とか「扇を射落とした見事な技は、たちまち人を殺す武器であることを知らしめる」（奥本（一九八五））などと解釈してきた。そして、「男」を殺したいわけではなかったが、義経の命令に従うままの与一自身は「賞賛されるべき位置から引きずり落とされて、義経の下知を受けて黙々と非情な戦いに挑む一介の兵士でしかない姿を露呈する」（甲斐（一九九四））こととなる。

今井正之助（二〇一四）は、諸本での表記、「男」が義経の命を狙う「手だれ」である可能性、「舞ひしめたり」という行為が与一の手柄に水を差したととられかねない行為であったことなどを挙げ、次のように指摘した。

> 「男」の射殺は「戦の非情さ」（敵だから容赦なく殺す）の問題ではなかった。むろん「射殺」という行為そのものは過剰であり、戦と無縁ではないが、そこに流れる感情の機微は、〃かけがえの無いものや場所をふみにじ

られた思い〟といった形で現代にも置きかえうる。
そして、これまでの解釈が戦の非情さを強調しようとする「理念先行」（今井（二〇一四））の結果だったと批判する。稿者も、「扇の的」教材化の在り方については、何度か言及してきた（菊野（二〇〇五）（二〇一三）（二〇一四））。特に、二〇一三年度の研究発表は今井と方向性が大きく重なる。すでに津本信博（一九九一）や中村格（一九八三）による「弓流」を含めた教材化についての批判もある。本章では今井論を始め、先行する教材研究を踏まえつつ、「扇の的」の従来の解釈が振り落としてきたものは何なのかを考えてみたい。

二　無視される「ふるつはもの」の言葉

『国語2』（光村図書（二〇一二年））では、「扇の的」は次のような説明から始まる。

日暮れを迎え、双方が陣をひきかけているところへ、沖の方から、小舟が一そう、みぎわへ向かってこぎ寄せてきた。「なんだろう。」と見ていると、舟の中から、年若い女房（にょうぼう）が姿を見せ、扇を竿（さお）の先に付けて舟端に立て、陸に向かって手招きをした。この扇を射落としてみよ、とのことのようであった。義経は、下野国（しもつけのくに）の住人、那須与一（なすのよいち）に命じて射させようとする。

今井（二〇一四）も指摘していることだが、この解説には義経と後藤兵衛実基とのやりとりの重要な内容が省かれている（以降、教科書の出典と合わせ、本書における覚一本本文の引用は新編日本古典文学全集〔覚一本〕に拠ることとする。特に断りがない限り、引用文の傍線は引用者による）。

みな紅の扇の日いだしたるを、舟のせがいにはさみたてて、陸（くが）へむひてぞまねいたる。判官、後藤兵衛実基を召して、「あれはいかに」と宣へば、「射よとにこそ候めれ。ただし大将軍、矢おもてにすすんで、傾城を御覧

> ぜば、手たれにねらうて射おとせとのはかり事とおぼえ候。さも候へ、扇をば射させらるべうや候らん」と申す。「射つべき仁はみかたに誰かある」と宣へば、「上手どもいくらも候なかに、下野国の住人、那須太郎資高が子に与一宗高こそ小兵で候へども手ききで候へ」

弓矢の手練れにより義経を射殺そうとする平家の策略であることを実基は見抜いている。この場面は風流心を失わない平家と挑戦を受ける無骨な源氏という対比で捉えることが多いが、実基自身はそこに平家の風流心を見ていない。この「扇の的」は平家の明確な殺意から語られているのである。もちろん「現状を打開する窮余の一策として、いかにも、貴族化した平家にふさわしい手」（市古・山下（一九六七））というように読むことも可能だが、大切なのは貴族化された平家らしい単なる遊びなどではなく、義経を射殺するための策であることを見落とさないことである。

梶原正昭（一九九二）は実基の「ふるつはもの」としての形象に注意を払うことが必要であると述べている。

> すぐ前の「嗣信最期」という章段の中で、「後藤兵衛実基は、ふるつはものにてありければ」と語られておりますように、歴戦の勇士でありました。「古つわもの」というのは、実戦の経験が豊かで、戦場の故実や駆け引きに精通している老練な武者のことで、実基もそうしたキャリアが買われて、ここにその判断が求められているということになったのです。
>
> 合戦の表舞台ではなばなしい活躍を見せる英雄たちとくらべますと、古つわものの行動はたいへん地味で、あまり目立ちませんが、彼らの豊富な戦場体験と、それにもとづく的確な判断が戦局の帰趨を決めるという場合が少なくなく、その存在は戦場ではきわめて貴重なものでありました。（中略）合戦の花形である英雄の活躍ぶりにとかく目を奪われて、古つわものの存在を見落としがちですが、合戦記の中ではこのように重要な役割を示す場合が多く、こうした古つわものの形象にはとくに注意を払うことが肝要です。

飾った舟は平家の風流心からくる遊びの一種であるとする読みは、「ふるつはもの」の言葉を無視することでしか通用しない。「源平両者の戦いのドラマとしてとらえ、そこに両者の性格のなまなましいリアルな描写を見たい」とした西郷竹彦（一九六二）は、この平家の計略に対してはどのように考えていたのか。

大津雄一（二〇一三）は、次のように言う。

> すでに江戸時代に山鹿素行が、武家であるにもかかわらず貴族化して「武」を失ったがゆえに平家は滅びたと記している。腐敗した貴族社会、それに取り込まれてしまった平家、そして真の改革を成し遂げた野生的な源氏というストーリーは今でも流通している。

こういった歴史観もまた伝統的な言語文化だと言ってしまえばそれまでだが、「扇の的」のみに焦点を絞ったとき、果たして平家と源氏の性格を風流と無骨の対比という形で読み取ることが本当にできるだろうか。貴族化とか風流という言葉を抑え、実基の言葉を示したとき、王朝的風流を読み取る前に、女房を使った計略は卑怯だと指摘する生徒が出てこないとも限らない。

平家物語研究においても、この実基の言葉は鑑賞レベルにまで引き上げられてこなかった。佐々木八郎（一九三八）は「陣中挿話の一つだ。平家は血腥き戦場に在っても流石に風流を忘れぬ」と述べているし、冨倉徳次郎（一九六七）は「いわばオリンピックの一場面のようなまたスポーツ競技ともいってもよいような弓術譚」とするにとどまっている。そして、このような読みに疑義を示したのが西郷竹彦だったわけだが、西郷自身も「ふるつはもの」の言葉を拾い上げることなく、「扇の的」に対する解釈は従来のものを継承しつつ、「弓流」の冒頭を加えた教材化を提案することとなる。

この場面で重要なのは「陣中挿話」や「オリンピックの一場面」と見える一方、あくまでも戦いの最中であることを忘れていない者達が存在しているということである。それは、計略を看破した後藤兵衛実基であり、その進言を受けた義経であり、計略を考案した平家方の武将であり、舟に隠れて義経を狙っている「手だれ」である。

今井（二〇一四）は、与一に射落とされた「とし五十ばかりなる男」が、扇の小舟に乗っていた事実を確認し、義経を狙う「手だれ」であった可能性を指摘している。そのように考えたとき、与一の妙技と空へ舞い上がった扇に感動したと思われる「男」の射殺は、冒頭の計略の看破から続く地続きの問題と捉えなければならない（なお、「男」と「手だれ」を結びつけた解釈は、菅原敬三（二〇〇三）の実践報告でも確認される）。

三　義経は与一を殺すのか

義経の命令は与一にとってどのような性格のものだと捉えられてきたのか。指導書（光村図書（一九九二））には次のようにある。

「扇の的」はしばしば教材化されてきたが、その多くが、扇を見事に射落とし、どよめきたつ場面で終わっていた。これは、本来非情であるべき源平合戦を余興的に扱う安易な見方に連なる。本教材は、それを避け、「平家物語」の根底に流れる個の動きが圧殺される場面も加えてある。これにより、明から暗への転換、戦の非情な現実が描き出され、与一観を変えるだけでなく、戦争に対する問題をも提起できる。きびきびした中に哀感の漂う文体で語られ、雄壮な布陣の情景、その情景が与一の心情に焦点化される過程、見事射落とした腕が人を殺すという事実、射殺された男は射損じたときの与一の姿でもあることなどが問題となろう。

甲斐睦朗（一九九四）は次のように述べる。

平家物語の話はさらに続きがある。その一場面を付け加えることによって、与一は、称賛されるべき位置から引きずり落とされて、義経の下知を受けて黙々と非情な戦いに挑む一介の兵士でしかない姿を露呈することになる。

渡部栄子（一九九五）の実践報告では、義経と与一の関係はさらに厳しい。

> また、武士の精神構造から考えて、命をかけていたということをはっきりと意識させた。《第二段階》の「主従関係の厳しさ」をもっと発展させて、主人の命令に背くことは（たとえ物理的に無理であっても）絶対に許されないものであり、命を奪われてもしかたなかった、というレベルにまで高めたかった。それが《第二段階》における与一が承知した理由の一端であることにも気付かせたかった。

現行の指導書に先に引用した表現が使われているわけではないし、渡部の言葉が全体に共通した考えだと言っているわけではない。ただ、「射殺された男は射損じたときの与一の姿でも」あり、また、「個の動きが圧殺され」る上下関係の中にあった与一は、英雄ではなく「一介の兵士」にすぎなかったという理解が漠然としたイメージとして存在しているということはないだろうか。

「「平家物語」の根底に流れる個の動きが圧殺される場面」とは何を根拠にした説明だろうか。平家物語に命令に背いたために処刑された武士の物語があっただろうか。中世に対する漠とした歴史観を不用意に教材解釈に援用させることには注意が必要だ。

義経は確かに与一を一喝する。

> 判官大きにいかッて、「鎌倉をたッて西国へおもむかん殿原は、義経が命をそむくべからず。すこしも子細を存ぜん人は、とう〳〵是よりかへらるべし」とぞ宣ひける。与一かさねて辞せばあしかりなんとや思ひけん

梶原正昭（一九九二）は次のように述べる。

> 「殿原」と言い、「帰らるべし」と丁寧な言い方をしているのは、兄頼朝の代官としてその配下の御家人たちをあずかっている立場としての、配慮でありましょう。（中略）全軍の命運を与一に託する決意を固めた判官にとっては、その手腕を信頼し、強い意志と信念でこれを鼓舞してその任務を達成させる以外には道はないのです。（中

略）

　重大な使命にとまどい、きびしい難題に心ゆらぐ与一。居丈高な判官義経の怒声は、そうした与一の逡巡を断ちきり、不退転の決意をその心に焼きつけます。前段の古つわもの実基との問答と違って、この主従の対話には、はりつめたような緊張感がみなぎっていることに目を留めていただきたいものです。

主従関係である以上、与一の判断に一定の拘束があったことは確かだが、それを「個が圧殺される」とか射損じた時は与一自身が処刑されていたというような過剰な言葉で説明することには慎重でなければならない。「はづれんは知り候はず、御定で候へば、仕ッてこそ見候はめ」と言い、決意の表情で扇に向かった与一を、義経と源氏の武士たちは、次のような様子で見送る。

　弓とりなほし、手綱かいくり、みぎはへむいてあゆませければ、みかたの兵共うしろをはるかに見おくッて、「この若者一定仕り候ひぬと覚え候」と申しければ、判官もたのもしげにぞ見給ひける。

ここには、覚悟を決めた立ち振る舞いを見送った義経と源氏武士たちの与一への信頼感を読み取ることができる。権力に物を言わせた傲慢な上司の自己満足の場面ではない。義経に一喝された与一は、不退転の決意で夕暮れの海へ向かう。その覚悟はたしかに悲壮なものだっただろう。しかし、それは生命の危機を味方から感じたものではない。「扇の的」が収められている巻十一では義経の形象が多く語られる。「逆櫓（さかろ）」「嗣信（つぎのぶ）最期」「弓流」などである。「逆櫓」には梶原景時とのいわゆる逆櫓論争がある。義経は単独で舟を出そうとするが、水手・梶取たちは風が強すぎると出航に難色を示す。これに対して、やはり義経は「おほきにいか」る。

　むかひ風にわたらんといはばこそひが事ならめ、順風なるがすこし過ぎたればとて、是程の御大事に、いかでわたらじとは申すぞ。舟仕らずは、一々にしやつばら射ころせ」と下知せらる。奥州の佐藤三郎兵衛嗣信、伊勢三郎義盛、片手矢はげすすみ出でて、「何条子細を申すぞ。御定であるに、とく〳〵仕れ。舟仕らずは、一々に射ころさんずるぞ」

ここで命を脅かされているのが、水手・梶取という立場の人間である点が重要である。ここには水手・梶取に対する義経の差別意識があり、そういった相手への義経の恫喝は躊躇がない。「しやつ」とは罵る際に使う三人称の言葉で、敵に対しても使われることがある。こういった差別意識は、例えば、巻十「藤戸」の佐々木盛綱による「浦の男」殺害とも共通する感覚だろう。馬が通行可能な浅瀬を教えてくれた「浦の男」に対して佐々木は次のような非道を行うのである。

「下﨟はどこともなき者なれば、又人にかたらはれて案内をもをしへむずらん。我計こそ知らめ」と思ひて、彼男をさしころし、頸かききッてすててンげり。

こういった残酷さが平家物語の武士には存在する。そして、その残酷さの背後には「浦の男」(=「下﨟」)への差別意識がある。水手・梶取への義経の対応もそれと同質のものと言える。一方で、巻十一「勝浦付大坂越」では、捕らえた平家方の使者に対して、「罪つくりに頸なきッそ」と言い、義経は命を奪うことまではしないのである。[*2]「扇の的」の直前には「嗣信最期」があるが、平家の矢に倒れた嗣信への義経の対応を見た源氏武士たちは「此君の御ために命をうしなはん事、まったく露塵程も惜しからず」と感動する。平家物語には差別意識からくる残酷さが描かれ、一方で主従の結びつきの機微が描かれている。

四　研究者に求められる専門性を活かした教材研究

最後に「弓流」の部分について述べておきたい。

伊勢三郎義盛、与一がうしろへあゆませ寄ッて、「御定ぞ、仕れ」といひければ、今度は中差とッてうちくはせ、よッぴいてしやくびの骨をひやうふつと射て、舟底へさかさまに射倒す。平家のかたには音もせず。源氏のかたには又箙をたたいてどよめきけり。「あ、射たり」といふ人もあり、又、「なさけなし」といふ者もあり。

この「なさけなし」について指導書（光村図書（二〇一二））には次のように注を付す。

情けなし　情け知らずだ、無風流だの意。この言葉は平家の立場だけから発せられたものではないと考えられる。一人の人間としての立場から戦いのもつ非情さそのものを悲しむ「情けなし」の言葉がここに置かれ、「あ、射たり。」の立場が一挙にひるがえされることで、「平家物語」の文学的価値はさらに深まっているといえる。

そして、この「情けなし。」と「言ふ者」こそ、「平家物語」を語った者たちであり、聞いた者たちであろう。

西郷竹彦（一九八二）は「扇の的」の語り手の位置、視点が一貫して源氏方からのものであることを指摘している。磯野武之助（一九八五）は「この物語全体、話し手は全て源氏により添って書いている。例えば、氏名が書かれているのも源氏だし、描写の近景も源氏である。と考えてみると、せりふも全部源氏と考える方がいい」という生徒の読みを紹介し、生徒の話し合いの中で「あ、射たり。」「情けなし。」のせりふが源氏側であることを明らかにしている過程を報告している。この「あ、射たり。」「情けなし。」というせりふは源氏側のものである。また、「しやくびの骨をひやうふつと射て」の「しや」は卑しめ、あざける意味を表しており、語り手も「とし五十ばかりなる男」へ敵対心をもって語っているとさえ読めるのである。これは今井（二〇一四）が指摘した、見事扇を射た感興に水を差すような男の舞にいらだった義経や与一の心情に語り手も同調していると解釈することも可能だろう。

須藤敬（二〇〇二）は「作品に対するすぐれた解釈・評言を知っており、学問的成果に基づいたテキストクリニックの方法を身に付けている」ことが国語教師に求められる力だと述べている。[*3]こと古典教材の扱いについては、我々の近代的な観念や解釈が反映されやすいことに考えを及ぼすと、その専門性を生かした教材研究は欠かせない。ただ、忙殺されている現場にあってその作業は困難なものだろう。内藤一志（一九九七）は「この作業は、物理的な面で多くの時間を研究者でいられる者が任に当たるべきだ」と提言している。本章はその提言への応答の一つとして書かれたものである。

注

1 東京書籍や教育出版もそれに続くように「扇の的」と「弓流」の教材化を実施した。なお、教育出版は「扇の的」を付録に収める形を採っている。本文の中で扱う教科書はすべて二〇一四年度発行のものである。

2 今井（二〇一四）にも同様の指摘がある。

3 大津雄一（二〇〇七）「何のために――『平家物語』群読の危うさ」（大津雄一・金井景子編著『声の力と国語教育』）は、群読の際、源氏は男子、平家は女子という割り振りになりやすいことを受け、「源氏＝勝者＝男性／平家＝敗者＝女性」という二項対立を読み取ることはたやすい。群読には、「男らしさ」を特権化し「女性的なもの」を周縁化するファロス中心主義（男根中心主義）が感じられてならない。」と指摘する。

引用文献

・磯野武之助（一九八五）「起爆剤となるような発問を――「扇の的」を中心に――」『教育科学国語教育』三四七巻、明治図書

・市古貞次・山下宏明（一九六七）「平家物語（七）那須与一」『国文学解釈と鑑賞』三二巻十三号、ぎょうせい

・市古貞次校注・訳（一九九四）『新編日本古典文学全集　平家物語』小学館

・今井正之助（二〇一四）「「扇の的」考――「とし五十ばかりなる男」の射殺をめぐって――」『日本文学』第六三巻第五号

・大津雄一（二〇一三）『『平家物語』の再誕　創られた国民叙事詩』ＮＨＫブックス

・奥本明義（一九八五）「学習意欲を引き出す学習課題の設定「扇の的」」『実践国語研究』五三、明治図書出版

・甲斐睦朗（一九九四）「平家物語の韻律を楽しむ（下）――教材『扇の的』（「平家物語」から）」『実践国語研究』一四二号、明治図書出版
・梶原正昭（一九九二）『古典講読シリーズ　平家物語』岩波セミナーブックス
・菊野雅之（二〇〇五）「教育に映し出される『平家物語』」『横浜国大国語教育研究』二二
・菊野雅之（二〇一三）研究発表「「扇の的」教材研究――無視される古つわものの言葉、与一を殺す義経――」さいたま国語教育学会（埼玉大学にて）
・菊野雅之（二〇一四）「古典教材研究を進めていくための方策に関する覚え書き」『国語論集』十一（第二部第一章に該当する）
・西郷竹彦（一九八一）『西郷竹彦文芸教育著作集』第十巻、明治図書、一八八―二〇六頁
・佐々木八郎（一九三八）『平家物語講説』早稲田大学出版部
・菅原敬三（二〇〇三）「教材研究と教材の扱い方（十四）――「扇の的」（『平家物語』）――」広島文教女子大学国文学会『文教国文学』四八号
・須藤敬（二〇〇二）「学校現場で――次世代の平家物語」『国文学解釈と教材の研究』四七―十二
・津本信博（一九九一）「中学古典の教材化――『平家物語』「扇の的」をめぐって――」『早稲田大学大学院教育学研究科紀要』第二号
・冨倉徳次郎（一九六七）『平家物語全注釈』下巻（一）　角川書店
・内藤一志（一九九七）「「古典教育の課題」覚え書」『月刊国語教育研究』二九七集
・中村格（一九八三）「西郷竹彦著『古典文芸の世界』私見」『文芸・教育』特集三七号（『現代国語教育論考（上）――現状と課題――』（一九八三）に再掲）
・光村図書（一九八七）『国語　学習指導書』二下
・光村図書（一九九二）『中学校国語学習指導書』二下
・光村図書（二〇一二）『中学校国語学習指導書』二下
・渡部栄子（一九九五）「小規模校における合同授業の試み――中学校古典「扇の的」――」『愛媛国文と教育』二七号、愛媛大学教育学部国語国文学会

第三章　「敦盛最期」教材論――古典学習の構築の視点②

一　武士道というフィルター

新渡戸稲造は、西洋の宗教と対抗できるものが日本にもあることを例証するために『武士道』を執筆した。だが、『武士道』の史実の考証性に対しては疑問を呈する者が少なくない。佐伯真一（二〇〇四）は『武士道』は、あまり日本史に詳しくない新渡戸が自己の脳裏にある「武士」像をふくらませて創り出した、一つの創作として読むべき書物であって、歴史的な裏付けのあるものではないことは、改めて確認しておかねばならない」と言う。新渡戸は、西洋の宗教に対抗できるような崇高性を武士に求めた。だが、それは戦場を生業とする者を美化することである。新渡戸は「敦盛最期」について、「いずれにしても、優しさ、憐れみ、愛が武士の最も惨憺なる武功を美化する特質なりしことを、この物語が示すことには変りがない」と述べている。[*1] 今では皮肉な響きをもって聞こえてこよう。ただ、これを笑う我々も武士道という言葉が持つイメージに無自覚なまま、「敦盛最期」を読んでいないだろうか。

親としての情愛の側面を強調したい余り、刃の止まったきっかけは「容顔まことに美麗」である事実がないがしろにされている場面はないだろうか。敦盛の脆弱さ・生への執着のなさを批判することを封殺する空気が漂っていないだろうか。

二　『平家物語』の戦場

佐伯真一（二〇〇四）は合戦譚・武士のふるまいを描いた様々なテクストを調査し、中世武士が手柄を得るため、生き残るために、いかに卑怯な戦法をとっていたかを例証している。ここでは佐伯を参考にしながら、『平家物語』の合戦譚における武士のふるまいと語り手の評言に関して整理してみたい。

〈藤戸〉という謡曲がある。老婆（前シテ）が佐々木盛綱（ワキ）に恨み言を言う。自分の息子（後シテ）を無慈悲にも殺害したことに対してである。この謡曲の本説は『平家物語』巻第十「藤戸」である。源平が浅瀬を挟んでにらみ合っているとき、佐々木は馬でも通れる場所を土地の「浦の男」に尋ねる。「浦の男」は通行可能な場所を教えてやるが、情報漏洩を恐れた盛綱は、男を殺害してしまう。盛綱は翌日、先陣駆けに成功し、「鎌倉殿の御教書にものせられ」る。語り手はそこに疑義をはさまない。この章段は「浦の男」の悲劇として語られているのではなく、盛綱の功名譚として語られているのである。

平家方だった瀬尾太郎兼康は、木曾軍から脱出するため、助命をしてくれた木曾を欺き、世話をしてくれた倉光の次郎成澄を酒に酔わせた挙げ句、その寝込みを襲い殺害する（巻第八「瀬尾最期」）。ここでは、相手の隙をついて、元の主の前に馳せ参じたいと念ずる瀬尾を「心の程こそおそろしけれ」と評するのみにとどまる。

巻第九「越中前司最期」を見てみよう。猪俣の小平六則綱（源氏方）と越中前司盛俊（平家方）との戦いが描かれている。則綱は盛俊に組み伏せられてしまう。則綱は「投降したものの首を斬るという法がありますか」と命乞いをする。盛俊はそれを聞き入れる。しかし直後、接近してくる源氏に気を取られた盛俊は、則綱に隙をつかれ、殺害されてしまう。恩を仇で返す則綱の所行について語り手は何ら非難を加えない。むしろ、則綱が「其日の高名の一の筆にぞ付」いたと締めくくってしまう。ここでも則綱のふるまいは、功名譚として語られている。

巻第七「篠原合戦」。木曾軍と平家軍が衝突する。平家方の主立った武士達は、次々と命を落としていく。その最中に、木曾方の入善の小太郎行重と平家方の高橋則綱の戦いが描かれる。この戦いは「敦盛最期」と構図が似ているが、その結果は逆である。平家方が劣勢となり高橋は敗走する。それを入善は発見し、組み討つ。しかし、入善は高橋に抑え込まれてしまう。引用文はその場面からである。

高橋、入善をつかうで、鞍の前輪におしつけ、「わ君はなにものぞ、名のれきかう」どいひければ、「越中國の住人、入善小太郎行重、生年十八歳」となのる。「あなむざん、去年をくれし長綱が子も、ことしはあらば十八歳ぞかし。わ君ねぢき(ッ)てすつべけれ共、たすけん」とてゆるしけり。わが身も馬よりおり、「しばらくみ方の勢またん」とてやすみゐたり。入善「われをばたすけたれ共、あ(ッ)ぱれ敵や、いかにもしてうたばや」と思ひ居たる處に、高橋うちとけて物語しけり。入善勝れたるはやわざのおのこで、刀をぬき、とんでかゝり、高橋がうちかぶとを二刀さす。さる程に、入善が郎等三騎、をくればせに來ておちあふたり。高橋心はたけくおもへども、運やつきにけん、敵はあまたあり、いた手はおうつ、そこにて遂にうたれにけり。

高橋は入善が息子と同じ十八歳であることを知り、命を助ける。高橋の息子は去年亡くなっている。高橋は「うちとけて物語」をするが、入善は虎視眈々とその首を狙っている。ついには得意の「はやわざ」で高橋を殺害する。この入善の冷徹なだまし討ちに対して語り手は非難の目を向けない。親の情愛という人間的な感情のために、命を失った高橋の物語は、「運やつきにけん」という感想で閉じられてしまう。語り手は武士の卑怯なふるまいに批判を加えない。肯定的に扱っているわけでもないが、だまし討ちや恩を仇で返すようなふるまいについて、批判の視点を持っていないことは確かである。

卑怯なふるまいをする武士も確かにいただろうが、一方で正々堂々と戦った武士もいるではないかと反論がおこるかもしれない。確かに敦盛は潔く死んでいくし、今井四郎兼平(「木曾最期」)、平忠度(ただのり)(「忠度最期」)、平教経(のりつね)(「能登殿最期」）は戦うだけ戦い、潔い死を完遂していく。ここで問題にしたいのは、語り手の態度である。『平家物語』は武士のだまし討ち、卑怯な手段に批判意識を持っていないということを確認しておきたい。佐伯の言葉を借りれば、「当時の武士を中心とした社会一般の感覚として、虚偽・謀計を用いて敵を討つことは、強い非難の対象にはならなかったのであり、『平家物語』はそうした感覚を反映しているのだ」（佐伯〔二〇〇四〕）ということである。

考えてみれば、佐々木四郎高綱の先陣駆けは、梶原源太景季との虚言の応酬の末の結果である（「宇治川先陣」）。「扇の的」もそもそも、後藤兵衛実基の言葉によると、義経が舟の美女を見ようと矢面にたった際に射落とそうとする平家の謀略から始まっている。戦場の論理は打算的で薄情である。それは殺生を生業とする武士からすれば当然の思考である。武士としての生活を維持・拡大していくために、彼らは手段を選ばず、手柄へと邁進していった。そこに近代武士道が称揚するような洗練された武士が幅を利かせる土壌はない。

高木信（一九九〇）は「殺害者（熊谷）と被殺害者（敦盛）の間には立場の逆転という危機感はない。「敦盛最期」はかえって覚一本の他の「最期譚」のパロディですらある。これは、「敦盛最期」という真摯な態度の物語が深層において持つ「どんでんがえし」的な側面の一つであろう」と述べている。この「どんでんがえし」という感覚は、戦場に生きてきた者たちも共有した感覚だろう。つまり、「越中前司最期」の則綱のように、「篠原合戦」の入善のように、だまし討ちをすることが、むしろ当然であった武士にとっては、「敦盛最期」こそが意外な結末だったはずである。脆弱な敦盛への批判の声さえありえたかもしれない。敦盛ではなく、入善が熊谷の前に倒れていたら、おそらく熊谷は命を落としていた。そんな素朴な感想や違和感が吐露されていても不思議ではない。

敦盛・熊谷の両者が、互いに殺意を持たない（ように見える）状態であるために、「敦盛最期」は成立している。当時の享受者はそれを奇異に感じるとともに、新鮮な感動を覚えた。しかし、その新しさは他の合戦譚で見てきたような、手柄へと邁進している武士の姿とは相入れないものだった。苛立ち・反感・驚き・戸惑い・感動・自己批判といった多様な反応が「敦盛最期」を取り巻いていたはずである。

三　供養と発心の物語に組み込まれる首実検

「敦盛最期」は熊谷の功名譚である。このことは教材研究や授業実践の場において十分には意識されていない。熊谷は敦盛の首を斬り、大将軍の証拠となる鎧直垂で首をつつみ、[*2]それを義経へ見参に入れる。これは大将首の手柄を公的に承認する一連の流れである。いわゆる首実検である。義経を前にして、首と笛を示しながら、事の顛末を熊谷は語る。それを聞いた義経並びに源氏武士たちは涙を流す。優雅さを失わない若く美しい平家公達への憧憬・悲哀の情が漂う場面である。が、一方で熊谷への恩賞が公的に認められた瞬間でもある。このことは実践報告や教科書指導を見た限りではほとんど意識されていない。[*3]

熊谷は敦盛と出会ったがために、狂気あふれる戦場で、日常的・人間的な情愛を取り戻してしまう。この瞬間、熊谷は戦場の論理を逸脱した存在になったといえる。それは確かにその通りだが、一面的な理解である。敦盛の首を斬り、悲嘆にくれる熊谷は、一方で着々と首実検へと作業を進めているのである。それを熊谷の功名心と解し、彼の悲嘆の欺瞞を批判することも可能である。あるいは、武士として生活・経営していくために致し方ないことだった小名熊谷の事情を慮り、その上で殺害に至った彼の忸怩たる思いを想像することも可能である。首実検という所作を確認すると、自らの武士という在り方を単に否定的に捉えているだけではなく、決して否定できない自身の在り方への矛盾を発見している熊谷の苦悩が見えてくる。

これまでなぜ首実検へと注意が向けられてこなかったのか。それは、首実検本来の意味を異なる文脈へと取り込んでいく、「敦盛最期」の構造に原因がある。端的に言えば、功名譚を発心譚へと組み込んでいく作りになっているのである。

若武者の素性を知ることができぬまま、殺害に至った熊谷。菩提を弔うためには、若者の素性を明らかにしなければならない。敦盛の首を義経以下に示すことで彼の素性は判明する。義経らに熊谷の戦功をたたえる言葉は見られない。源氏武士達は、平家公達の死を悼み涙を流す。語り手も発心譚としての語りおさめに徹する。「あっぱれよからう大将軍とくまばや」という熊谷の言葉に見られるように、敦盛が死に至る直前までは、敦盛の首が戦功となることは示されている。しかし、彼の死後、その大将首の価値について言及されることはない。首は熊谷の発心を促す契機として強調される。

首実検の過程は菩提や発心、貴族的風流への憧憬の物語に組み込まれ、手柄を認定する手続きとしての意味が見えづらくなっている。首実検の手続きに矛盾を生じさせることなく、実検本来の意味を隠蔽することに覚一本『平家物語』は成功している。そしてその成功は、「敦盛最期」の隠れた文学的達成の一つだろう。しかしその達成ゆえに、大将首を手に入れた熊谷の姿は薄まり、菩提と発心へと思いをすすめる彼の姿ばかりが関心を集めることとなってしまうのである。

四　諸本から見る「敦盛最期」、教科書から見る「敦盛最期」

覚一本と覚一本以外の諸本とを比較すると、いかに覚一本が洗練されているかがよく分かる。

まず延慶本(「平家ノ人々ノ頸共取懸ル事」)を確認する。周囲を見回すと、土肥が三十騎ほどでこちらに接近してくる。そこで熊谷は、「土肥ガ見ルニ、此殿ヲ助タラバ、熊谷手取ニシタル敵ヲユルシテケリト、兵衛佐殿ニ漏聞レ奉ラム事、口惜カルベシ」と考える。敦盛を逃がしたことを頼朝に報告されると、困ったことになるというわけだ。直後、熊谷は敦盛に「御孝養」を約束し首を斬る。敦盛を逃がすことで自らに降りかかる罰則を恐れている熊谷を確認できる。

源平闘諍録（「成盛最期」）に目を移す。公達の名が成盛となっているが、プロットは「敦盛最期」と同じである。己の失態を風聞させるわけにはいかないと考える部分は延慶本と共通している。大将首を高く評価すると書かれた頼朝の張文について触れられている点が異なる。その張文に書かれている通り、御自身の首は大将首となるので、間違いなく菩提を弔うと熊谷は、成盛に告げ素性を聞き出す。名を聞き出すための建前とも読めるが、手柄へのこだわりを明言している点に注意したい。その後、鳥付に首をつけて、「此れ御覧候へ、殿原。門脇殿の三男。蔵人の大夫とて、十六歳に成りたまふを討つたるぞや」と泣きながら、熊谷は馬を走らせる。熊谷の忸怩たる思いと大将首を取ったという勝ち名乗りが同居した印象的な描写である。覚一本が熊谷の功名譚という印象をいかに薄めた構成を採っているかが鮮明になる。

源平盛衰記は、熊谷と敦盛の父・経盛との書状の往来を記事蒐集の態度を強めて描いている。延慶本も同様に書状を載せている。延慶本では、敦盛の首は直ちに経盛の元へ送られたかのように描かれている。源平盛衰記では、首級は「（勧賞判定のための）実検にも合せ、懸首にもした」後に、親元へ送られている（巻三八「熊谷送敦盛頸並返状事」）。首実検が明記されていることに注意したい。ここでは悲しみに暮れる一方で、武士としての経営を淡々と進めている熊谷を読みとることができる。

覚一本は熊谷功名譚の側面を巧みに隠している。しかし、生徒の中には、結局のところ敦盛殺害に至る熊谷に対して、「直実も、敦盛をかわいそうだと思ったのなら、殺さないで逃がしてやればいいじゃないか」「その心境はよく分かるけど、それならなぜ逃がしてやらないのか。味方にどう思われてもいいではないか」と率直に批判する者もいる。そういった生徒の熊谷批判を我々は十分に作品の読みへと還元することができていたか。先に引用した言葉に対して、山本幸雄（一九八三）は「すぐに批判的な読みに結びつけてしまうので、内容、心情の読み取りと生き方を考えることとを区別して指導しています」と述べる。授業の詳細については述べられていないが、「生き方を考えること」として生徒の言葉は退けられ、本文への読みへと還元された様子はない。山本の言葉は一九八三年のものだが、現在でも熊谷批判の言葉は、熊谷という武士を読み解くきっかけとして拾い上げられることは少ないのではないか。

熊谷が敦盛を殺害せざるを得ない理由を、味方の接近という外的条件に頼ることは、熊谷の葛藤を曖昧なものにしてしまう。自分が助けたとしても味方の他のものに討たれてしまうから。せめて自分の手で討って、のちの弔いをしよう。こういった理由が殺害の理由として十分なものだろうか。殺人という局面を前に、手を下した熊谷の思考にもっとこだわるべきではないか。

人の親として敦盛を助けたい、殺したくない熊谷と手柄を欲する小名としての熊谷。熊谷は、人間愛と打算に揺れ、最後には我が身の可愛さを優先してしまう。そしてそうだからこそ、その罪悪感は武士であり続ける限りつきまとうこととなる。「あはれ、弓矢とる身ほど口惜しかりけるものはなし。武芸の家に生れずは、何とてかかるうき目をばみるべき。なさけなうもうち奉るものかな」という熊谷の言葉は、武士としての打算に流れた自己批判である。熊谷は「「モノノフ」である自己を相対化した」（兵藤（一九八二））が、しかし一方で、決して武士であることから逸脱することはできなかった。その境界線に熊谷の苦悩があると読みとるべきである。そうなって初めて、彼の苦悩は切実でリアリティのあるものとして、我々の前に姿を現す。またその苦悩は、発心の思いは確かに進んだが、直ちに出家したわけでもない彼のその後についても、地続きの問題である。*4

中学校教科書（二〇一四年発行）で「敦盛最期」を掲載しているのは三省堂、教育出版、学校図書の三社である。*5三省堂は、首を斬って後、「弓矢取る身ほど口惜しかりけるものはなし」と言いながら、熊谷が涙を流す場面までを原文で掲載する。補足として現代文の説明が続く。笛を見つけ、それは「戦陣の武将たちの心を打」ち、敦盛の素性が明らかとなり、「熊谷の出家を願う思いはますます強くな」る。教育出版は、「泣く泣く首をぞかい」たところで、物語を終えている。なお、教育出版は「那須与一」と「敦盛最期」の両方を掲載している。学校図書は、敦盛の素性が明らかとなり、「それよりしてこそ、熊谷が発心の思ひは進」んだところで終えている。学校図書のものが一般的な掲載パターンだったが、三省堂・教育出版のものは、より情報量を限定し、熊谷の苦悩に焦点を絞った教材化を行っている。

三省堂と教育出版の教科書にはこれまで述べてきた、首実検の過程に当たる本文が省かれてしまっている。三省堂では、現代文による説明の中で、笛、出家といったキーワードは省かれていないが、義経以下一同が涙を流す首実検の場面は、「戦いの場にあっても笛を手ばなさない若武者の優雅さは、戦陣の武将たちの心を打った」という言葉に変換されている。

この教材化は、生徒の意識を熊谷の苦悩へと焦点化しやすくなり、歓迎する声もあるのかもしれない。しかし、問題設定が分かりやすくなった反面、熊谷の苦悩は曖昧なものとなってしまう。敦盛の首を斬り、悲嘆にくれる熊谷を描いて、本文は終わる。敦盛の首に刀をかけ、力を込めた熊谷の意志や主体性をどのように解したらよいのか。「敦盛最期」とは人が人を殺す場面を描いた教材である。殺人の場面が教材化されていることに、我々はもっとこだわるべきである。そのこだわりは、殺す熊谷と殺される敦盛、この二人の内実をできるだけ掘り下げることに尽きる。現在の教材化の方向は、熊谷の苦悩の一面のみしか捉えていないのではないか。

五　首実検について

田中忍（一九九七）は、生徒の主体的な学習活動を目標に、グループによる発表形式の授業実践を報告している。

そこには、生徒の手による漫画化された「敦盛最期」が掲載されている。敦盛の笛を義経の見参に入れている熊谷の姿がある。ただし、敦盛の首はそこにはない。この場面は先ほどから言っているように、首実検の場面であるため、当然義経の眼前にあるのは敦盛の首と笛である。

冨倉徳次郎『平家物語全注釈』の訳文には、「この笛を大将軍義経のお目にかけたので、見る人はみな涙を流したことであった」とある。教科書、教科書指導書などにも「笛を見参に入れた」とするものが少なくない。確かに、ここで敦盛の首が不在であることは、筋の上では大きな疵となることはない。しかし、それは誤読である。

覚一本における「見参に入る」という言葉は十八例ある。うち、四段活用のものは八例で、お会いするの意味で使われる。残りの十例は下二段活用で、御覧に入れるの意味で使われる。十例中七例は首（首実検）である。また諸本でも首実検の場面として扱われているのは、先に見た通りである。これらのことからも、熊谷が見参に入れたのは敦盛の首と笛であることは明らかである。

山下宏明（一九八六）は「首ともどもこの笛を大将軍義経の見参に入れ」たとしている。梶原正昭（一九九二）も「直実はこののち、若武者の首を大将軍義経の見参に入れ」たとしている。覚一本は笛のみが見参に入れられたと読んでも差しつかえないような表記である。これが意図的なのかどうかは知る由もないが、この場面の解釈は「首と笛」が見参に入れていることをしっかり明記するべきである。笛だけ見参に入れられていると誤読することは、首実検の問題をますます遠ざけることとなる。

六　教材化されない狂言綺語の語りおさめ

三省堂、教育出版の教科書では、首実検以降は原文では示されていない。学校図書を含めた三社ともが省いている箇所についてここでは考えたい。狂言綺語の物語についてである。[*6] 高木信（一九九〇）は、「熊谷発心の全てを「笛」という狂言綺語に還元し、仏教的なパラドックスで解釈しようとする欲望」が覚一本を支配しているという。

> 後にきけば、修理大夫經盛の子息に大夫敦盛とて、生年十七にぞなられける。それよりしてこそ熊谷が發心のおもひはすゝみけれ。件の笛はおほぢ忠盛笛の上手にて、鳥羽院より給はられたりけるとぞ聞えし。經盛相傳せられたりしを、敦盛器量たるによ（ッ）て、もたれたりけるとかや。名をばさ枝とぞ申ける。狂言綺語のことはりといひながら、遂に讃佛乗の因となるこそ哀なれ。

貴族らしい美しさ。武士としての潔さ。笛を常に携帯し、戦場にあって文化的な退廃を避け続けた優雅さ。そういった憧憬に価するものを具備した若者を殺してしまった。息子小次郎の負傷でさえ慌てふためく熊谷である。息子を失った親の気持ちは熊谷とてよく分かる。しかし、それを承知しながらも、情けないことに首を斬ってしまった。後悔、失望、諦念。様々な感情が熊谷の発心を後押しする。

しかし、覚一本は「狂言綺語のことはりといひながら、遂に讃仏乗の因となるこそ哀なれ。」と締めくくる。最後の一文は、発心の動機を笛へと回収する。こういった一元的な解釈に対抗しようとするのが高木の立場である。ただし、笛は文化的な高尚さを示すものであり、敦盛の分身でもある。その意味で「一元的」という言葉は性急だが、教材化の際には「狂言綺語」の文章が省かれ続けてきたことと、高木の言葉は共鳴するものがある。「狂言綺語」、「讃仏乗の因」という言葉が難解であるから省いたということが一つある。もう一つは、語り手が突然自らの評言を発し、またその評言がやや物語の筋と食い違うことが理由であろう。敦盛を殺害したことが、発心への決定的要因であり、笛の存在は附属的なものにすぎない。

この最後の一文について、冨倉徳次郎（一九六七）は、「この「狂言綺語云々」の一文はあくまでも「敦盛最期」を平曲の一句として語りおさめるという立場において加えられたもの、すなわち、語りものとしての結びの句と考えるべきもの」と述べている。テクスト内部で完結するのではなく、それは平家語りの聴衆に開かれたものだということである。

言い換えると、「笛」あるいは「狂言綺語」は聴衆側へ作用する言葉であるということだ。琵琶法師が操る琵琶も、敦盛の笛も楽器である。ここに、「敦盛最期」、琵琶法師、享受者としての聴衆をつなげる通路ができあがる。熊谷が楽器（笛）によって「讃仏乗の因」を獲得するということは、楽器（琵琶）の響きに乗った平家語りを聴く者にも、等しく「讃仏乗の因」が与えられるということである。[*7]「讃仏乗の因」は突然テクストの外に飛び出し、享受者自身の問題へと移行していく。そのときには、多少のちぐはぐさは不問となる。

だが我々は、中世の聴衆が保持していた「讃仏乗」への欲求を持ち合わせていない。「敦盛最期」と現実を同時並行的に接続する術を、我々は持っていない。現代人にとって、狂言綺語の一文は、苦悩からの発心という主題を横滑りさせてしまう契機としてしか作用しない。それに対する違和感が、「一元的」という批判や「狂言綺語」の一文を省いた教材化の背景となっている。

ただ、その違和感は、『平家物語』の成り立ちの問題と直結した感覚である。仮に、末文までの教材を示した際、熊谷の心情読解を進めてきた生徒の中には、末文に対して異議を唱える者が出てくるはずである。その生徒の違和感をすくい取ることができれば、『平家物語』が、現代の作品観と異なる生成過程をたどってきた作品であることを、読みの過程の中で学ぶきっかけとなる。『平家物語』は琵琶法師によって語られてきた作品である、という基本的な文学史情報が、生徒の読解の活動と連動する可能性が、語りおさめの一文に内在している。

ハルオ・シラネ、鈴木登美（一九九九）や品田悦一（二〇〇一）により、自明と考えられていた古典の地位は近代に作り上げられたものだということが判明してきた。[*8] だが、それを一面的に捉え、カノン（正典）の価値は捏造されたものであるのだから、読むことは無意味だと解するのは乱暴である。また、カノン形成に対し批判意識を欠いたまま、これまで継承されてきた古典にはやはり何らかの価値があると、本質主義の立場から価値を叫ぶことも避けなければならない。

七　古典教材の他者性

「伝統的な言語文化と国語の特質に関する事項」が小中高の各段階に位置付けられ、古典教育が重視されている中で、問題となるのは、伝統的なものに我々がどのように対峙するかである。益田勝実（一九七五）は、「古典は古いから古典ではなく、そのもつ価値が現代人に古典性をもつものとして機能するから、古典なのである。古典は現代的なものに強く働きかけ、新しい生命力を注入してくれつつ、しかも現代的なものと対峙する内容ゆえに古典なのである」と定義している。近代におけるカノン形成の実態が明らかになった以上、目の前にある古典への評価を鵜呑みにしていられる状況ではなくなった。果たして取り上げている古典教材には、現代人を挑発するような古典性が備わっているのかを問い直す作業がまず必要である。同様に髙木まさき（一九九七）も、「自国の古典は、たんに伝統だとか現在に通じる普遍性をもつなどと言って安心してはいられないのである。むしろ古典のもつ異質性を認識し、その理解をいかに学習活動の中に組織することができるかというところにこそ、古典教育の現代的な価値の中心が見いだされるように思われる」と述べている。[*9] 益田の「現代的なものに対峙する内容」、髙木の「古典のもつ異質性」とは具体的にはどのようなものになるだろうか。近現代の教材論ではしばしば取り上げられているが、〈他者〉の存在がそれに当たろう。それは親和性のある何かでなく、こちらのアイデンティティを揺るがしかねない、対峙せざるをえない〈他者〉のことである。「敦盛最期」について言えば、平敦盛や熊谷直実が保持している〈他者〉あるいは〈他者性〉である。

確かに、異なる価値観との出会いは不快感を伴う場合もある。熊谷の功名心に傷つき、『平家物語』を嫌いになってしまう学習者が出てこないとも限らない。しかし一方で、「異質なものにいかに接し、理解し、受容し、あるいは批判するかという姿勢・態度」（高木まさき〔一九九七〕）を育てる絶好の機会でもある。「敦盛最期」は中学二年次の定番教材である。古典教材導入期において中世武士熊谷の「ものの見方や考え方に触れること」は重要な意味を持っている。生命、殺人に関わる問題は、中学二年生の知的欲求に即応したものであるはずだ。[*10] そこで学習者は、自らの読みと倫理を携えて、熊谷直実という〈他者〉と対話することとなる。導入期という重要な時期に、古典を読むこととは古人という〈他者〉と対話することだ、という基本的態度を養う機会が「敦盛最期」の教材化には秘められている。

平成二十九年および平成三十年告示の学習指導要領では、小学校・中学校・高等学校一貫して古典に親しむことが指導事項として挙げられている。親しむという行為は作品に単に惚れることだけを指してはいまい。真摯に対峙・対話し、時には批判的に受け止める視野があってこそ、「継承・発展させる態度を育てる」ことにつながる。そのためにも、まずは我々教員、研究者自身が異質なものとしての古典と出会い、古人という〈他者〉と積極的に、時には批判的に対話することから始めるべきである。本稿はそういった視点で「敦盛最期」の教材論を試みた。ただし、これは「敦盛最期」だけの問題で終わるものではないはずだ。

なお、本文の引用は以下の通りである。

・覚一本『新日本古典文学大系』岩波書店

・延慶本『延慶本平家物語本文篇』勉誠社
・源平盛衰記『新定参考源平盛衰記』新人物往来社
・源平闘諍録『源平闘諍録』講談社学術文庫

本章の元となる旧稿を執筆した時点から時間が経っている。本論で扱った教科書は二〇一四年度発行のものに基づいて論じている。

注

1 新渡戸稲造『武士道』(岩波文庫、一九三八年)
なお、新渡戸の『BUSHIDO, THE SOUL OF JAPAN』がアメリカで刊行されたのは明治三三(一九〇〇)年。その後、日本語に訳され、『武士道』(桜井鷗村訳、明治四一〈一九〇八〉年)として刊行された。

2 『新日本古典文学大系』「よろい直垂をとッて」の注には、「身分ある者の首をとったときは、その相手に対する敬意と、よい敵を討ったことの証拠を示す意味もあって、その敵の着用している鎧直垂を切りとり、それで首を包むのがしきたりとされた。」とある。

3 調査した実践報告を列挙する。
●中田正子(一九七七)「古典教材の学習展開「平家物語・敦盛の最期」」『解釈』二三―六●植西浩一・浅井俊宏・飛田多喜雄(一九八六)「授業に生きる教材研究 「敦盛の最期」で何を教えるか」『教育科学国語教育』二八―一二●石村文法(一九八七)「古典学習の楽しさを味あわせる授業の工夫 第一学年「敦盛の最期」の授業」『国語と教育』十二号●鈴木豊(一九九三)「『平家物語』〈敦盛の最期〉教材の扱い方と実践授業の展開」『古典の教え方 物語・小説編』(教え方双書第六巻)●高橋伸(一九九七)「一人一人の読みを生かして行う「敦盛の最期」」『中学校国語科教育実践講座』第八巻●島村眞知子(二〇〇〇)「「平家物語」の世界――古典による横断的・総合的な学習の試み」『月刊国語教育』二〇―九●新垣真(二〇〇四)

『平家物語』の学習指導の実践と考察　群読を通して古典に親しむ」『沖縄国際大学語文と教育の研究』

4 梶原正昭（「戦争論へのまなざし――『平家物語』巻九「越中前司最期」を糸口として――」『古典遺産』四九号、一九九九）は、中世武士の出家譚について、「ほとんどは晩年、老年になって、それまでの生涯を反省して罪の意識におののいて出家遁世をしてゆくというケースが多いです。戦いの戦士としての真っ只中でもって、遁世発心するということが非常に少ないということがわかります。（中略）遁世した武士は本当に一部であって、罪業意識から武士としての身分を捨てるまでになることは多くなかった。人々は心の中に罪業のようなものを抱きながらも、その矛盾の中に苦しみながらも、武士を捨てるところまでゆかないで生きてゆくという形を、多く取っていたと思います。」と述べている。

5 令和二年発行のものでは、教育出版の教科書は「熊谷が発心の思ひはすすみけれ。」までが教材化されている。三省堂、学校図書については掲載部分に変更はない。

6 今回「狂言綺語」の定義については触れなかった。狂言綺語を文学と限らず、音楽も含める解釈が大勢であるが、久保勇（「延慶本『平家物語』の〈狂言綺語〉観――〈物語〉の志向したもの――」『文学　季刊』一九九九）は、「管絃にかかわる〈狂言綺語〉が道理として周知の論理の如く示されるには未だ至っていなかった史的背景が想定され」るので、文学ととるべきだとする。いずれにしろ、笛が「讃仏乗の因」となることに変わりがないため、本稿ではあえて取り上げなかった。

7 佐々木八郎は「物語というものは狂言綺語の道理ではあるが、終には読者に仏教賛仰させる因縁となるのだから感慨深いものだ。」（『平家物語講説』一九三八）と解釈している。また、梶原正昭は「この物語そのものもいくさ物語であり、文学として狂言綺語でありながら、それを読む人々に仏心を目覚めさせたということで、「讃仏乗の因」となったのだと解することも出来ましょう。」（前掲　梶原（一九九九））と言う。

8 全国大学国語教育学会（二〇〇二）『国語科教育学研究の成果と展望』四七頁「国語教育思想の展開」（文責府川源一郎）を参照。

9 高木は、国際理解教育、情報教育において最も重要なことは、異質な文化や価値観に接する際に必要な態度を育成することであり、その態度育成に古典教育の現代的意義があると述べている。

10 田中孝彦（「今日の中学生の知的欲求」『教育』一九九九）は、「生命と生き方の問題は、知的に探求するだけですむはずもないが、知的にも探求しなければならず、彼らはそれをしたいと望んでいる。（中略）にもかかわらず、中学生たちが学校での学習に背を向けるという現象が、実際に広がっている。それは中学生たちの生命と生き方への根元的な問い、そこに根をおく彼らの知的欲求と、今の中学校の学習指導が全体としてかみあわないものになっているところから生じていると考える以外にない。」と述べている。

引用文献

・梶原正昭（一九九二）『古典講読シリーズ　平家物語』岩波セミナーブックス
・佐伯真一（二〇〇四）『戦場の精神史――武士道という幻影』ＮＨＫブックス
・品田悦一（二〇〇一）『万葉集の発明――国民国家と文化装置としての古典』新曜社
・高木信（一九九〇）「熊谷直実の〈まなざし〉――『平家物語』の視点と表現――」『名古屋大学国語国文学』六七
・髙木まさき（一九九七）「教育改革の中の古典教育――あるアンケート調査をもとに――」『日本古典文学の諸相』勉誠社
・田中忍（一九九七）「読書力を伸ばす指導――『平家物語』の授業実践」『月刊国語教育』五月号、東京法令出版
・冨倉徳次郎（一九六七）『平家物語全注釈』角川書店
・ハルオ・シラネ・鈴木登美編『創造された古典――カノン形成・国民国家・日本文学』新曜社
・兵藤裕己文責（一九八二）「敦盛最期」（梶原正昭編『平家物語必携』（別冊国文学　十五）學燈社）
・益田勝実（一九七五）「古典文学教育でいまなにが問題なのか」『季刊文芸教育』十四号（幸田国広編『益田勝実の仕事5　国語教育論集成』二〇〇六、ちくま学芸文庫所収）
・山下宏明（一九八六）「『平家物語』合戦譚の叙法」『文学』五四（『語りとしての平家物語』所収）
・山田昭全・山本幸雄・杉山英昭対談（一九八三）「小特集／平家物語――教材化の工夫」『月刊国語教育』九月号、東京法令出版

第四章 「敦盛最期」単元案――古典学習の構築の視点③

一 諸本比較をしながら定番教材を読み直してみる

学生時代、『平家物語』を研究するにあたって、稿者は諸本比較のトレーニングを受けた。諸本とは、作品の形成・成立過程において発生した様々なバリエーションの本文のことだ。『平家物語』で言えば、覚一（かくいち）本、屋代（やしろ）本、延慶（えんぎょう）本、長門（ながと）本、源平盛衰記などがある。学生時代の稿者は、諸本の多さとその内容の違いの甚だしさに驚き、また同時にその不思議な世界観に魅了されていった。それぞれの諸本で、文体が異なる、状況が異なる、結末が異なる。諸本を比較すると、物語に何が描かれ、何が描かれていないのかが見えてくる。そうすると、なぜ、それを描き、これを描かなかったのだろうという問いが湧き出てくる。そうなってくると、諸本研究のおもしろさに半分足を踏み込んだも同然である。読めば読むほど、比較すればするほど疑問が湧き、『平家物語』研究・諸本研究を進めてしまうこととなる。

では、中学校や高校で扱われた『平家物語』教材の諸本比較を行った時どのような物語の世界が見えてくるだろうか。ここでは中学校の定番教材の一つである「敦盛（あつもり）最期」を採り上げてみたい。この教材を読み直すことを通じて、平家物語の魅力の一端を体感してもらえると嬉しい。

なお、諸本比較の際に扱うのは、覚一本、延慶本、源平盛衰記という三つの諸本である。覚一本というのは、教科書で採用されることが最も多い本文で、いわゆる「語り本」と呼ばれている。かつては琵琶法師の語りの台本あるいは、語りを書写したものと捉えられていたが、最近はこの本も読み物であったと考えられている。延慶本と源平盛衰記は「読み本」と分類される諸本である。延慶本は諸本の中でもっとも古い形を残している諸本として研究上重要な諸本であり、その描かれる世界、物語も魅力的で、ぜひ読んでほしい諸本の一つだ。もう一つの源平盛衰記も変わった諸本で、それぞれの物語に逸話・説話が挿入されることが多く、諸本中最も情報量が多い。今回はこの三つの諸本を中心に、中学校定番教材「敦盛最期」の勘所を読み解いてみたい。

二　直実の判断

義経の鵯越（ひよどりごえ）からの奇襲により一の谷合戦の大勢は決した。平家は海へ敗走。一方、源氏方の熊谷直実（くまがいなおざね）は、獲物を狙う目で海岸に馬を走らせていた。平家の貴公子が、沖に待機している助け船に乗ろうと、海岸へ落ちてくるに違いないからだ。大将首を確実に取ろうという意志を直実は固めていた。手柄を立てることが武士の生活や子孫の繁栄を保障してくれるからである。

そして、予想通りに、助け船に向かう大将軍らしき者を発見する。挑発すると、その若武者はすぐに引き返してきた。組み合う直実と若武者。若武者を組み伏せ、とどめを刺そうとした矢先、直実の目に飛び込んできたのは、十六歳の美しい青年の面立ちだった。その美青年を、直実は息子の小次郎とも重ね合わせる。また、この若武者の父親のことへも思いを馳せた。直実は狂気の戦場の中で、親の情愛を取り戻してしまう。敦盛を助けたい思いにかられ、周囲を確認するが、すでに源氏方の軍勢が迫ってきている。これではこの青年を逃がしようもない。

覚一本「敦盛最期」

熊谷涙をおさへて申しけるは、「たすけ参らせんとは存じ候へども、御方の軍兵雲霞のごとく候ふ。よものがれさせ給はじ。人手にかけ参らせんより、同じくは直実が手にかけ参らせて、後の御孝養をこそ仕り候はめ」と申しければ、「ただとく〳〵頸をとれ」とぞ宣ひける。熊谷あまりにいとほしくて、いづくに刀をたつべしともおぼえず、目もくれ心もきえはてて、前後不覚におぼえけれども、さてしもあるべき事ならねば、なく〳〵頸をぞかいてンげる。

口語訳

熊谷が涙をおさえて申すには、「お助け申そうとは存じますけれども、味方の軍兵が雲霞のようにおります。よもやお逃げになれますまい。他の者の手におかけするより、同じことならば直実の手におかけ申して、死後のご供養をいたしましょう」と申すと、「ただ、さっさと首を取れ」と言われた。熊谷はあまりにかわいそうで、どこに刀を立ててよいかもわからず、目の前もまっ暗になり、正気もなくなってしまい、前後不覚に思われたけれども、そうしてばかりもいられないので、泣く泣く首を斬ってしまった。

本文、口語訳ともに『新編日本古典文学全集』に拠る。引用部分は、名を名乗らず「お前にとってはよい敵だぞ。自分が名乗らなくても首を取って、人に尋ねてみろ。自分を見知った者がいるだろうよ」とだけ語る潔い若武者の姿にさらに心を打たれた直実の言葉から始まる。直実は敦盛の助命が不可能であることをすぐに理解し、直実自身が敦盛の首をとり、菩提(ぼだい)を弔うことを敦盛に伝える。戦場におけるぎりぎりの判断を直実は下さざるを得なかった。

この場面について、結局のところ敦盛殺害に至ってしまう直実に対して「直実も、敦盛をかわいそうだと思ったのなら、殺さないで逃がしてやればいいじゃないか」、「その心境はよく分かるけど、それならなぜ逃がしてやらないのか。味方にどう思われてもいいではないか」と批判する学習者の姿を授業報告の中に見ることがある。こういった学習者の反応は、教育現場ではノイズとして教師には捉えられ、退けられてきたのではないか。あるいは、戦場での裏切りは当然許されなかったという反論が他の生徒から出たり、直実のような勢力の小さい在地領主（小名）などは、大将首を自身で獲得し、その評価によって褒美を得、自身の勢力を維持・拡大していかなければならなかったといった教師による説明がなされるのかもしれない。そうであれば、ひとまずの議論の決着を見るのかもしれないし、「いや、それでも」と議論が続くかもしれない。しかし、直実の行為を批判した学習者の読みをより深い読みへのチャンスとして捉え直すような読みの柔軟さが今の現場には担保されていないように思える。

むしろ作品の読みを深めるチャンスは、一見ノイズとも見える読みにこそある。十代らしいまっすぐな倫理観から、直実の判断に疑問が投げかけられているのだとすれば、「武士とはそういうものだから」、「戦場とはそういうものだ」というありきたりなまとめ方は避け、作品の読みの可能性を追求していくのが、文学を扱った授業の勘所ではないだろうか。

ここで、源平盛衰記に描かれる直実の葛藤の場面を確認してみよう。なお、研究では内閣文庫蔵慶長古活字版『源平盛衰記』を扱うことが一般的だが、ここでは読みやすさを重視し、水戸彰考館が編纂した『参考源平盛衰記』を比較対象として扱っている。直接の引用は、水原一編『新定源平盛衰記』（新人物往来社、一九九一年）からである。口語訳は稿者による。

源平盛衰記「平家公達最後並首共一谷に懸くる事」

暫し押へて案じけるに、前にも、後にも、組んで落ち、思ひ思ひに分取りしける間に、熊谷こそ一谷にて現に組みたりし敵を逃して、人に取られたりと言はれん事、子孫に伝へて弓矢の名を折るべしと思ひ返して申しけるは、「よにも助け参らせばやと存じ侍れども、源氏、陸に充ち満ちたり。とても逃れ給ふべき御身にならず。御菩提をば、直実よくよく弔ひ奉るべし。草の陰にて御覧ぜよ。疎略努々候ふまじ」とて、目を塞ぎ歯くひあはせて涙を流し、その首を掻き落す。

口語訳

しばらく敦盛を組み伏せながら思案をしていると、前でも後ろでも、武士たちが組み付いては馬から落ち、思い思いに首を取り、敵の武具を漁っていた。「熊谷は一の谷で、一度は捕らえた敵を逃し、その敵は他の味方の手に落ちた」など人の噂になることは、子孫の代にも伝わり武士の名折れとなるだろうと思い返し、申すには、「どうにかしてお助け申し上げようとしておりましたが、源氏方は地に満ちております。とても逃れることができる御身ではございません。菩提は直実がよくよくお弔い申し上げましょう。どうぞ草の陰からその様子を見届けください。決してぞんざいに扱うことはございません」と言って、敦盛の目を塞ぎ歯を食いしばり涙を流し、その首を掻き落とす。

「一度は捕らえた敵を逃し、その敵は他の味方の手に落ちた」と人の噂となることが、子孫の代に渡っての屈辱であると判断した直実は「思ひ返して」敦盛の首を切り落としてしまう。直実は、その後、敦盛の首と笛を携えて、息子・小次郎の許に行き、次のようにも言う。

源平盛衰記「平家公達最後並首共一谷に懸くる事」

熊谷は笛と首とを手に捧げ、子息の小次郎が許に行き、「これを見よ。修理大夫殿の御子に、無官大夫敦盛とて生年十六と名乗り給ひつるを、助け奉らばやと思ひつれども、汝等が弓矢の末を顧みて、かく憂き目を見る悲しさよ。たとひ直実世になき者となりたりとも、あなかしこ、後世弔ひ奉れ」と言ひ含め、それよりして熊谷は弥々発心の思ひ出で来つつ、後は軍はせざりけり。

口語訳

熊谷は首と錦の袋に入った笛を手に提げ、嫡子の小次郎の許に行き、「これを見よ。修理太夫殿の子息であらせられて、無官太夫敦盛といって十六歳と名乗りなさったこのお方を、お助け申し上げたいと思ったのだが、お前たちの武士としての行く末までを顧みて、このような憂き目を見ることとなった悲しさよ。たとえ直実がこの世になき者となったとしても、ああ畏れおおいことよ、後世を弔い申し上げなさい」と言い含め、それからして熊谷はいよいよ出家の思いが出てきて、その後、いくさをすることはなかった。

ここでは、特に小次郎以下の子孫への影響（弓矢の末）を鑑みての判断であったことが直実自身によって語られているところが注目すべき点である。源平盛衰記には『熊谷は一の谷で、一度は捕らえた敵を逃し、その敵は他の味方の手に落ちた』など人の噂になることは、子孫の代にも伝わり武士の名折れとなるだろう」という小名熊谷の現実的な判断が記されている。覚一本にはそういった記述はない。他の源氏武士の手にかかってしまうよりは、直実自身が手にかけ、菩提を弔おうと敦盛に伝える運びとなっており、そこに自身の行為が武士の名折れになりかねないと危惧する姿は描かれていない。

延慶本ではどうだろうか。こちらの諸本では、敦盛をかばったことを、土肥から頼朝（兵衛佐殿）に報告されることを懸念する直実が描かれている。なお、以下の延慶本の本文は、延慶本注釈の会『延慶本平家物語全注釈第五本（巻九）』における釈文から引用している。口語訳は稿者による。

延慶本「敦盛討たれ給ふ事　付けたり敦盛の頸八嶋へ送る事」

「土肥が見るに、此の殿を助けたらば、『熊谷手取にしたる敵をゆるしてけり』と、兵衛佐殿に帰り聞かれ奉らむ事、口惜しかるべし」と思ひければ、「君を只今助け進らせて候ふとも、終にのがれ給ふべからず。御孝養は、直実よく仕り候べし」とて、目を塞ぎて頸をかきてけり。

口語訳

「土肥が見ているところで、この若君をお助けしたならば、『熊谷は取り押さえた敵を殺さずに許してしまった』と頼朝殿に聞かれてしまうことは、残念なことだ」と思ったので、「あなたをただ今お助け申し上げましょうとも、結局はお逃げなさることはできません。ご供養はこの直実がよく仕りましょう」と言って、目を塞いで首を斬ってしまった。

延慶本には、敦盛を逃した顛末を、頼朝にまで報告されることを危惧する直実が描かれている。それは現実的で、あるいは打算的な直実の姿と言える。一方、教科書に掲載される覚一本にはそういった人間くさい直実の葛藤は描かれない。唐突に「お助け申そうとは存じますけれども、味方の軍兵が雲霞のようにおります。よもやお逃げになれますまい。他の者の手におかけするより、同じことならば直実の手におかけ申して、死後のご供養をいたしましょう」と言い放つのみである。

ここに、学習者が直実に批判的な指摘をしたくなる原因がある。直実の心情読解を進めれば進めるほど、この最後の判断に納得できない、腑に落ちてこない。覚一本「敦盛最期」は直実の葛藤が曖昧なものとして表現されており、それは結局すっきりしないまま物語は閉じられてしまう。そういう物語であり、そういう表現方法をとっているのである。

三　首と笛

ここまで諸本比較を通じて、直実の葛藤について考えてきた。この直実の葛藤は、敦盛の首の扱いにも影響してくる。もう少しその後の展開について確認してみよう。敦盛の首を斬り、武士（弓矢とる身）のおぞましさを痛感した直実は、悲嘆に暮れ、涙を流していた。

覚一本「敦盛最期」

「あはれ、弓矢とる身ほど口惜しかりけるものはなし。武芸の家に生れずは、何とてかかるうき目をばみるべき。なさけなうもうちたてまつるものかな」とかきくどき、袖をかほにおしあててさめざめとぞなきゐたる。やや久しうあッて、さてもあるべきならねば、鎧直垂をとッて、頸をつつまんとしけるに、錦の袋にいれたる笛をぞ腰にさされたる。「あないとほし、この暁城のうちにて管弦し給ひつるは、この人々にておはしけり。当時みかたに東国の勢なん万騎かあるらめども、いくさの陣へ笛もつ人はよもあらじ。上臈はなほもやさしかりけり」とて、九郎御曹司の見参に入れたりければ、これをみる人涙をながさずといふ事なし。

口語訳

「ああ、弓矢を取る身ほど残念なものはない。武芸の家に生まれなければ、どうしてこのようなつらい目を見ることがあっただろうか」とくどくどと何度も繰り返し言い、袖を顔に押し当ててさめざめと泣いていた。かなりの時間が経ち、そうしてばかりもいられないので、鎧直垂を取って首を包もうとしたところ、錦の袋に入れた笛を腰にさしておられた。「ああ痛ましい。今日の明け方に、城内で管弦をなさっていたのは、この方々でいらっしゃったのだ。今の味方には東国の勢が何万騎かあるだろうが、戦陣に笛を持つ人はまさかあるまい。身分の高い人はやはり優雅なものだ」と思い、九郎御曹司義経の前へお目にかけたところ、この首と笛を見た者で涙を流さない者はいない。

義経（九郎御曹司）に敦盛の笛を見参にいれる場面を学習者が描いた絵を見たことがあるが、そこには、敦盛の首は描かれておらず、笛だけが描かれていた。また、ある教科書には「九郎御曹司の見参に入れたりければ」に「首」の表記はなく、「笛を」とだけ注が付されていたものもあった。

「敦盛最期」は直実が武士という自身の在り方について戦場の真っ只中で疑念をもち、出家への思いを強くしていく物語だが、一方で、敦盛という大将首を獲得した功名譚でもある。功名譚の側面はあくまでも前提であって、それを強調するのは物語を読めていないからだと非難する向きもあるかもしれない。しかし、この功名譚という前提をしっかりと捉えることができなければ、武士という存在を相対化しつつも、決して武士であることをやめるには至らなかった直実の苦悩を読み取ることはできない。大将首を手に入れることが、栄誉であり、軍功である。その首一つ一つによって、弓矢とる身である自分は成り立っている。武士とはそういう死屍累々の上に成り立つ存在なのだ。それを知った絶望が、「ああ、弓矢を取る身ほど残念なものはない。武芸の家に生まれなければ、どうしてこのようなつらい目を見ることがあっただろうか」と直実に嘆かせる。事実、直実はこの悲嘆の後も武士であることを直ちにやめたりはしない。「鎧直垂を取って首を包」む所作には、「身分ある者の首をとった時は、その相手に対する敬意と、よい敵を討ったことの証拠を示す意味もあって、その敵の着用している鎧直垂を切りとり、それで首を包むのがしきたりとされた」（梶原正昭・山下宏明校注『新日本古典文学大系』岩波書店）と言われている。そして、その首は腰に差してあった笛とともに義経に見参に入れられる。この時、平敦盛という大将首の手柄が公に認められることとなる。直実は武士という生き方に絶望しつつも、武士という生き方を継続しているのである。この矛盾、この悲哀、この絶望にこそ直実の苦悩が込められているのではないだろうか。ただ、命を奪うのではない。首を斬るのだ。そして、その首をもって手柄とするのだ。そこに直実の直面する現実と絶望が詰まっているように思う。

四　敦盛の首の行方

首実検が済んだ敦盛の首はその後どのように扱われたのだろうか。覚一本では、その後の扱いについて判然としない。巻第十「首渡」では、一の谷で討たれた平家の首が獄門にかけられることとなるが、敦盛の首の有無については明記されていない。一方、延慶本や源平盛衰記では、敦盛の首は意外なところへ移送される展開となる。

延慶本「敦盛討たれ給ふ事　付けたり敦盛の頸八嶋へ送る事」

直実余りに哀れに覚えて、敦盛の頸を彼の直垂につつみて、篳篥と巻物とを取り具して、「御孝養候ふべし」とて、状を書きそへて、屋嶋へ送り奉る。（稿者中略）「熊谷方」より、修理大夫殿の御方へ御文候ふ」と申して、立文を持ちたり。新中納言此の文を取りて、「熊谷が私文の候ふなる」とて、修理大夫殿へ奉る。大夫殿、此の文を見給ふに、御子の敦盛の御首なり。母北の方、是を見給ひて、舟中に有りとある上下泣き悲しむ事、実にと覚えて哀れ也。

口語訳

直実はあまりに哀れに思い、敦盛の首を彼の鎧直垂に包み、篳篥と巻物も共に付け、「ご供養ください」と書かれた書状を書き添えて、屋嶋へお送り申し上げる。「「熊谷方」から修理大夫殿へ書状がございます」と申して、使いの者は立文を持ってきている。新中納言はこの書状を受け取って、「熊谷からの個人的な手紙のようです」と言って、修理大夫殿へ奉る。大夫殿はこの手紙を読み、（共に送られてきた包みを広げると、）ご子息の敦盛の首であった。母の北の方は、これを御覧になり、舟中のありとあらゆる上下の身分の者も泣き悲しむ様子は、当然と思われて哀れである。

延慶本では、敦盛の首は首実検がなされる前に、屋嶋にいる敦盛の父、修理大夫経盛の元へ篳篥、巻物を書状とともに送り返されることとなる。何のために敦盛の首を斬ったのかと物語の筋として矛盾を感じないでもないが、それはひとまず措いておく。源平盛衰記では、首実検の後、経盛の元へ移送されることとなる。ただ、覚一本のような哀感の漂う首実検というよりは、軍の凄惨さを感じさせる無味乾燥な首実検（むしろ獄門に近いか）の様相が伝わってくる。

源平盛衰記「平家公達最後並首共一谷に懸くる事」

九郎義経は、一谷に棹結ひ渡して、宗徒の首共取懸けたり千二百とぞ注したる。大将軍には、越前三位通盛門脇の子・

蔵人大夫業盛同子・薩摩守忠度入道の弟・武蔵守知章新中納言の子・備中守諸盛小松殿の子・若狭守経俊・但馬守経正・無官大夫敦盛已上三人は修理大夫の子、

口語訳

九郎義経は、一の谷に棹に結び渡らせて、主立った者の首をぶら下げた。その首の数を千二百と書き付けていた。大将軍には、越前三位通盛（門脇の子）、蔵人大夫業盛（同じく門脇の子）、薩摩守忠度（入道の弟）、武蔵守知章（新中納言の子）、備中守諸盛（小松殿の子）、若狭守経俊、但馬守経正、無官大夫敦盛（以上三人は修理大夫の子）、

この首実検の後、修理大夫経盛の元に敦盛の首を送り届ける直実の様子が描かれる。

源平盛衰記「熊谷敦盛の首を送る並返状の事」

熊谷次郎直実は、敦盛の首をば取りぬれども、嬉しき事をば忘れて、只悲しみの涙を流し、鎧の袖を濡しけり。（稿者中略）弓矢取る身とて、なにやらん、子孫の後を思ひつつ、他人の命を奪ふらん。蜻蛉の有るか無きかの身を以て、何思ふべき世の末を、これ程に若くうつくしき上臈を失ひ、嘆き給ふらん父母の心の中こそいとほしけれ。たとひ勲功の賞には預からずとも、この首・遺物返し送り、今一度変れる姿をも見せ奉らばやと思ひければ、実検にも合せ、梟首にもしたりけれども、大将軍に申し請けて、馬・鞍・鎧・兜・弓矢・寒竹の笛、一つも取落さず、一紙の消息状に相具して、敦盛の首をば、父修理大夫へぞ送りける。

口語訳

熊谷次郎直実は、敦盛の首を取ったのだが、その手柄の嬉しいことを忘れて、ただ悲しみの涙を流し、鎧の袖を濡らしていた。弓矢を取る身と言っても、なんであろうか、子孫たちの後の代を思いつつ、他人の命を奪うのだろうか。蜻蛉のように有るのか無いのかといった儚い身を持ち、何を思えばよいのか分からない末法の世の中を、これほどに若く美しい貴公子を失い、お嘆きになるであろう父母の心中こそ痛ましい。たとえ勲功の賞を頂くことできなくとも、この首と遺品を送り返して、今一度変わってしまった姿をお見せ申し上げたいと思ったので、首実検も行い、さらし首にもしてしまったのだけれど、大将軍にお願い申し上げて、馬・鞍・鎧・兜・弓矢・寒竹の笛、一つも取り落とさず、一枚の書状とともに、敦盛の首を父修理大夫へ送った。

「敦盛の首を取ったのだが、その手柄の嬉しいことを忘れて」、「たとえ勲功の賞を頂くことできなくとも」などと敦盛の首が大将首としての価値をもっている点が明言されているところに注目しておきたい。「首実検も行い、さらし首にもしてしまった」ことでその手柄は一度は確定されていたのである。しかし、直実はその手柄がなかったことになるリスクを覚悟で、敦盛の首やその持ち物の一切を、大将軍である義経に申し出て請い受け、書状を添えて修理大夫経盛の元へ移送する。

ここには、子孫にまで責任を持つ小名武士としての直実と子をもつ親としての直実が、矛盾しながらも同居した姿があり、直実と敦盛と、そして敦盛の父である経盛のドラマが描かれることとなる。

五　中学生が「敦盛最期」を読むことの難しさをどう乗り越えるか

最後に、この首の移送の件を導入として活用した授業構想について述べてみたい。

「敦盛をかわいそうだと思うなら逃がしてやればいいじゃないか。味方にどう思われてもいいではないか」。そんな中学生の声が、とある授業報告に記載されていた。中学生が、直実の武士としての、父親としての葛藤や矛盾したあり方に共感することは容易ではない。むしろ、敦盛の潔さにこそ共感しやすいはずである。結果、父親の情愛から煩悶しつつも、結局は敦盛を殺害してしまう直実の姿に批判的になってしまうのは当然のことではないだろうか。一方で、武士とはこういうものだ。戦場とはこういうものだという、自分には関係ない出来事として、まるでゲームの世界の戦いのように武士や戦場を捉えている学習者の実態もあり、直実の心情への共感はますます困難となっているのが、教材「敦盛最期」と学習者の関係の実際のところではないだろうか。

親が子どもに向ける愛情の深さを理解していること。他人の命を奪うことで成立する武士という存在のおぞましさを理解していること。この二つの理解が「敦盛最期」を読み深めるための条件だと言い換えられるかもしれない。もちろん中学生は人の親ではないし、戦場の実態を知るわけでもないが、その二つの条件をクリアしている状態に近付ける手立てを用意してみることを考えてもよいのではないだろうか。

単元の導入の際、教師の次のような語りから始めてはどうだろう。

「一一八四年二月十三日。讃岐国屋嶋（現在の香川県高松市）に停泊していた船団に一艘の釣舟が近づいてきました。こちらから『何事か』と問うと、熊谷直実の使いの者だと言います。詳しく聞くと、熊谷直実から修理大夫経盛殿への手紙を届けにきたのだと言うのです。修理大夫経盛は手紙と大きな包みを受け取りました。経盛は手紙に目を落とします。「おお」という嗚咽とともに、経盛の目から涙があふれ出しました。経盛は、届けられた包みをそっと開きました。そこには経盛の息子、敦盛の首が丁寧につつまれていたのです。」

学習者からは悲痛な声が漏れるだろう。「ひどい」、「なんでそんなことに」、「誰がこんなことを」、「いったい何が起きたのか」。この時、学習者は経盛の感情に寄り添っている。自分の息子の首を眺める父親（母親でもよい）の絶望的な思いを想像するだろう。そして、徐々に治承・寿永の内乱、特に一の谷合戦における一つの物語を読むことが明かされるなかで、戦場の凄惨さや狂気にも胸を締め付けられるはずである。この時、学習者は先の二つの条件を満たす状態に近付いていているのではないだろうか。

「これから経盛の息子、敦盛に一体何が起こったのかを『敦盛最期』という物語を読んで解き明かしていきます。なぜ敦盛は死ななければならなかったのか。そして、なぜ敦盛の首が経盛の元に届けられたのか。それらを読み解きながら、最終的に、みんなには、先ほど読んだ経盛宛の熊谷直実からの手紙、この手紙を書いてもらいます。とても難しい課題ですが、敦盛の父親である経盛の気持ちを慮ることができた今のみんなならきっと書き上げることができるでしょう。」

このような流れで『敦盛最期』を読んだ上で、経盛宛の直実の手紙を書こう」という言語活動を設定する。ここには親の情愛への共感を促し、戦場の凄惨さを理解するというねらいとともに、父親経盛への共感が「敦盛最期」を読むなかで、父親直実の葛藤への共感へと転化しうる可能性や期待も込められている。

手紙に書くべき内容としては、「事件の展開」、「直実の心情（の変化）」、「直実の立場や考え」、「経盛への謝罪（これは有無も含めて）」などが挙げられるだろう。手紙を書く活動を通じて、「敦盛最期」の読みをそれぞれの学習者の解釈も含めつつ深めることができるはずである。単元の終盤では、それぞれの手紙を読み合ってもよいし、延慶本や源平盛衰記などその他の諸本の直実の書状を紹介することも考えられる。

導入が衝撃的すぎると批判する向きもあるかもしれない。しかし、その批判は、そもそも「敦盛最期」が殺人場面を読んでいるのだという事実とはどう向き合っているのだろうか。学習者への配慮という点からも批判があるかもしれない。だが、この批判も「敦盛最期」の殺人シーンは読ませ、時には、音読をさせても問題なしとする姿勢とどのように整合性をつけるのだろう。

「敦盛最期」は人が人を殺す物語である。そのことをどれだけ直視するかに、この文学教材の可能性がある。我々は軍記を教材として扱う際にそれだけの覚悟や哲学をもっていただろうか。かつて、軍記研究者の梶原正昭は、その最終講義で「軍記物語研究には哲学が欠けていた」と反省の弁を述べた。戦争をどう捉えるのかという根本的な問いがこれまでの軍記研究には欠落していたというのである。同様の危機感が軍記の教材研究や指導観にも必要である。また、それは、ここでは言及するに至らなかった、「敦盛最期」同様中学校の定番教材である「扇の的」や高校教材の「木曾最期」にも、さらには古典に留まらず戦争文学全てに通ずることでもあるだろう。

コラム❸「古典探究」の指導事項を分析する

古典教育・古典学習に関する文献を読んでいて違和感があるのは、指導事項についての議論がほとんどなされないことである。もちろん、学習指導要領の解説を読めば授業が即座に立ち上がるわけではない。学習指導要領の記述が及ばない部分は教員自身が補完していく必要がある。ただ、古典教育・古典学習の議論の基点をどこに置くのか、それ自体が不安定な状態では建設的な議論はできない。それを批判するにせよ、具体化するにせよ、学習指導要領の文言を前提に議論を行うことで、一つ一つの指導事項から、どのような視点で教材研究を行うべきなのか、どのような授業を構想するべきなのか、対象となっている指導事項にはどのような課題があるのか、見落とされている指導事項はないのかなどの授業構想論が議論できるはずである。

その試みとして、ここでは新科目である「古典探究」の指導事項を取り上げながらこれからの古典学習の方向性について考えてみたい。

まず、その指導事項を眺めて思うのは、「古典A」、「古典B」と比べて指導事項の数が大幅に増えていることである。もちろん、二単位の「古典A」と比べて、四単位の「古典探究」の指導事項の方が多いのは当然だが、それでも「古典A」の指導事項は四、「古典B」の指導事項は五、「古典探究」は十六である。四単位である「古典B」の指導事項よりも三倍以上の数の指導事項が「古典探究」には用意されている。これは単位だけの問題ではなく、科目内容の構成、指導事項の設置の仕方において大きく変化があったためである。一つは〔知識及び技能〕に関する指導事項が明記されているためであり、もう一つは「読むこと」の学習過程に沿った指導事項を隙間なく明記したためである。

さらに付け加えると、今回の平成二九年、平成三〇年の学習指導要領の改訂では、小学校、中学校、高等学校の指導事項の系統性が強く意識されている。例えば、「古典B」には語彙（指導事項ア）や伝統的な言語文化（指導事項オ）に関わる指導事項はあったものの、〈知識及び技能〉のような明確な枠組みをもっていなかった。それが今回、〈知識及び技能〉の指導事項が八項目位置付けられ、それぞれの指導事項が小学校国語、中学校国語、高校の「現代の国語」と「言語文化」との系統性の中で位置付けられることとなった。

なお、『解説』の三二六頁からは「教科の目標、各科目の目標及び内容の系統表（高等学校国語科）」が掲載されている。系統表と呼ばれているもので、ここには、各科目の指導事項の関係性（系統性）がマトリクスの状態で示されている。「古典探究」の〈知識及び技能〉については三二八頁、三二九頁に示されている。

〈知識及び技能〉は、（一）言葉の特徴や使い方に関する事項、（二）情報の扱い方に関する事項、（三）我が国の言語文化に関する事項、の三つにさらに分類分けされており、「古典探究」で指導が求められるのは（一）と（三）の八項目である。

〈思考力、判断力、表現力等〉には、「読むこと」の学習過程（構造と内容の把握、精査・解釈、考えの形成、共有）に沿って八つの指導事項が設定されている。これは古典を読むことを通じて読む力を育てることを目指さなければならないということである。当たり前のようにも聞こえるが、例えば「精査・解釈」の読みの段階では、「文章の構成や展開、表現の特色を評価する」ことが求められたり、「作品の価値について考察する」ことが求められていたりする。これは品詞分解、現代語訳、内容理解と言った従来型の古典の授業パターンでは、達成できない指導内容である。さらに言えば、古典学習の指導において、古典を読解できる力を育てることは無論重要だが、それだけが古典学習ではないということがこの「古典探究」では示されているのである。

「高等学校学習指導要領比較対照表」によると、「古典探究」で新設された指導事項は、「読書」の指導事項一つのみとされているが、それは分類項目として「読書」が新設されたということをもっての新設という意味で、他の指導事項の多くも事実上の新設と考えてよいだろう。その上で、それぞれの指導事項に対応した授業を教師はイメージをしなければならない。

「古典B」における「読むこと」に該当する指導事項は三項目であったものが、「古典探究」では八項目となっている。「古典探究」の「読むこと」のア、イのように、「古典B」の指導事項イが細分化された形のものもあるが、基本的には新たな指導事項、学習過程が位置付けられていると考えるべきである。今後の古典学習論、古典教育論はこの「古典探究」の指導事項の指導内容の拡大についても視野に入れた議論が必要となる。

例えば、「新設」とされた読書の指導事項〔知識及び技能〕（2）エ「先人のものの見方、感じ方、考え方に親しみ、自分のものの見方、感じ方、考え方を豊かにする読書の意義と効用について理解を深めること。」は、従来の古典学習＝古文読解という枠組みからすれば明らかにその枠組みの外にある指導事項だろう。この際に、原文そのものを読むことはもちろんだが、「古典についての解説や現代語訳なども必要に応じて参考」にすることにも触れ、古典学習を通じて、「読書の意義と効用について深く認識」させ、「生涯にわたる主体的な読書へとつながるような指導をすることが重要である。」とする。これは言い換えれば、古文そのものを読む姿はもちろんのこと、古典の注釈書や解説書、現代語訳等を読書する姿も、古典に親しむ姿として捉えているということである。

古典学習＝古文読解ではなく、古典学習の指導事項の重要な内容として古文読解がありつつも、古文（原文）読解以外の指導内容も視野に入れながら、バランスのとれた古典学習の単元観を作りあげることが求められている。生涯学習の観点からも、古文読解ではない古典への接近、親しむ方法・可能性を学習者に手渡すことも指導の方法論として検討していきたい。

引用文献

・文部科学省（二〇一九）『高等学校学習指導要領（平成三〇年告示）解説』東洋館出版社
・文部科学省「高等学校学習指導要領比較対照表【国語】」https://www.mext.go.jp/component/a_menu/education/micro_detail/__icsFiles/afieldfile/2018/07/13/1407085_2.pdf（二〇一九年九月二九日閲覧）

第三部

史料

第一章　落合直文『中等国語読本』の編集経緯に関する基礎的研究

――二冊の編纂趣意書と補修者森鷗外・萩野由之

一　落合読本研究の現状と課題

落合直文『中等国語読本』は、明治期のロングセラーとなった著名な教科書の一つである。落合直文編纂の読本を研究対象として扱うのは、明治期から大正期にかけて、何度も改訂を重ねつつ、長く定番教科書として読まれたという点のみならず、落合自身が明治期中等国語教育の在り方を決定づける役割を担った一人でもあり、近代の文体の在り方についても積極的に運動を行った人物でもあったからである。

すでに田坂（一九七四）や浮田（一九九九）、八木・辻（二〇〇九）、菊野（二〇一四、第一部第六章に該当する）による落合読本への言及があるが、その編集姿勢や改訂状況については議論の余地が残されている。特に、『中等国語読本編纂趣意書』（以降、『趣意書』と略記する）と『訂正中等国語読本編纂趣意書』（以降、『訂正趣意書』と略記する）は、落合の編纂意図を明らかにする一次史料である。まずは、この二つの趣意書の概要を把握することが必要である。

また、落合読本は、落合死後以降の改訂も含めて数えると十三種の読本が存在する。落合死後に補修者として名前があがったのは、明治書院編集部・森鷗外・萩野由之・金子元臣らだが、それぞれがどのように編集に関わったのかということについては、補修者としての名前の有無のみで即断することには注意を要することも明らかになってきた。

本章では、そういった基本史料の整理や編集者・補修者による記録等の確認を通じて、落合読本研究を進めるための情報の整理を行っていきたい。

二 『中等国語読本編纂趣意書』

落合読本を改訂順に並べると次のようになる（なお、次に示されているのは検定を通過した読本であり、実際には検定通過以前に発行された読本も存在しているが、それらはここには含まれていない。書名の下に示されているのは検定通過日である）。

①『中等国文読本』明治三〇年三月四日
②『中等国文読本』明治三一年十一月二四日
③『中等国文読本』明治三二年三月九日
④『中等国文読本』明治三四年六月十七日
⑤『中等国語読本』明治三五年二月十四日
⑥『訂正中等国語読本』明治三六年十一月二八日
⑦『再訂中等国語読本』明治三九年二月二二日
⑧『新訂中等国語読本』明治四二年二月一日
⑨『修訂中等国語読本』明治四五年一月十八日
⑩『改訂中等国語読本』大正二年十二月十一日
⑪『校訂中等国語読本』大正六年一月十九日

⑫『新定中等国語読本』大正十年十二月八日

⑬『中等国語読本新修一版』大正十五年二月十七日

趣意書が書かれているのは⑤の『中等国語読本』と⑥の『訂正中等国語読本』である。まずは、⑤の『中等国語読本』の『趣意書』を取り上げる。

落合は、読本編纂の際の目的を四つ提示しているが、その前提として「文部省の教授細目の趣旨に従」っていることを断っている。教授細目とは、明治三一年に示された「尋常中学校国語科教授細目」（以下、「教授細目」と略記する）のことである。「教授細目」では各学年において取り上げる教材を時代別に配置しており、落合読本に限らず、同時代の中等読本の編纂方針は、その範囲内で工夫を凝らすこととなった。

その上で、知識の啓発、徳性の涵養、読書力の養成、作文の修練の四つが読本の編纂目的であるという。ただ、この四つの目的を達成する読本編纂には困難がつきまとったことが各項目に縷々述べられている。

「知識の啓発」の項では、社会に関する全ての知識について取り扱うことを目的としている。ただ、当時の日本においては、名文章と言えるものが、例えば、科学の領域においてはいまだ存在せず、他の領域でも「読本に収め得べきほどの文章を発見すること能はざる」ことだった。また、「みづから、読本に収むために、筆を、その問題の上に染めむことは、不能のこと」でもあった。結局、当時の各領域における最新の情報を扱った文章を教材とする方針は採られず、各領域に関わる「古の歴史」、「英雄偉人の伝記、逸話」、「交通等の変遷」などの歴史的な教材を扱うこととした。また、翻訳文も同様の目的のために採用したという。

「徳性の涵養」は、従来の読本が欠いてきた「一大要件」であり、苦心を重ねた部分であるという。教材はなるべく実例、具体的なものを扱うことに注意をし、そのための手段として、ここでも翻訳文を扱ったことを断っている。慈善・立志、公徳とともに忠臣、孝子、義士などの日本的徳性に関する内容を扱った素材も漏らしていない。

「読書力の養成」の項では、現代文の読書が目的であるとしつつも、四年生時、五年生時では、近世の擬古文や中世の文章も加えているという。その理由は高等学校との連絡やその入学試験対策という意味だけではなく、やはり擬古文・中世文も読み取る力がなければ「普通学を修めたるものといひ難」いからだという。「普通学」とは一般教養といったほどの意味だろうか。戦記文（軍記）、謡曲、消息文、歌、俳句などを採用しつつ、現代文、擬古文、中世文との「連絡」を確保することにも努めたという。文体の「連絡」については、『趣意書』の後半の留意点でも再度論じられていることである。該当箇所を引用すると次のようにある。

その四は、文章の形の上の連絡なり。蓋し、我が国における文章は、時代文と、古文との間に非常の相違あり。また、時代文の間においても、その体、非常に相背馳せり。されど、それを、たゞ、材料のまゝに連絡せしむには、文体の激変といふこと、到底、避くべからず。余は、いかなる場合にも、この文体の連絡といふことを、重視せり。これは、余の、本書編纂につきて、至大の苦心を費しゝところなり。

内容と文体の両者の「連絡」を意識した編纂は、そもそもの教材自体が不足していた当時において、大変「苦心」があったことは確かだろう。落合の読本編纂への強いこだわりが現れている。

「作文の練習」の項では、各時代の文章は、「生徒の模範となるべきもの」を選び、叙事記事から論文調の文章へと学年が進むにつれて配列したという。また、係り結びなどの文法事項によって作文学習の効率が悪くなることを考慮し、初学年には口語文を充てている。また、教材の中に「文話」と呼ばれる文章論が掲載されているのも作文の学習を目的としているためである。

以上、読本における四つの目的について解説が加えられた後、留意点が六点述べられている。「時代文の上に関すること」、「文章の趣味」、「材料の上の連絡のこと」、「文章の形の上の連絡」、「漢文の上につきてのこと」、「時代文にかぎり、或は、削り、或は、加へたること」の六点である。

それらの概要についてごく簡単に述べると、「時代文の上に関すること」は、同時代の文章の多くが教材として不適格であることを指摘している。「文章の趣味」は、教材として学習者にとって価値ある「趣味多き」「具象的」な文章を扱ったことを述べている。森鷗外や坪内逍遙の文章が採用されているのはそのためだという。「材料の上の連絡のこと」は、教材の内容の連動とともに文体の難易度の変化についても注意をし、また、季節に関わる内容は、学習時のタイミング（季節）との関連も意識したことを指す。「文章の形の上の連絡」では、「時代文と古文との間に、非常の相違」があることを認めた上で、教材の配列に連続性（連絡）があるように注意したことを述べている。「漢文の上につきてのこと」では、漢文は基本的に扱わず、熟語術語を多く採用する程度にとどめたことを断っている。「時代文に限り、或は、削り、或は、加へたること」は、いわゆる一部改変についてのことわりである。

留意点の中で最も筆が費やされた「時代文の上に関すること」について、少し付け足して述べておきたい。「余は、前にもいへる如く、知識の啓発といふ上よりも、又、作文の模範といふよりも、つとめて、時代文をとりたり。」とあり、時代文を読本に積極的に採用したとしている。また、読本に採用した以外の文章で収められる資格のある時代文はないと落合は言い切る。ここには、自身も同時代の文章改善に力を傾けた文章家としての矜持が見られる。読本編纂における文章の水準に関する視点を示した内容として重要なので次に引用する。

あからさまにいへば、余は、まことに、時代文の上に少なからぬ失望をなせり。おほかた、世の作家といはれ、名文家といはるゝほどの人々の文章、余は、あまねく、これを閲みせり。かくて、余は、そこに、いくばくの名文章をも、発見すること能はざりしなり。（中略）人をさしていはれねど、ある人の文章の如きは、一読、時に、百句の長に亘り、人をして、茫然として、その前後の脈絡をさとるに、苦ましむることあり。又、ある人の文章の如きは、説明の詳細といふことをつとめて、重複の章句多く、全体の文脈一貫せざるものあり。

引用したのは一部であるが、落合の教材探しの苦しみや憤りが垣間見える。「読本の材料として、筆を執りしにもあらぬもの」を難じることに無理があることを承知しながらも、読本教材に足る文章があまりにも不足している現状に対して落合はいらだちを隠さない。ここでは明示していないが（『訂正趣意書』では必要にせまられて自身の創作文章を教材化したと明言している）、落合自身の自作の文章が読本に散見されるのは、こういった教材不足の現状認識からすれば、当然のことであっただろう。

三　『訂正中等国語読本編纂趣意書』

『訂正趣意書』も基本的な記述方針は『趣意書』と変わらない。読本の目的として、知識の啓発、徳性の涵養、読書力の養成、作文の修練の四つを掲げている点も同じである。ただ、それぞれの目的をさらに項目分けして、より丁寧な整理が行われている。『訂正趣意書』の全体の構成は次の通りである。

【知識の啓発】

一　他の学科との連絡

二　材料の内容の重視

三　文学史との連絡

【徳性の涵養】

【読書力の養成】

一　時文の重視

二　文体の上の注意

三　用字用語の上の注意

四　章句の上の注意
五　辞様の上の注意
【作文の修練】
一　文章法の上に関する注意
二　文体の上の注意
【材料の排列】
一　内容の関係
二　時季の関係
三　文章の格調の関係
【分量】

【知識の啓発】では、他の学科との関連性をもつために、「既に、生徒の学び得たる事物につきて、特に、その中の必要なる問題を選びて、以て、その上に、なほ、一層の新知識を付加せむこと」に努めたとされる。また、修身科との連絡は特に意識したことであり、それは次の【徳性の涵養】とも関わることである。「ビスマルクの幼時」といった教材のように、実例の材料を用いる一方、談理、訓戒のような抽象性の高いものは省いたという。『趣意書』にもあったように、落合は教材となる文章の不足を嘆いており、その不足状況は『訂正趣意書』の段階でも改善してはいない。そこで、落合は次のような編纂方針を採ったという。

余は、いかなる場合にありても、文の形式を軽視すること能はず。若し、しかせむには、作文の修練といふ一大綱目は、全く、こゝに、その根底を失はむ。これ、既に読本としての生命なきものにあらずや。さればとて、余は、又、その内容をも、軽視すること能はず。知識の啓発といふ大綱は、こゝに、その根底を失ふべければなり。こゝにおいて、余の困難は、層一層の困難を加へ来らざるべからず。その苦心の結果として、あらはれたるは、材料の大刪修なり。創作、訳文の出現なり。

作文の修練と知識の啓発という目的のために、教材の改変、落合自身の手による創作や翻訳によって、より適切な教材編集、作成を行ったことをここで断っている。文学史との連絡については、中学校教授要目（明治三五年三月十五日）に提示された鎌倉時代以後の作品を網羅し、「生徒は、この上において、わが国民として、知らざるべからざる、わが古来の作物、及び、作家につきて、その一班を窺ふこと」ができるように編纂したという。

【徳性の涵養】については、『趣意書』とほぼ同内容と言える。「具象例の実例」を扱い、徳性の涵養を促すように配慮している。

【読書力の養成】については、文体との関連の中で述べられている。落合はこの項の中で次のように述べる。

所謂国文といふ名のもとに意味せられたる、古文、擬古文によりて、迂疎なる文章になれしめむとせし時代は、既に、過ぎて、時文によりて、実用的の文章になれしめむとする傾向は、はやく、二三年前より起りたり。こは、今、こゝに、あらためて、説明するまでもなかるべし。いふまでもなく、余は、時文を重視したり。

時文（現代文）を重視する立場は、『趣意書』と同様であり、その内容を読書力と関わらせて論じている。なお、「迂疎なる文章」である古典教材についても以下のように触れられている。

余は、三年級以上においては、近古の文を取り、擬古の文をも取りたり。これ既に、教授要目の指定せる所なるのみならず、また、高等の学校に進むべき、予備科といふ形をなせる、現時の中学校の教科の上より、その上の読書力をも養はざるべからざる必要を認むればなり。

『趣意書』では、受験などの都合のみならず、「普通学」を修める必要性の中で古典を掲載することが述べられていたが、ここでは、「予備科」という言葉は見える一方で、「普通学」に関する叙述はない。表現だけを見ると、古典教材は、教授要目の求めと、進学の都合で掲載したとさえ読める。

その他に、記事や叙事から始まり、論説文へと移行するといった教授要目の指示に従ったこと、漢字の表記は正字に従ったこと、初学年には単文で組織された文章を配置し、徐々に複文へと移行するように配慮したこと、修辞が使用される文章は可能な限り、高学年に配置したこと、などが説明されている。

【作文の修練】でも、文章家としての落合のこだわりを読み取ることができる。「文章法の上の注意を欠きたる例」と「章句の接続、文の接続の上の技巧と法則」とを軽視した例が続々と現代文で現れている現状に警鐘をならしつつ、自身の「材料の刪修」ではその点に最も苦心したと述べている。文体については、平易から複雑な文章へと段階を経て移行していくことに努めたこととともに、記事文、叙事文、論説文、解釈文などの全ての文種にわたるように配慮したという。そしてそれらは当然のこととして「文体の模範」となるものを編纂しているという。

【材料の排列】では、各教材の内容の関連性、学習時期と内容の関連性、文章の性質が教材が移るごとに著しく変化しないように配慮したことなどが説明されている。

【分量】とは、読本の教材の量のことだが、前回の『中等国語読本』の分量については、多いという声も少ないという声もあったという。そこで不足という声の方を重視し、また、国語の時間数が増加したことも受け、教材量を増加させたという。

以上、『趣意書』及び『訂正趣意書』の概要を整理してきたが、ここで明らかになった読本の編纂姿勢には、単に落合読本の分析のみにとどまらず、他の同時代の読本分析にも有効な観点や注視すべきポイントが幾つも見出される。

四　『中等国語読本』の補修者たち

山本正秀（一九六五）によれば、明治三三年から明治四二年は、言文一致運動の「確立期」と位置付けられ、明治四二年以降の「成長・完成前期」へと移行しようとする時期である。すなわち、いわゆる普通文とよばれる近代文語文が文章表現の中心にありつつも、一方で小説媒体では言文一致体の使用に定着が見られ、小学校の国語読本においても言文一致体の使用が中心となる時期である。第一部第六章で指摘したように、中等国語読本において、最初に言文一致体を掲載したのが、落合編集の『中等国文読本』（明治三二年検定本）であった。その後、改訂を重ねるたびに徐々に言文一致体の掲載量も増加していくこととなる。ただし、その増加傾向は緩やかなもので、明治三〇年代はいまだ普通文が教科書の文体としては中心を占めている状況は保持されたままだった。大正期ともなると中等国語読本においても言文一致体によって記された教材が多くを占めることとなる。稿者は、この国語読本における普通文から言文一致体への移行の時期、すなわち明治三〇年から大正期にかけて、かつての文範としての古典教材の地位の推移について関心をもって考察を重ねてきた。落合読本の教材内容の変遷に注目することで、そこから文体の移行期において古典教材観の変遷の様子を捉えられると考えるからである。

明治三六年十二月に落合直文は四二歳でこの世を去った。ただし、『中等国語読本』は、他の人間が補修者として、ロングセラーを支えていくこととなる。落合が『訂正趣意書』を書き終えたのは、後書きの日付によると明治三六年十月五日である。『訂正中等国語読本』自体は同年十一月に検定を通過する。落合がこの世を去ったのは、その翌月のことだった。先に示した改訂順に示したものを見ると、①から⑥まではもちろん落合が編纂者である。落合死後以降、最初の改訂版は⑦の『再訂中等国語読本』である。これの補修者は、奥書には、明治書院編集部とある。さらに⑧の『新訂中等国語読本』では、森鷗外と萩野由之の名前が補修者として記載されている。その後、⑫の『新定中等国語読本』まで森鷗外と萩野由之の名前が補修者として記載され続ける。最後の⑬では、補修者は、金子元臣に変更される。

ここでは、落合死後に森鷗外と萩野由之が補修者となった経緯について少し考察を加えたい。明治書院『明治書院百年史』（一九九七）には次のようにある。

その時代状況のなかで（引用者注：明治二六年代の森鷗外「舞姫」、幸田露伴「五重塔」、高山樗牛「滝口入道」、落合直文の「あさ香社」発足、樋口一葉「たけくらべ」などのロマン的で革新的な時代風潮を指す）、三樹一平は同世代で遠縁に当たる落合直文を識る。当時、落合直文は三十代半ば、既に歌の作法書として著名な『新撰歌典』などを刊行し、明治二十五年創刊の「歌学」において和歌革新を唱えるなど短歌界の一方の雄であり、国文学会の泰斗である。第一高等学校・東京専門学校（早稲田）・國學院などで教鞭をとりつつ、国文学の革新にも情熱を注ぎ、教育者として新しい国文体の形成に腐心していた。そして、彼は、その実践普及のために、彼の思想を純粋に理解してくれる国語国文の出版社を必要としていた。やがて落合は、小林（引用者注：小林義則。落合は役所の教育主任の仕事を辞めたのち、師範時代の恩師である小林が経営する文学社に入社していた）のもとにいる三樹一平に改めて注目し、その志を述べ独立を強く勧めた。その落合の考えと自己の抱負の一致に一平は感奮し、神奈川県師範学校の後輩で同郷の「異体同心」といわれた鈴木友三郎の熱心な協力を得て、落合の理想を具現することに意を決した。

落合と明治書院社主・三樹一平は国文学および国語教育の理想実現を目指した運命共同体のような間柄だったことが分かる。しかし、明治三六年十二月には、落合直文は四二歳でこの世を去ることとなる。落合死後直後の改訂は、「明治書院編集部」が補修に当たったが、さらに次の改訂では、補修者として森鷗外の名前が出てくることとなる。この経緯について、明治書院『明治書院百年史』（一九九七）では次のようにある。

落合直文という精神的文柱をなくした一平の空白を埋めてくれたのはやはり同世代の森鷗外であった。「鷗外日記」に一平の記述が見られるのは、当時陸軍軍医総監・医務局長であった明治四十一（一九〇八）年十月二十日が最初である。その日の日記には「夜与謝野寛と明治書院の社主と来て、落合直文が編みし読本に著名することを求む。」とある。以後、一平は「鷗外日記」に八回にわたって登場してくるが、その記述から鷗外の一平へのあたたかな気持ちが伝わってくる。間もなく鷗外は約束通り落合の「中等国語読本」の改訂編集に着手し、明治四十四年「修訂中等国語読本　一―一〇」として落合直文・森鷗外・萩野由之の三人の名前で公刊した。この日本語に精通した大作家が一出版社に肩を入れたのは一平という人物を抜きにしては考えられないことである。この教科書は改訂・校訂・新訂と改訂編集された大正十（一九二二）年まで刊行された。落合がこの世を去っても、なお二十年間使われた大ベストセラーであった。

この記述には幾らか誤解がある。鷗外の名前が確認されるのが、「修訂」からとあるが、鷗外の名前は一つ前の改訂本の明治四二年の『新訂中等国語読本』から確認される。また、「大正十（一九二二）年まで刊行された」とあるが、『中等国語読本新修一版』まで含めて考えると大正十五年までの刊行となる。

それはともかくも、鷗外の日記内容を改めて確認すると明治四一年十月二十日(火)の日記には次のようにある（本文は『鷗外全集』著作編第二〇巻による）。

二十日（火）。牛時御殿山日比谷平左衛門の別荘に往く。米艦隊の軍医を饗するなり。夜与謝野寛と明治書院の主人と来て、落合直文が編みし読本に署名することを求む。大高信蔵が十九日大津にに病没せしを弔す。

与謝野寛（鉄幹）はこの時、明治書院の編集長を務めていた。落合の死後にも『再訂中等国語読本』が明治三九年に検定を通過しているが、その編著者名には「故落合直文」、補修者には「明治書院編集部」とある。この時には編集長であった与謝野が関わっていたことは間違いないだろう。

与謝野と明治書院初代社長の三樹一平が鷗外に「署名」の依頼にきたのは、『再訂』の次の版である『新訂中等国語読本』（明治四二年二月一日検定通過）についてである。ただし、この日記の内容の解釈を「間もなく鷗外は約束通り落合の「中等国語読本」の改訂編集に着手」（明治書院〔一九九七〕）としたり、「落合直文の死後、教科書の改訂を鷗外が引き続いて行った」（浮田〔一九九九〕）と即断したりすることには疑義がある。というのも、十月「二十日（火）」の日記以降、教科書補修に関する記載が一切確認できないのである。鷗外はほぼ毎日日記を残しており、当時の鷗外の多忙な様子が伝わってくる。脚本の執筆や作品の校閲について記されている一方で、教科書補修に関する記載はない。また、「著名」のある『新訂』の奥書には次のようにある（底本は、広島大学図書館教科書コレクション本『新訂中等国語読本』巻五）。

明治三十九年二月十六日再訂第二版印刷
明治三十九年二月二十日再版第二版発行
明治四十一年十一月一日新訂改版印刷
明治四十一年十一月四日新訂改版発行
明治四十二年一月二十五日新訂再版印刷
明治四十二年一月二十八日新訂再版発行

「署名」が依頼された十月「二十日（火）」の翌月一日には『新訂』は印刷、四日には発行がされているのである。以上のことをふまえると、「署名」は文字通り署名にすぎなかった可能性がある。少なくとも、『新訂』については鷗外は読本の補修者として中心にあったとは言えまい。恐らくは、前版から補修に関わった与謝野寛を中心とする編集部が中心にあったのだろう。鷗外と落合読本の関わり方について論じる際には、以上のような経緯を踏まえた上での慎重な議論が求められるのである。

なお、もう一人の補修者萩野由之については、補修にどれほど関わっていたのかを傍証するような資料を見いだすことはできなかった。萩野自身は読本編集の経験もあり、[*1] また、文体観も落合と近い考え方をしている人物なので、落合の後継としては申し分のない人物である。

補足として、萩野と落合の関係についても整理しておきたい。萩野と落合の関係は東京大学古典講習科の第一期生時代から始まり、その後、折に触れて大きな仕事も共に行っている。明治二二年五月には、日本文章会が発足したが、そのメンバーの中には落合、萩野の名前がある。[*2] 当会は、『文章会』という雑誌を二集発行した以降の動きは認められないが、会員各自が理想と考える普通文の文章を持ち寄り、それを掲載し、当時の文章の混乱状況に一定の方向性を提示しようと試みたのであった。[*3] 明治二三年には落合、池辺義象とともに『日本文学全書』全二四巻を編纂した。さらには、『新撰歌典』を落合直文、小中村義象、萩野由之、増田于信の四人で編纂もしている。この『日本文学全書』と『新撰歌典』については、落合への追悼文の中で、萩野自身も回想している。[*4] また、明治期の中等国語科教育の枠組みを形成した「国語科研究組合」のメンバーとして落合、萩野両名の名前が確認される。[*5] この「国語科研究組合」が公にした「尋常中学校国語科の要領」(明治二七年)は、最終的に明治三五年の中学校教授要目の土台ともなる極めて重要なものとなった(第一部第三章)。

以上を踏まえると、補修者として実際の実務を行ったのは、萩野なのではないかという可能性も考えられるが、推測の域をでない。資料的な限界があり、改訂の際の各人の関わり方についてはつまびらかにできないことが多い。ここでは、その可能性について言及するにとどめておきたい。[*6]

五　古典教育のゆらぎはまだ確認できず

当時の文体の混乱、教材になりえる素材の不足の中で、それらを統合し、一つの読本の中に配置する作業に苦心した落合の様子に思いがめぐった。稿者の興味である古典教材の把握については、古典も一つの文体でしかなく、それらをどう配置するのかということに落合の関心はあり、古典の学習がどのような価値があるのかということをつまびらかにすることには、それほどエネルギーは費やされていない。これは古典の文範性が一定程度担保された上でのことであったからと考えることもできよう。例えば、大正期になると言文一致運動の進展のみならず、政治的状況も大きく影響し、古典教育には「国民的性情の陶冶」といった言葉が貼り付けられるようになり[*7]、国民教育・徳目教育的な根拠が与えられることとなる。落合の編集における苦悩にはまだそういった時代の影は感じられない。古典から文範としての価値が喪失し、国民性の陶冶といった言葉とともに古典が積極的に語られるのはもう少し時間の経過が必要であった。

注

1　『中等教育作文法』（明治二五年）、『中等教育日本歴史』（明治三一年）など。

2　日本文章会（明治二一年五月結成）
　発起人　高崎正風　西村茂樹　西周
　幹事　小中村義象　萩野由之　丸山正彦　関根正直　佐藤定介
　会員　小中村清矩　黒川真頼　前田健二郎　木村正辞　阪正臣　中村秋香　落合直澄　落合直文　村岡良弼　大槻文彦　物集高見

3　山本正秀（一九六五、七五一頁）は日本文章会の活動について次のように総括している。

要するに日本文章会は、明治二一、二年頃に国文学畑に起こった新和文体普通文運動で、まだその実態は、さして魅力的でなく、その反響もさして大きかったとはいえない。しかし時代の風潮は、この年頃から次第にいわゆる擬古典主義の色調を加え、やがて二三年秋頃からそれを背景に落合直文らの新国文運動が大きく展開されるに至ったのを見ると、日本文章会の意義は、結果から見て、新国文主義の前奏曲的役割を果たしたものと見てよかろう。

4　『萩の家主人追悼録』明治三七年

5　『大日本教育会雑誌』一五〇号、明治二七年

本組合員ハ現今左ノ十四名ナリ

今泉　定助　畠　山　健　萩野　由之

嘉納治五郎　高津鍬三郎　那珂　通世

落合　直文　安井小太郎　松井　簡治

小中村義象　吾妻　平二　三上　参次

三宅　米吉　関根　正直

6　田坂（一九七四）は、中等国語読本における鷗外と萩野の関わりについて、示唆的な考察を残している。

森はこの教科書で三十四年の本にあった自分の作品中「野路の夕ぐれ」以外をすべて削除し、「即興詩人」からの「ベスビオ」を加えた。（これはここが初見ではなく、すでに吉田弥平が三十九年にその「中学国語教科書」に採り上げている。）また鳴雪や虚子や子規に伍して「ならびたつ鐘楼鼓楼はるの風」の句を巻六においた。鷗外の俳句というのは珍しいものであろう。萩野は落合と同年輩で、東大古典講習科で落合と同窓であり、小中村義象とならんで「新進の三羽烏と目された国文学者であった」（明治書院刊「現代日本文学大辞典」の記載に拠る）とすれば、かれがこの教科書に関係するに至ったのはきわめて自然なことであるのかもしれないが、それにしては、萩野自身のものがここに皆無に近いことが多少気になる。

7　例えば、保科の次のような発言がある（保科孝一〔一九一九〕「国文学の教育に重を置け」『国語教育』第四巻五号）

国民的性情の陶冶は祖国に固有な文学と言語によつてはじめてその目的が達せられるのは言ふまでもない。近来国語教育の絶大な価値が認められて、欧米各国が鋭意その改善に努力して居るのも、畢竟これがためである。国民思想の統一と忠愛心の養成については、祖先伝来の文学と言語を基礎とする教育を度外視することが出来ないから、いづれの国においてもその国に固有な文学的教材を忠信として国民教育を施して居る。（中略）もしその国に固有な文学および言語によつて教育せられ、思想がよく統一する場合には、国民に固有な性情が円満に陶冶せられるから、国民たる義務を完了することも出来るし、外来の思想に惑はされるやうなことがない。国民思想の動揺は国民的精神の基礎が薄弱なためであるから、国家を泰山の安に置くには、祖先伝来の文学および言語によつて教育することがもつとも緊要である。世界の大戦はこれに対してもつとも重大な教訓を与へて居るので、戦後の経営として各国ともこれが施設にふかく留意しつゝあるのは、われ〳〵の閑却を許さゞる事柄である。

引用文献

・浮田真弓（一九九九）「明治期中学校の文学教育（1）落合直文編集教科書に関する一考察」『桜花学園大学研究紀要』一
・落合直文（一九〇一（明治三四））『中等国語読本編纂趣意書』明治書院
・落合直文（一九〇三（明治三六））『訂正中等国語読本編纂趣意書』明治書院
・菊野雅之（二〇一四）「中等国語読本における言文一致体のはじまりに関する試論——落合直文編『中等国文読本』『中等国語読本』を中心に——」『早稲田大学国語教育研究』三四
・田坂文穂（一九七四）『——落合直文編——「中等国語読本」の研究』（近代国語教科書史シリーズ四）
・明治書院（一九九七）『明治書院百年史』明治書院
・森林太郎「明治四十一年日記」『鷗外全集』著作編、第二〇巻、岩波書店
・八木雄一郎・辻尚宏（二〇〇九）「明治三〇年代における中学校国語教科書の編集方針——落合直文の国語教育観と編集教科書から——」『人文科教育研究』三六
・山本正秀（一九六五）『近代文体発生の史的研究』岩波書店

コラム❹　実用的な文章・説得的な文章としての平家物語

『高等学校学習指導要領（平成三〇年告示）解説国語編』「古典探究」の教材について次のような留意事項がある（以下、傍線は稿者による）。

ア　内容の〔思考力、判断力、表現力等〕の「A読むこと」の教材は、古典としての古文及び漢文を含めるとともに、論理的に考える力を伸ばすよう、古典における論理的な文章を取り上げること。また、必要に応じて、近代以降の文語文や漢詩文、古典についての評論文などを用いることができること。

また、傍線箇所については次のような解説が加えられる。

論理的に考える力を伸ばすよう、古典における論理的な文章を取り上げることを、ここで改めて示している。古典を読む学習では、教材として文学的な文章を重視する傾向がある。しかし、例えば、古文の評論や俳論などの評論、漢文の思想など、論理的に考える力を伸ばすため、教材としてふさわしい古典における論理的な文章も存在する。これらを、古典としての古文及び漢文の教材として取り上げることを示している。

ここで注目したいのは「論理的に考える力を伸ばす」ための古典教材選択・発掘を求めている点だ。評論や俳論などの教材化はすでに教科書でも行われているところだが、ここでは、相手を説得しようとする言葉を扱った教材発掘について考えてみたい。

その際に示唆的な先行研究として、松尾葦江（二〇〇八）『軍記物語原論』を挙げたい。本書には「説得の文学平家物語」という一節がある。やや長くなるがその冒頭部分を引用したい。

軍記物語は行動の文学、武力による戦闘の文学と一般的に考えられていはしないだろうか。もしそうだとすれば、それは極めて一面的、否、殆ど誤まった見方である。例えば平家物語の場合、ことばはひとをうごかす。或いはことばによって、対決し、たたかうこともできる。そしてことばは、時空を超えてひととひととの間を埋め、遠ざかる二つの生を結びつける。平家物語自身、そのことに自覚的であった。（中略）覚一本平家物語では、ぎりぎりの局面において、ことばで人を説得する場面が幾つかあるが、それらの説得は情理を尽し、極めて迫力あるものである。説得のほかに、煽動や挑発のように明瞭に他者への働きかけを意図したものから、書きのこした述懐が他者の琴線にふれて行動を起こさせる場合まで、武力や直接行動によると同様、或いはそれ以上に、言葉によって事態が変化し、人が動かされる記述は数多く、それらもまた、平家物語の魅力ある個性を作り出す要素となっている。戦場にあっても、指図・名乗・詞戦など、言葉の力による戦闘行動は重要であり、それらを描く場面は物語のヤマ場でもあった。説教も説得の一種であろうし、牒状もまた、言葉によって集団を動かそうとするものであった。願書や祝詞も牒状に類するもの（横へ向っての呼びかけでなく、上へ向っての祈願）として考えてよいかもしれない。

その例として本節では、「祇王」「内裏炎上」「小教訓」「教訓状」「小宰相身投」「戒文」「維盛入水」「大臣殿の被斬」「福原院宣」「志度合戦」などを中心に多くの章段が示されている。なかでも、祇王の自殺を止めようとする母の説得の言葉、武力を行使しようとする父を諫める重盛の言葉などは、教材化されていることもあり有名な箇所だ。それらの場面は、言葉を尽くして人を説得しようとする際に、どのような言葉が必要なのかを考える教材として利用可能である。

例えば、「小教訓」や「教訓状」は、明治期・大正期の中等国語教科書でも教材として採用されていた。田坂文穂『旧制中等教育国語科教科書内容作品』（一九八四、教科書研究センター）を開くと、「小松内府父を諫む」、「重盛の諫言（1）」、「重盛諫言（1）」、「小松内府」、「教訓の事（1）」、「平重盛」、「重盛の教訓」という教科書題目を複数確認することができる。重盛が清盛を諫める章段は「小教訓」と「教訓状」とがあり、近代教科書では「小教訓」を1、「教訓状」を2として並べて教材化することが一般的だったようだ。例えば、落合直文・萩野由之・森林太郎編（明治四五〈一九一二〉年検定本）『修訂中等国語読本』（明治書院）を開いてみると、巻十でも「一二　重盛諫言その一」、「一三　重盛諫言その二」とあり、それぞれ「小教訓」と「教訓状」の本文が掲載されている。あるいは、いわゆる「岩波『国語』」と呼ばれていた昭和十二年検定本の西尾実編集教科書『国語』（岩波書店）の巻七「八　平重盛」には「教訓状」が採用されていた。

この『国語』の解説「指導の問題」については、次のようにある。

（二）本文は平家物語全巻に通ずる、流麗で的確な詩句に富み、殊に重盛の諫言に至つては、その真情に裏づけられた整然たる快調が迫力を有してゐる。しかし、長文にわたる諫言の趣旨を、まづ理解せしめなくては、この妙味鑑賞の半ばは達せしめ得ないであらう。それには、この諫言が二節にわかれてゐること、一は君恩の方から、一は重盛自身の立場から、即ち理と情とから説き進めてをり、その理の方には、「御出家の御身なり」「世に四恩候」「日本は神国なり」「聖徳太子十七箇条の御憲法に、云々」とあつて、神・儒・仏、あらゆる方面の道徳律が渾融せられ、しかも「所当の罪科行われぬる上は、退きて事の由を陳じ申させ給ひて、云々」と、その実際処置法まで具陳してゐる行届いた心掛けを理解せしめたい。情の方に於ては、情を盡すのみならず、決心の程を述べて「院中へ参り篭り候べし」と断言し、さてみづからの苦衷を述べた所を理解させたい。感傷的所言と考へては違ふ。

ここでは、「流麗で的確な詩句に富み」、「整然たる迫力を有してゐる」「重盛の諫言」の教材性が説かれており、その諫言が君恩という理の側面と、重盛自身の立場である情の二側面から説き勧めている点にこの章段の特徴を捉え、また、それぞれの理と情の内容が多方面・多角的なものであることを確認している。

この「教訓状」という章段の魅力については、先に引用した松尾葦江（二〇〇八）でも、詳しく考察されている。その要旨をまとめると次のようになる。

重盛の諫言は、論理はもちろんのこと、心理的・軍事的駆引をも併せ用いての説得であり、弁舌には漢語、故事、聖徳太子十七条憲法の引用や、対句、金言が散りばめられ、情緒的な語句を畳みかける緩急も工夫されて、読者は弁論そのもののドラマティックな展開をも楽しめる。また、さらに、重盛のめりはりの利いた行動が、弁舌の効果を最大限にするように描かれており、覚一本の記述は、重盛の〝ことばの力〟による勝利を、最も劇的に構成しようとしている。

また、出口久徳（二〇一七）では、この「教訓状」あるいは同じ重盛説話である「小教訓」を取り上げ、「役に立つ」教材の可能性について述べ、教材発掘（再発見）の必要性を述べている。

そのように考えると、例えば、義経の「腰越状」のように、説得するには至らなかった素材も併せて扱うこともよいかもしれない。「腰越状」とは、鎌倉入りを許されず腰越で足留めされた義経が、自身への疑義を払拭するべく書いた書状で、往来物の「古状揃」にも所収されている有名な書状の一つだ。ただ、結果として、この書状による頼朝の説得はかなわず、鎌倉入所はかなわなかった。この素材をとりあげて「腰越状はなぜ頼朝を説得できなかったのか」という問いを主発問として腰越状の分析や義経と頼朝の思惑、二人の関係性などを探究する学習を構想することも考えられるだろう。

さらに付け加えると、「古典探究」の言語活動例には「キ　往来物や漢文の名句・名言などを読み、社会生活に役立つ知識の文例を集め、それらの現代における意義や価値などについて随筆などにまとめる活動」というものもある。この言語活動例は「古典の実用的な文例や名句・名言」や「社会生活に役立つ知識の文例」を集めるなどして「現代における意義や価値」について学習者が認識を深めていくことをねらっている。ここでは論理的思考や説得的文章について触れられているわけではないが、往来物（古典における手紙・書状）の教材性を切り開いた言語活動例として併せて注目しておきたい。

引用文献
・出口久徳「「役に立つ」古文」（松尾葦江編（二〇一七）『ともに読む古典　中世文学編』笠間書院）
・松尾葦江（二〇〇八）『軍記物語原論』笠間書院
・文部科学省（二〇一九）『高等学校学習指導要領（平成三〇年告示）解説国語編』東洋館出版社

第二章　稲垣千穎　松岡太愿編輯『本朝文範』上巻　緒言

一　本史料の価値

稲垣千穎（ちかい）・松岡太愿（たいげん）編輯『本朝文範（ほんちょうぶんぱん）』上中下巻は、近代中等国語教育史上、古典教科書の最初期のものである（第一部第二章）。国学者稲垣千穎の中古和文主義に則って編集された本書は、源氏物語などの中古和文と近世国学者による擬古文を教材として採用し、その一方、中世の和漢混淆文を一切採用していない。同書の冒頭部分において、明治期通用文として中古和文を頂とした文体を想定していることが示されている。

『本朝文範』ついては、信木伸一「翻刻　稲垣千穎『本朝文範』」（http://harp.lib.hiroshima-u.ac.jp/onomichi-u/detail/1340420190520151652?l=en）があり、『本朝文範　改正』上中下巻全ての翻刻を行っている。これも併せて参照いただきたい。

二　凡例

○本章は、稲垣千穎　松岡太愿編輯『本朝文範』上巻（明治十四年十一月出版　国会図書館デジタルコレクション本）の緒言（一丁表から十七丁表）を翻刻した。

○改頁箇所を一行空けることで示した。

三　『本朝文範』上巻緒言（一丁表〜十七丁表）

本朝文範上巻

稲垣千穎
松岡太愿　編輯

文章（フミ）のすがた．おほよそに別ちいはんに．まづ三の沿革（ウツリカハリ）あり．其は上ッ世．中ッ世．近キ世なり．天應より前（サキ）をば．上ッ世風とすべし．此中にても．時代のうつろひかはるにつきて、少づゝのたがひはあれど、概（ナベ）ては心高く詞すなほにして、露ばかりも作りたるあとなく、皆自然のあやをそなへて、強くうるはしきことといはん方なし、其末ざまになりては、やゝかはりたりと見ゆれど、なほ神世の風をうしなはずして、他国（アダシクニ）のさまをまじへず、まことに此間ぞ此ノ国のなりのまゝのすがたにて、尊しともいと尊く、めでたしともいとめでたくはあれど、今の世の人の、なべて習ひもてあそばんには、詞耳遠くて、とみにはさとりがたきわざなれば、多くは其世の風としてさしおくめれば、今此ノ書にも、此ノ間のをばあげず

延暦の時より、建保承久の頃までは、中ツ世風なり、此中に、仁和よりかみは、むねと漢文をのみもて遊ばれたりけんと見えて、仮字文の今のよに伝はれるはいと〳〵すくなし、寛平延喜より、寛弘長和の間ぞ、真盛（ミサカリ）に此道もて遊ばれたりける、此間には、男も女も作者（カキテ）おほく、何の物語、くれの日記と、互（カタミ）に競ひて、おのがじゝかきいづるものから、おの〳〵むき〳〵のさまはあれど、なべては皆上ツ世風のなごりありて、裏（シタ）に此国のおほらかなる心をするゑ、表（ウヘ）に漢文の花やかなるかたちをうすくよそひて、実さへ花さへそなへたれば、えもいはぬにほひありて、今も耳遠からず、後の世の文かき歌よむ人も、皆此すがたをぞねがふめれば、今此きはよりたちきりて、此書にはしるしいでたり、さて寛仁より後はやゝおとろへたれど、なほいまだうつろひはてずして見所あり、建保承久の間（ホド）を此風の末といふべし、此頃ぞ全く此匂（ニホヒ）は失せはてける

承久よりこなたを近世風とす、当時北条氏天のしたのまつりごとを執り申しゝより、朝廷（ミカド）はいたく勢失せさせたまひて、天の下おしなべて、おのづから武き事そのみ尊み慕ひて、文学の方は、益なくかひなき物に、おもひなし言ひけつならはしとなりしかば、さしも其人多く聞えたりし雲の上近きあたりにも、吹風のおとだになく、立霧のおぼ〳〵しくのみなりゆきつゝ、元弘の乱（ミダレ）より、後はます〳〵闇の夜のあ

やめもわかぬすがたとなりて、此道の光は、全く消えはてたれば、此間には見るべき文、いふべき人も、いと〳〵すくなくなんありける、かくて幾百年をへて、元禄の頃より、またとかくさだすること始りて、つぎ〳〵賢（サカ）しき人多く世にいで、文化・文政になりては、年の号もしるく、此道また真盛（ミサカリ）になりて、雲の上より地の下まで、望月のみちたらひて、詞の花は、再もとの古に咲きかへりきにければ、おのがむき〳〵、心のひかるゝまに〳〵、或は上世風、或は中世風とならひものして、かくまでとうちおどろかるゝばかりにはなりにたり、されど細かに見れば、しひてもてつけたるあと、おのづからあらはれて、詞は古なるも、なほ後の風のえおほふまじき所ある、これ今の世の風にて、これぞ三の沿革のおほよそなりける

かくて、この文の法（ノリ）をとりいでゝとかく論（アゲツラ）ひ、はた其よしあしなど批評（サダ）したることは、近き世まではをさ〳〵見えず、注解・語釈等の書こそ許多（コヽラ）あれど、この方のことをむねとしたる書とては、かつてあらざりしに、岡部ノ真淵ノ翁夙（ハヤ）く此道の学に心を深めて、かづ〳〵其法（ノリ）を見いでられて、其著されたる源氏ノ新釈に、はじめて此処彼処標（コヽカシコシルシ）など物せられたれど、いまだいとあら〳〵しくて、事たらぬところおほかりき、其後本居ノ宣長ノ翁、詞の玉の緒を著して、てにをはの繋結の法を、こまやかに解き諭され、春庭ぬし、つぎて詞の八衢を書きて、語の活用（ハタラキ）の格を論ひ定められてより、其すぢのことは、おぼつかなきふしなく、明になりにたれど、なほ此文の法といふことは、とかくいふ人すくなかりき、橘ノ守部が文章撰格はあれど、此も偏に文の体裁（スガタ）のみをむねと論ひて、其ほかにいひ及べることは、いと〳〵まれなり、たゞ近く萩原ノ廣道の源氏物語評釈ぞありける、此書は、前の源氏新釈に立てそめられたる趣向にならひ、玉の緒・八衢に定められたる格により、自も少し事加へなどして物せるからに、なほ足はぬ所々あれど、大かた備りて、其総論にいへる事どもは、ことにまめやかにて、初学の便となることおほければ、おのが此書には、それに倣ひて物しつ、されど、物語には、

おのづからに物語の躰あり．日記には．自に日記の體あり．辭には．辭の體あり．序には．序の體ありて．偏に物語の躰のみをもて．あだし文どもを律さんことは．あかぬこゝちすれば．其が中の．此に用なきはとらず．足はぬは多く増加へて．下にいふ如くには物しつ．さて其標と名称とは．強彼とも此とも．よりどころを定めず．漢文の評の称をとれるがあり．

物語の注釋に．ふるくよりもちゐ来たる例にならへるがあり．またいまあらたにつくり設けたるもありて．たゞ初学のさとり易からんことを旨とせり．一方に泥みて此をないぶかしみそ．さて文理をしるせる標の例は

「一事の全く竟たる処に此の標を附く

‐一事の暫ク竟たる処に此の標を附く

「」彼と此と．自と他とをわくるところにて．即他の歌．物語．或は他の人の語など挿み入れたるなど．例へば枕草子に．（内の大臣の奉り給へりけるを．「これに何をかゝまし．上のおまへには．史記という書をなんかゝせたまへる．」などのたまはせしを．）とある．これにより．給へるまで．后の御詞なり．かゝるところに此標を附く

〽本歌ある詞にて．古歌．古詩等の意詞をとりて．あやをなしたる処にて．其本のよりどころとしたる歌・詞をしらでは．意味の暁りがたきところに此標をつく．例へば．枕草子に．（清うかくしたりと思ふを．〽なみだせきあへずこそなりにけれ．）などある．これ古今集なる．枕より．またしる人も．なき恋を涙せきあへず．もらしつるかな．といふ歌を本にとりて．洩したりといふ意をきかせたるなり．かゝる處に此標をつく

‖てにをはの．繫結となる処に附く．例へば．（史記といふ書をなん書せ給へる．）（涙せきあへずこそなりにけれ）などの類．これなんこそは繫にて給へるけれはその結なり．かゝる処に此標を附く

|||てにをはの．繫結の二重にとゞのひたる詞の．其中の處に附く．例へば．後撰集の歌に．（しのゝめに．あかでわかれし．袂をぞ．露やわけしと．人のとがむる．）と

ある類、上のぞは、下のとがむるにて結び、中のやは、つぎのしにて結べるなり、かゝるところに、此標を附く、ただし、(聲きく時ぞ、秋はかなしき、)の類は、ぞも、はも、繋るてにをはなれど、結は重き方のぞにのみ従ひて、はをば結ばぬ格なれば、かゝる類の軽き方には、此標を附けず

△言を隔てゝ下へ続く詞に、此標を附く

▽言を隔てゝ上より受る詞に、此標を附く、此二の標の間を、漢文にては斜挿などいへり、但し此例には、上より、三ッ四ッも重りつゞきて、下は一にて受るもあり、

△▽上の二の類の二重になりたる中の続き受くる処に此標を附く　此の四の例は下に挙ぐ

△▲▽▼二事の、互に交錯して続を授くる處に此標を附く

「数項に別れたるが、言を隔てゝ、下の一の詞に続く處に此標を附く

」数項に別れたるを、一の言にて受くる處に此標を附く

‖‖上の類の中にてまた数項に別れて下の一の詞に続く處また下の一の詞にて受くる處に此標を附く

◎◎◎◎◎一篇の旨趣とあるところに此標をつく

●●●●●一篇の旨趣を助けなす種子(クサハヒ)或は旨趣につぎて要ある詞に此標をつく

、、、、、語を補ひて意を現したる処に此標をつく

――冠詞・序詞の処に此標をつく、二ッ重りたるところには ═ をつけ、三ッ重りたる処には ≡ を附けたり

○○○○○發聲・語助の処に此標をつく

・・一句の終、また一句の小別の處に此標を附く

〝音の濁る處に此標を附く

一――二――三――語脈の倒になりたる處に、此標を附く、たとへば、枕草子に、(人なみなみなるべき耳をも、きくべきものかはと、おもひしに、二はづかしきな

ども．見る人は．のたまふなれば．）といへる類．一二の字を附けたる線のまゝに．語の次第をかへて見るべき類なり．かゝるところには．皆此標をつけたり．なお初学のために．上に挙げたる例ども．一ッ二ッしるしつけて．文の大體のさまを．図して示すべし．紫式部日記に．（此文本文にも出せり）

一午の時に．空はれて．あさ日さしいでたるこゝちす．たひらかにおはしますうれしさの．たぐひもなきに．男にさへおはしましけるよろこび．いかゞは．なのめならん．（二昨日しをれくらし 三けさ秋霧におぼゝれ〔四〕）つる女房など．みなたちあがれつゝやすむ．

五御前には．二うちねびたる人々の一かゝるをりふしつき／＼しき．さぶらふ．　九月ごろ（十みすほう 十一どきやう）〔十二〕に

六殿も〔八〕七上も　あなたにわたらせ給うて．　（十四昨日〔十六〕 十五今日）めしにて．ま

十三さふらひ〔十七〕（又十八ゐり集ひ）つる僧のふせたまひ．（十八くす師〔廿〕 十九陰陽し）などみ

ちみちのしるしあらはれたる．一禄たまは（人々二）せ〔廿一〕

廿二うちには．御湯殿のぎしきなど．まうけさせ〔二十三〕たま

ふべし

かく例どもを定むるも．実には仮のしわざにて．たゞ初学のためのみに物しつるなり．なほ此外にも．本文に字の脱（オチ）たりとおぼしき処には．□（脱カ）としるし加へたるには□（補）としるし．衍（アマ）れりと見ゆるには□（衍）としるし．誤ならんとおもはるゝには．右の傍に何カとしるして．煩しく其故をばことわらず．これいとおふけなきわざなれど．つぎ／＼うつしもてゆく間に．何となく写し非（ヒガ）めたるもあるべく．はた作者のふと思ひ誤られたるもあるべく．かにかくに．本のまゝにては．意の聞えぬ処には．さてあるべきにもあらねばとてなり．また思ひえがたき所は．さながら写し本のマヽとしるしおきて．後の人の考をまつ．さてまた文の義（コヽロ）のさだとい

ふ事．是も一わたり心得おくべきことなれば．此書にえうあることゞも．聊いふべし．されどこれもあながち先の例に泥まぬこと．上にいへるが如し

主客　文に旨とある方を主といひ．これに對へる方を客といふ．これには内外の差(ケヂメ)あり

正副　一篇の主とある方を正といひ．それに属(つ)く方を副といふ．これには軽重の法(ノリ)あり

對　同じほどの事を相對(ムカ)へて．優劣(マサリオトリ)なきを正對といふ．また反對あり．これは其事．其詞の．うらうへに相對(ムカ)ふをいふ

照應　前文の意．俄に末に至りて．再あらはれて．前の趣に相應(アタ)るをいふ

伏案　末にいふべき事の端を．ひそかに前にあらはしながら伏せおくをいふ．また生張本ともいふ

伏線　遠く線を伏せおきて．所々に聊づゝ現し．終に至りて．これを結びとぢむる時．悉く連り続くをいふ．漢文家またこれを草蛇灰線などもいふめり．

抑揚　後を強く揚げていはんとて．殊更に前の方を抑へ．或は末を抑へんとて．わざと本を揚げていひて．文の勢をなすをいふ

擒縦　彼方に理をもたせてさしおくを縦といひ．此方に道をとりて．彼方を従はするを擒といふ．與奪といふもおほかた同じさまにて．是もまた文の勢をなす法なり

頓挫　種々に論(アゲツラ)ひおきて．卒余(ニハカ)に其語を判(コトワ)るをいふ

緩急　事を叙(ノブ)るに．意緩(ユル)き時は徐(ユル)やかにいひ．意急(セハ)し時は速にいふ法なり．これは語尾．此別(ワキ)あり

反覆　思の外に事の急にうらがへりて．前の勢とたがふをいふ．見ん人を驚がす文の法なり

省筆　長かるべき事を約(ツヾ)めかき．或は人の物語の中にいはせて．作者の筆を省きなどして．前後のさまによりて．餘(ホカ)は見ん人にさとらしむる類をいふ

餘波　事を甚(イミ)じく書き終(ハテ)て後．其跡(アト)のはかな

く消えんことを惜みて書そふるをいふ

首尾　事の始と終を相かなへて結ぶをいふ

此ほかのにもおほかれど．さまではくだ〳〵しければあげず．かばかりのことは．誰もよくしりたるべけれど．極めて初学のいとたど〳〵しくて．まどひがちなる人のために．物しつるなり．さて中ッ世よりこなたにして．名高き人・めでたき文いとおほかれど．此書巻の数かぎりあれば．さのみはえとりあへず．今は其多きが中にて．殊に世の人のめではやすめるを．いさゝか引いでゝ．本文の種子（クサハヒ）とはしつ．其書其人の名は

中世作者

在原業平朝臣　紀貫之
右大将道綱卿母　赤染衛門
紫式部　大貳三位
清少納言　源隆国卿
菅原孝標朝臣女　阿仏尼

近世作者

阿闍梨契沖　岡部真淵
富士谷成章　鵜殿よの子
本居宣長　加藤千蔭
村田春海　藤井高尚宿禰
清水濱臣

用書（中世）

伊勢物語（業平）　竹取物語（不知作者）
宇津保物語（不知作者）　大和物語（不知作者）
住吉物語（不知作者）　落窪物語（不知作者）
源氏物語（紫式部）　栄花物語（赤染衛門）
狭衣物語（大貳三位）　枕草子（清少納言）
今昔物語（隆国）　かげろふの日記（道綱母）
紫式部ノ日記（紫式部）　土佐ノ日記（紀貫之）
更級ノ日記（孝標女）　十六夜日記（阿仏）

撰集類　家集類

竹取物語．宇津保ノ物語住吉ノ物語．とり〳〵にめでたし．伊勢物語の丈高くてちからつよき．源氏ノ物語のえんにてたらひたるなどは．めでたきが中の．いともめでた

きにて、類なき華なり、中世よりこなたの文にては、此二の物語の上におくべきは、たえてあらずなん、大和物語は、すこししなおくれたるやうなれど、しかすがに古ければ、をかしきふしおほし、落くぼの物語、ひとふしありて見ゆ、狭衣ノ物語、させるふしもなけれどをかし、栄花ノ物語は、餘(ホカ)の作物語書のおなじつらならず、文詞のすなほなると、かきざまの正しきとは、さるものにて、作者の、まのまへに見聞したる實事を、寫しとり出たるなるからに、詞の学びにえうあるは、さらにもいはず、史の学するかたにも、必見ではえあるまじきふみにて、いみじともいみじきいさをし書なり、枕草子いとをかしき書なり、作主(ツクリヌシ)のかきけんをりの顔(カホ)つきさへおもひやられて、今昔物語は上代諸物語とは、さまことにて、此處にならべあぐべき類ならねど、初学の人の文かきならふに、依りよきふみなれば、一段取出でつ、かげろふの日記のおもひしめりたる、紫式部の日記の心づかひこまやかなるは、おの〳〵とり〴〵の筆なるべし、土佐の日記、いひしらずめでたし、後の世の、かけてもおよぶまじき口つきにて、げに幾千歳(イクチトセ)の後までも、道の記のおやとあふぎつべく、たゞへつべき書なり、更科の日記、いさよひの日記やゝくだりての世のなれどよろし、おほよそ、今の人のかくなる道の記は、多くは此二の日記にぞならふめる、近き世の人にては、契沖阿闍梨の文、こまやかにてめでたし、なべて此阿闍梨のは、心がまへのかりそめならずして、じちやうなるがめでたきなり、そのかみ、さばかりいみじく聞えほはせし何がしの中納言殿の仰(オホセ)ごとに、袖を拂ひて、そこらの賜物を皆貧者に施し恵まれたる人がらさへ見ゆ、多き中には、詞の用ゐ違(タガ)へられたるなどあれど、其すぢの学は、初めて此阿闍梨のおこされたるなるから、一人の手にては、さばかりゆきとゞかずて、とりおとされたる方もあるべければ、其方におもひなすべくなん、岡部の大人の文、漢(カラ)めきたる處もあれど、すべてのすがたは、丈高く勢ありて、高(キ)峯の大宮にひとり聳えたちて、村山を麓につけ従へたらんが如し、富士谷の翁は、いみじき上手なり、かゝれたる文、さしも多かれど、これはと、とりすつべきはをさ〳〵見えず、文のさまは、よく得られたりといふべし、されど、高くおほらかなるかたは、いかゞあらん、よの子はた口をしからず、岡部ノ大人の許（モト）にて、物学べりしほど、千蔭ぬし、春海ぬしなども、此女房をば、心にくき方にいひあへりきとか、さもありけん、正しくまめやかにて、瑕なきは、本居ノ大人の文なり、此大人は、皇国（ミクニ）の道の学は、さるものにて、詞のすぢのことをも論（アゲツラ）ひ定められたる功、世に類なくて、凡今の文かき、歌よむ人の、此大人の蔭によらぬは、をさ〳〵あるまじうなん、されど、此書に挙げたる文等（ドモ）は若き間（ホド）のすさびなりけん此大人のにはとおぼゆるが多きなり、古ぶりのは、ことにめでたきが多かれど、其かたのは、こゝにとらぬおきてなれば、いと惜しけれどおきつ、千蔭ぬし、こともなくなだらかなれど、手（タ）よわし、春海ぬし、漢めきなつかしからぬさましたれど、筆すこしつよき所あり、高尚の宿禰、何のふしもなけれど、詞づかひのみだりなる所などはすくなし、濱臣は、一ふしありて見えたり、なほ近く世に聞えたる本居ノ大平、荻原ノ廣道など、かける書、作れる文も多くて、めでたきも許多（コヽラ）見えしらがふなれど、是も地（トコロ）狭くてえ収（イ）れず、此人々のほかにも、見るひとのところ〴〵に、いひはやしもてさわぐめる文者（カキテ）いとおほかれど、あるはすがたはよろしきやうなるも、詞づかひ正しからぬ、或は始終ゆきとほりたらぬ、あるは一ッ二ッは書きえたるがあるも、多く見もてゆくまゝに、えもいはぬ僻（ヒガゴト）などいできて、むげに拙くしなゝくおもはるゝなどにて、これはしもと難つくまじきは、いとすくなくなんありける、そも〳〵、先匠をしも、とかくいひ評（サダ）するは、たやすきやうにて、いと〳〵かしこくおふけなきわざなれど、初学のまだ何よけんとも、よる方しらぬほどなるが、うちつけに、誰の集、かれの文とよみ見んに、其人々のあるやうをも、かつ〴〵心得おかずては、なか〳〵に、いみじき物ぞこなひをもしいでなんとおもふまゝに、世のもどきもえおもはで、かくなん、見ん人、さる方に罪ゆるしねとよ

目録

辭類　辞

序類　序　和歌序　同小序　後序

記類　記　日記　紀行　雑記

論類

評類

説類

辯類

教諭類

訓戒類

消息類

かく類をわくる中には、古人のかつていはぬ名目等(ドモ)も雑(マジ)れるが事新しきを、度此(トカク)いひもどく人もあるべけれど、文のしなわけといふことせざりし世には、さてもありなんを、今にしては、此を学ばんにも、教へんにも、かゝらずては、甚(イト)便あしくて、反(ナカ/\)に文の学の進みもてゆく助なきわざなればと、只其方に心ひかれて、かく物しつるなり

（史料以上）

第三章　今泉定介「中等教育に於ける国文科の程度」（『教育時論』三三四号、明治二七年七月）

一　今泉定介について

本章では、今泉定介（いまいずみさだすけ）の「中等教育に於ける国文科の程度」（『教育時論』三三四号、明治二七年七月二五日）を史料として示す。本史料を示す意義を述べるための準備として、まずは今泉定介について簡単に整理を行いたい。

今泉定介（佐藤定介、定助とも。一八六三―一九四四〔文久三年―昭和十九〕）は、明治十五年東京大学文学部古典講習科に入学し、その後、東京府中学校、國學院、共立中学校、城北中学校などで勤めた。国学研究の角度から、大正・昭和における神道に基づいた国民教化についての言動が注目されているる。一方、国語科教育の観点から言及されることは極めて少なく、今泉を中心に据えた研究は管見の限りでは見受けられない。しかし、教科書編集や副読本等の仕事は多く、『普通国文』（明治二三年）、『女子国文』（明治二六）、『尋常小学読書教本』（明治二七年）、『徒然草読本』（明治二六年）、『百人一首講義』（中等教育和漢文講義、明治二七年）、『土佐日記講義』（中等教育和漢文講義、明治二九年）、『平家物語講義』（中等教育和漢文講義、明治三二年）、『平家物語読本』（明治三二年）、『作文作例及批評』（国語漢文講義録、明治二六年）などがあり、古典の校訂・注釈の仕事も確認される。

本史料が発表された明治二〇年代は、いまだ文体の統一が不完全なままであり、国語科教育における喫緊の課題はその文体の統一と是正、及びそれに準じた教育活動であった。今泉もその活動に深く関わった一人である。今泉は日本文章会に所属していた。この会は、会誌『文章会』を発行し、その冊子には、各会員が普通文（明治期に普及した文語文）によって書かれた記事を持ち寄ることを通して普通文の普及を目指していた。実際には、二集までの刊行しか認められないが、今泉も「文話」という記事を第一集（明治二三年）に寄せている。

同時代の評価においても、普通文改良に力を注いでいたことが評価されている（「国文学書家（イロハ順）」『早稲田文学』第四号、明治二四年十一月）。

今泉定介氏　は普通文改良に熱心なるをもて名あり氏が作れる文章は古雅に過ぎす鄙俗に流れず程よく古今の文体を調和して簡潔と平易とを併せ得たりといふ。文章の外に氏が専門の学として修めたるは国史なり氏は早晩本邦三千年間の歴史を編纂して余に出さんの大望ありと聞けり目下國學院歴史科の講師たり

このように、今泉もまた普通文普及に尽力した一人だったわけだが、その姿勢は彼の様々な著作からも読み取ることができる。『百家説林』（明治二三年）という畠山健との共編の全十巻の叢書があるが、これは「今日普通文の模範たるに適し其の記事は温故知新の良友とも称すべき大家宿儒の随筆の類のいまだ世に行はれざるは果たして如何ぞや」という立場から編纂されたものである。例えば、同じく畠山との共編で編集された中学用国語教科書である『普通国文』上下巻（明治二三年）もまた、近世の随筆や雑文を集め、普通文教育に資することを目指した読本であった。さらに大日本教育会国語科研究組合に所属し、近代中等国語教育の方針を決定する一要因とも言える「尋常中学校国語科の要領」（明治二七年）を作成した一員に数えられている（この「尋常中学校国語科の要領」については第一部第三章で詳述した）。

二　「中等教育に於ける国文科の程度」の歴史的位置付け

活発に普通文教育に関わっていた今泉だが、これまでの国語科教育史研究の中で今泉を取り立てて扱った研究は管見の限りでは見受けられない。『理論・思想・実践史』（国語教育史資料第一巻）に、「中等教育の国語科に就きての論」（『國學院雑誌』第一巻第三号、明治二八年）が紹介されていることと、山根安太朗（一九六六）が、当時の国語科教育が中古の雅文を学習することにのみ終始している点を批判している意見として、本史料の「中等教育に於ける国文科の程度」の「今なほことに中古の雅文をとりいでゝ、普通の国語科に教授するもの多き」と批判している箇所を紹介しているのみである。

本史料はそういった明治期普通文教育に関わった人間であ

る今泉の姿勢をよく表す史料としての価値はもちろんだが、その内容は、当時の国語科教育の現状や課題について、具体的な教材名を提示しつつ、論じたり、師範学校の在り方に批判を加えたりするなど当時の実状や空気を感じ取らせる要素も含んでいる。

例えば、本史料中には、今泉が校長を務めた共立中学校の国語科の教材が示されている。それを見ると、一年時は、「普通国文上下」「神皇正統記上」「作文」とある。もちろんこれは今泉が畠山健とともに編集した『普通国文』上下巻（明治二三年）と『訂正標注神皇正統記』上巻（明治二五年）を指しているはずである。二年時は引き続き、普通文学習と神皇正統記の講読、作文が続き、三年では、方丈記と軍記の講読へ。四年時は、徒然草と軍記。最終学年の五年時は、土佐日記と竹取物語の講読となる。これは普通文学習とその模範となる和漢混淆文の学習という、当時のモデルと十分なり得る学習課程と言え、本史料は、同年に発表された「尋常中学校国語科の要領」とともに国語科の課程の一典型を示す好論文として捉えられたのではないか。

三　本史料の概要

本史料の概要をまとめると次のようになる。

国文科は実用に即したものであり、読本も一読して内容が児童にも分かるようにするべきである。読本は、①語格文法が正確であること。②用語が普通のものであること。③平易であること。④句読点の使い方が一定であること。⑤送りがなの使い方が一定であること、などの要件を満たす必要がある。

読本の要諦は、文法を応用し、自分の思想を明快に表し、また他人の文章を理解することができる学力を授けることと、精選した素材によって国民の精神を喚起することにある。文部省の国語科への対応は冷淡なものであり、また、高等師範学校の附属中学での学習内容は、四年以上に古事記枕草子源氏物語を学習するなど、とても中学の模範とは言えない。他校にも標準となるものはなく、自分が校長を務める共立尋常中学校では、次のように国語の内容を定めた。

そういった中、文部省の国語講習会において、国語は普通文を中心に行っていくべきことが、遅まきながら示された。普通体（普通文）の標準を今決定することは難しいが、普通というからには、古い言葉や難しい表現を避け、平易流暢であるべきだ。中でも若い人が注意するべき点が、漢文直訳体を避けることなど七点ある。

作文の教授の際には、様々な観点から文章を観察する必要がある。また読本の内容と類似の課題を示すなど様々な工夫を凝らすべきである。

（次頁より史料）

四　史料　今泉定介「中等教育に於ける国文科の程度」

（『教育時論』第三三四号、明治二七年七月二五日、十四―十六頁）

左の一編は、先頃中学校令の将に発布せられんとするに臨み、今泉定介氏が、当路の某局長に陳述されたる意見の大要なり。時やゝ後れたる観なきにあらねど、中等教育に於ける、国文科の程度を如何ほど迄に限るべきか、如何なる風に教ふべきかにつき、十分に参考となすべき点あれば、こゝに掲載することゝせり。

時論子しるす

●中等教育に於ける国文科の程度

今泉定介

中等教育上国文を一の学科として教ふるは、古文学といふ意にあらざる事は更に論なし。単に実用を目的とする者なり。細言すれば、平常人々の使用する文章を明らかに解し、又わが思ふことをさながら文章に綴るを得れば足れりとする者なり。この目的を達せんには、まづ正確にして、応用に便なる文法を授くるを最良の手段なりとす。然れども、文法はもと規制のみを列挙したる者なれば、よし充分に暗記したりとも、実際に施さんには、容易の事にあらず。まして始めより、文法を悉く覚えん事は、少年子弟に取りて、至難のわざといふべし。国文の読本を授くる必要こゝに生ずるなり。これ俚諺にいはゆる、「習ふより慣れよ」といふに基けるなり。読本を用ふる目的既にかくの如し。故に其の書たる、語格文法の正しく、用語普通にして、意味また極めて平易なるをよしとす。されば耳遠き古言難句の連なりたるはもとより、其の教科書となすべきにあらず。これに熟すれば、古文家となりて実用に疎く、熟せざれば、古今雑糅の文を作りて、拙劣見るに堪へず。其の結果、一も取る所なく、徒に時を費やすのみなるべし。これ決して余の私言にあらざるを信ず。然るを今なほことに中古の雅文をとりいでゝ、普通の国語科に教授するもの多きは、果して何の心ぞや。凡これらの人々の所説なりといふを聞くに、用語普通に、意味かつ平易なるは、読めばやがて解せらるゝを以て、教科書となすに足らずといふにあり。何ぞ其の見る所の卑き、読めばやがて解せらるゝは、即読本の読本たる所以にあらずや。かゝる解し易きものを熟読せしめて、不知不識のうちに、難渋なる語格文法を会得せしむるは、即読本を授くる精神にあらずや。

いたづらに千年以前の古文を教へて、以て今日に応用せしめんとする妄といはんの外なきなり。余窃に疑ふ、古文を主張する者は、中等教育上に教ふる国文を以て、古文学同一視するにあらざるなきかを。生徒もし普通の国文の上、自在に筆を舞はし、また充分に他人の文辞を解く事を得たらん後は、多少国文学の趣味を覚えしめん事、誠に当然の理なるべしといへども、初より文学上の高尚なる者を教へんは、謬りといふべし。余はかたく信ず、中等教育上に用ふる国文の読本は、第一語格文法の正確なる者たらざるべからず、第二用語の普通なる者たらざるべからず、第三意味の平易なる者たらざるべからず、第四句読法の一定せる者たらざるべからず、第五送仮字法の一定せる者たらざるべからずと。

抑読本第一の要は、作文科と相待ちて、文法を応用し、おのれの思想を明快にうつし、又他人の文義を解する学力を授くるにあり。此の学力を授くるかたはら、材料を精選して、感情上より国民の精神を喚起せんこと、又読本第二の要といふべし。余が希望する第二の要は、人おほく拒まずといへども、第一の目的たる、普通文といふ事に関しては、賛否相半するが如し。余数年来この意見を持し、四五年前友人畠山健氏と共に、普通国文といふを編纂して、世に公にし、又昨年国語漢文講義録に、作文作例及批評と題して、普通文上の持説を掲げたり。然るに古文を主張する者は、余を以て、国文を野鄙に陥るものとし、益普通文をして、古雅ならしめん事を企つるに至る、頑愚も亦甚しといふべし。

是等の弊は矯めんとするには、種々の方々あるべしといへども、おもに之を文部省に訴へざるを得ざるべし。然るに従来の文部省は、国語に対して、甚冷淡なりき。其の編集せる高等小学読本を見よ、国文上果してその程度を得たりといふを得べきか、其指定せる中学令を見よ、果して国語に重きを置きたるか。其直轄の学校だに、余輩をして満足せしむる者なし。高等の学校はこゝにいふべき限にあらざれども、彼の高等師範学校の附属なる中学科を見よ、其国文の科に如何なる書を用ひ居るか、一年より三年までは、ほゞ適当の書なるが如しといへども、四年以上に古事記枕草子源氏物語などを授くるに至りては、余輩の一驚を喫する所なり。元来同校は、教育家の叢淵にあらずや。他の中学程度の学校は、大抵模範をこゝに取るにあらずや。又同校もみづから任じて、中学程度の模範なりと称し、教授細目を編みて、広く天下に頒たんとする挙さへありと聞きぬ。此の校にして、国文の程度を謬ること既にかくの如し、他校の程度を失ふ固より深く咎むべきにあらざるなり。又三四年前、余等皇典講究所の名義を以て、全国の中学及師範学校に、国文の教科書を問ひ合せたることありき。然れども、是亦鄙見に協ふもの殆稀なりき。故に当時他校を以て標準となすべき望は、全く絶へ、余の管理せる共立尋常中学にては、左の如く国語の程度を定めたり。

一年級　普通国文上下　神皇正統記上　作文

二年級　普通文体（抜粋）　神皇正統記中下　作文

三年級　方丈記　軍記体　作文　文法

四年級　徒然草　軍記体　作文　文法（作文上応用）

五年級　土佐日記　竹取物語　作文　文法（作文上応用）

（共立中学総体の授業時間は、一年二年は一週三十時間、三年以上は一週三十三時間にして、国語の時間は一年より三年までは一週四時間、四年五年は三時間とせり。）

今や文部省は、国語を以て、教育の基本とせられ、又国語は従来の古文に代ふるに、普通文を以てせられんとす。其の方針は、先般全国の国語科教員を召集して開かれたる、国語講習会の主意にて知られたり。今余が、古文を排斥するは十日の菊たる観なしとせず、果して、然らば、後来の中等教育に於ける、国語科上の幸福たらん。

次に作文に就きて一言せん、凡言語文章は、其の国の独立を表するものなれば、一定の姿あるべきは更に論なし、然るに今日の世に用ひらるゝ文体を観るに、古文にもあらず、今文にもあらず、漢文をさながら書き下したるやうなるあり、欧文の口訳をそのまゝに写したるが如くなるありて、動もせば、其意義の解し難きさへあり。又学者もおの〳〵城壁を固めて、吾こそは、明治の文章家なりと思へる様は、さながら戦国時代英雄割拠のさまの如し、されば今日にありて、如何なる文章を以て、普通体のものとなすべきかといふは、頗至難の問題なり。然れども、既に普通という以上は耳遠き古言難字を避け、意味もなるべく平易流暢なる者ならざるべからず、而して殊に今日の青年に、最注意せしむべき要点は、（い）漢文直訳体を避けしむべきこと、（ろ）不熟の漢語を用ひしめぬこと、（は）曖昧の語句を避けしむべきこと、（に）英文の語路を避けしむべきこと、（ほ）古雅に陥らしむまじきこと、

（へ）文法を正しくせしむべきこと、（と）名詞は新語を用ひしむべきこと等なるべし。

余の最取らざる所なり。

又作文の際に、一の問題を与へて此の文章を草する主意は如何、此の文章の主眼とする所は何処にあるか、文章の主眼と附帯せる事物とには何辺まで関係を及ぼすべきか、何れの点より筆を下さば、事理に適当すべきか、冒頭は如何に起こすべきか、結尾は如何にして勢を附すべきかとやうに、縦横四面より観察を下さしむべし、又生徒に文を作らしむるにははじめはなるべく読本にて、既に教へたるものと、類似の問題を与ふるをよしとす。生徒の進むに従ひて、読本中の簡短なる記事を与へて、之を敷衍せしめ、又之と反対に長文を与へて、簡短に書き取らしむることも、一の便法なるべし。或は読本中の一文を取りて、生徒各自にその主要なる点を指さしむるなども、欠くべからざる事なるべし。時々生徒の作文を取りて批評し。詳かに他の生徒にも、良否を知らしむべきこと勿論なり。古人の一文を、一句一句に切り放ち、之に上下を混同して、「ボールド」に示し、其の語を集めて、一文をなさしむるなども、生徒を益すること少からざるべし。要するに、作文の時間に、教師はたゞ教場の監督たるのみなるは、

（史料以上）

（なお、稿者の判断で旧字体を新字体に直した箇所がある。）

第四章　物集高見『新撰国文中学読本』（明治三〇年三月十五日発行　金港堂出版）

一　物集高見について

本史料の編者である物集高見（一八四七—一九二八（弘化四年—昭和三））の事跡について、国語科教育に関連する内容を中心に整理しておきたい。国学者の物集高世の子として生まれ、漢学・国学を学んだ。一八六六年、京都の国学者玉松操に学び、一八六九（明治三）年には、国学者、平田銕胤に学ぶ。東京大学文科大学教授、文部省編集局兼勤、中学校用和文教科書編纂委員、高等小学読本編纂委員、学習院教授、文部省書記官などを務めた。国語教育関連の著作には、『初学日本文典』『かなのしをり』『てにをは教科書』『かなづかひ教科書』などがある。物集に関する研究は文法研究においては散見されるが、国語科教育研究においては、管見の限り皆無であり、国語教育人物史という側面からも、本書を紹介することには意義がある。

二　『新撰国文中学読本』の特徴と発行当時の時代状況

物集高見は一八八六（明治十九）年に『言文一致』を刊行している。言文一致体のための理論を、実験的な言文一致体で示したものであり、当時において画期的な理論書と言える。しかし、その後の物集の言文一致運動への関わりは確認されず、明治三五年には「言文一致の不可能」という文章を『読売新聞』に載せるに至る。これは、物集の言文一致体への把握が、あくまでも会話体に限るものであり、その他の記録体には適応不可能だとする、物集の言文一致体への認識の狭さに由来する。*1 今回紹介する『新撰国文中学読本』は、明治三〇年に刊行されたものだが、言文一致体による教材はやはり認められない。

同書が教科書検定を通過するのは、明治三一年七月一日。明治三一年六月二二日発行の訂正再版においてである。訂正再版については、その所在を見いだすことができていない。今回掲載するのは明治三〇年の初版本となる。

本書の特徴は、近世の作品の多様な教材化にある。同時代の新保磐次や落合直文による教科書と比較しても、その近世の文章の採用数は飛び抜けている。また、その選択基準は決して国学者らしい擬古文にこだわることなく、近世当時に流布した作品から教材化を試みており、「殊に、簡易なるを撰べる」態度が顕著である。当時定番とも言える、『閑田耕筆』『雲萍（うんぴょう）雑誌』『東遊記』『鶉衣（うずらごろも）』も多く集録するが、『東海道名所図会』『都所図会』などの図会、『備前老人物語』『北条五代記』などの武将の逸話や戦物語、『胡蝶庵随筆』『安斎随筆』『年々随筆』などの近世随筆など多様な文章を掲載している。

例言によると、第六冊までは、その教材範囲を中世にまでに限っている。実際、明治の同時代の文章や近世期の文章とともに、『神皇正統記』『太平記』『方丈記』『十訓抄』『平家物語』なども掲載されている。第七冊以降では、引き続き近世期の文章が大半を占めているが、『宇治拾遺物語』『今昔物語集』などの説話も見られるようになる。第十冊では、中古作品の『更級日記』も掲載されている。ただ、近世期の教材が多くを占めていることは、全冊を通して共通している。

緒言は次のように始まる。「国文中学読本は、余、往年、官命をうけて、小中村清矩と共に、編纂に従事せし事ありしを、中頃、故ありて、その業を止めたり」とある。これは、『読売新聞』（一八八六〈明治十九〉年十月二日朝刊）の記事でその事実を確認できる。

> ◎編纂委員　帝国大学総長渡辺洪基君は中学校用和漢文教科書編纂委員長を文科大学教授小中村清矩物集高見の両君は中学校用和文教科書編纂委員を文科大学教授島田重礼君は中学校用漢文教科書編纂の委員を命ざられたり

同本の企画は、出版の十年前にさかのぼることになるが、緒言には「故ありて」その事業は一時中止となったとある。当初の読本の体裁については不明だが、物集が周囲に叱咤される中で、他の読本等も参考にしつつ、読本作成に努めたことが記されている。なお、「日清軍等の雄抜なる新文字を加へたる」、「この日清軍等の文は、その二三は、余がみづから書ける」とあるなど、日清戦争終結の時勢の影響が教科書の教材にも確認できる。

三　凡例

・物集高見編『新撰国文中学読本』全十冊（明治三〇年三月十五日発行本　国立国会図書館デジタルライブラリー本）を底本とする。

・「例言」「緒言」「目次（全十冊）」を史料として示す。

・旧字体を新字体に直したものがある。

・目次名の下に示された『　』は本来なく、各教材末尾に示された作品名である。出典把握が容易となるように続けて示した。

・『　』が示されないものは、教材末尾にも作品名が示されていないものである。全て明治期の文章と考えられ、物集自身によって書かれたものも含まれているという（「例言」による）。

注

1　ここまでの物集の言文一致体に関する整理は、山本正秀『近代文体発生の史的研究』（一九六五、二八二―二九六頁）を参照している。

（以下、史料）

四　史料『新撰国文中学読本』「例言」「緒言」「目次（全十冊）」

例言

一　余、嘗て、修辞通を著して、古今の文を集め、また、太古より、近代に至る迄の文にして、能く、その世の文体を表明すべき者を集めし事ありて、今日、普通に用ふる漢字雑りの文といふも、近世の創始にあらずして、その源は、遠く、平家の頃よりも、猶、あなたに発したる事を明らかにせり。されば、今、この書に編入せる文も、十冊中の前の六冊は、古きも、鎌倉を限れるは、是れが為にして、その後の四冊に至りては、平家より以前なるをも雑へたるは、一方には、彼の淵源に近づかしめ、一方には、当初の文にも、亦た、能く、今時に応用せらるゝがあるを知らせん為なり。

一 本書は、中学教科用書として、毎一学年に、二冊づゝを用ひて、五年にして、十冊を卒へしめんとせり。その前六冊の文の、殊に、簡易なるを撰べるは、彼の、高きに登るに、卑きよりする意ばへにて、諸家の撰も、皆、大抵、斯くの如くなるに、今日の教員は、昔日の教員にあらねば、その、唯だ、国語を解し、国文を綴るのみならず、亦た、能く、教課の順序をも知悉せるをもて、今、茲に、故さらに贅せず。

一 本書に、採録せる文は、聊か、原書と異なるもあるべし。そは、古書は、伝写の誤謬もあるに、また、さらぬも、その書の、文字を主とせざりしが為に、記録文に書くべき所に、会話文の敬語をさへ雑へたるなどもありて、教科用書の文としては、さながらには用ふまじきもあれど、全篇の構成より初めて、文字の配置などに至りては、また、後人の企て及ぶ可らざるもあるをもて、古くは、古今集等の撰者の、催馬楽などの歌を取りたる跡をふみ、近くは、井沢長秀が、今昔物語に、旧本の詞を改めたる例に倣ひて、本書には、その伝写の誤謬と覚しきは固より、さらぬも、如何ぞや思はるゝは、改めたるもあり。また、原書には、前段の続きによりて、故更に省きたるもあれど、本書には、その前段を取らざるが為に、別に新たに、その詞を加へたるもあり。然れども、古人の筆の没すまじきはいふも更にて、その改竄の跡をも知らせん為に、特に、篇尾に、その書名を掲げたるをもて、その文字を危まん人は、原書と照らして、可否を判し、取りも取らずもせらるべし。

一 古文の外に、日清軍等の雄抜なる新文字を加へたるは、解説を待たずして知らるべし。その地理、及び、動物、植物等の記事を加へたるは、固より、その事物を知らせんの料なりと雖も、その文に至りては、日清軍等の記事と、共に、別に期する所あり。それ、如何といふに、この日清軍等の文は、その二三は、余が、みづから書けるもあれど、多くは、或人の、近世の漢学者間に行はるゝ漢文直訳といふ体をもて、佶屈に書きすゝめたりしを、その人に請ひて、所々、筆を入れたるにて、その故は、漢文直訳の体は、多少、漢文の力を仮たるにあらざれば、解す可らざるもあり。且つ、国には、国の文あるを、故さらに、難渋なる文を用ひて、心ぎたなしと、本居翁に笑はるべきにもあらねば、今は、特に、国文に改めて、その孰れか簡明にして、その孰れか優美なるといふをも知らしめ、かたへは、国文を習はん学生の為に、参考の一助にもなれとてなり。

緒言

国文中学読本は、余、往年、官命をうけて、小中村清矩氏と共に、編纂に従事せし事ありしを、中頃、故ありて、その業を止めたりと雖も、時勢は、漸く、その必要を促せるに合せて、地方は、殊に、良書を要すべき事情ありて、その書の指名を求め来たるなど、常の如くなるをもて、古書どもについて、簡易なるを撰びて、その問に応ぜし事もありしかど、古書は、もと、教科の用に作れるにあらねば、往々、不適当なる記事も、文字も雑れるをもて、同学の人を催して編纂を勧めし事も、一度のみには有らざりしを、去年、色川國士氏、北海道より上京して、また、読本の欠乏を語りて、余等に、その編纂を勧めたり。色川氏は、余が親友にして、好学の士なり。また、教育の事に長じて、現に、その任に在り。然るに、特に、余等に、その編纂を促すを思へば、実に、良書の、まだ、世に無きを証するに足るをもて、浅学を顧みるに遑あらず、勧めに応じて、爾来、看過する古書どもより、学生の習読に適すべき文を抄して、新撰文抄を作らんとせし程、友人加藤駒次氏、亦た、来たりて、読本の必要を述べ、流布の本、十数部を示して、斯道の為に辞す可らざるを説き、且つ、その一日も忽かせにすまじきを論じて、遂に、他日を言はしめず。また、古文の外に、多少の新文字をさへに雑へて、全く、普通読本の体例に倣はしむるに至らしめたり。嗚呼、加藤氏も、亦た、駑馬を鞭撻して決起せしむる勇ありといふべし。

国文の、普通教育に大切なる事は、故文部大臣井上氏の所論余蘊なきをもて、次に、その要を摘出して、本書編纂の微意を表し、傍ら、教育に従事する人の参考に供す。その説にいふ、人類の最大智能は、言語文字をもて、各自の意思を表明して、他人に通知し、遠近に伝播し、また、後世に貽すに在り。史誌に徴するに、国語、国文にして、十分に発達せる国は、一国の文明、従ひて、隆盛に趣き、国民の知識、年を逐ひて進歩すと雖も、国語、国文の発達せざる国は、之に反せり。是故に、文明世界に、国を立つる者は、各々、その自国の言語文章を尊重して、普通教育の最先に置き、最も長き時間を与へて、丁寧に学習せしむ。されば、普通教育を卒業したる者は、総べて、日用の文字を、合格に使用するに差支なく、また、高等教育を卒へたる者は、概ね、その論著する所の文字に富みて、観る者をして、了解感動せしむるに足る。然るに、今日、我が国の教育における、国語、国文の有様を見れば、なほ、遺憾を表すべき者あり。普通教育は、暫く、措いて論ぜず。その高等教育を卒業したる者と雖も、亦た、或は、国文をもて、その意思を表明する能力において、不足を感ずる事を免れざるが如し。蓋し、是れ恠むべきにあらず。吾人は、昨日まで、漢文を雅とし、国文を俗とし、漢文を主とし、国文を客とせし迷想を有せしかばなりといへり。寔に然り。同学の人士、豈に、斯文の為に努力せずして可ならんや。

明治廿九年七月

撰者　しるす

目次（全十冊）

第一冊

・麻の中の蓬　毀誉に驚くべからず『梅園叢書』

第二冊

・空気と風と
・風船
・平壌の戦
・川崎伊勢雄氏
・征夷大将軍入洛のよそひ『太平記』
・賀茂の競馬　馬、人を救ふ、『日本歳時記』『閑田耕筆』
・相撲と闘犬と『公事根源』『太平記』
・両六波羅の滅亡『増鏡』
・昔の朝賀のさま『公事根源』
・諸礼といふ事『和事始』
・行儀よき少年と行儀わろき童子と『雲萍雑誌』
・蠅打の小性『備前老人物語』
・辛崎の松見『蓑笠雨談』
・草木の話
・草木を植うべき時節『日本歳時記』
・海中の花園
・珊瑚島
・陰徳『堪忍記』
・徳行の人　物の味を知れる人『近世畸人伝』
・近江の湖水　八景のゆゑよし『東海名所図会』『風俗文選』
・山更に高し　鷲峰山と四明山と『都名所図会』『東海道名所図会』
・四明山の麓の庵『都名所図会』『写経社集　序』
・幽居のさま『年々随筆』（石原正明）
・石碑を立つる心ばへ『胡蝶庵随筆』
・灯籠庵と盆挑灯と『雲萍雑誌』
・民煙の歌『宮川舎漫筆』

第三冊

・朝政のゆゑよし『続古事談』
・節折、追儺、鬼やらひの詞『公事根源』『日本歳時記』『鶉衣』
・朝夕の恪勤　雷鳴の陣『十訓抄』
・電気　電光　雷鳴
・葛城山の嗔猪　華山の馴熊『閑田耕筆』
・松下禅尼の詞　馬乗の詞『徒然草』『醍醐随筆』
・福原の新都『方丈記』
・源平の歌　世継の歌の一節
・徳政の起源　旅人宿の騒動『塵塚物語』
・水陸の合戦『太平記』
・海賊　船軍『北条五代記』
・黄海の海戦
・飛火　かがり　のろし　しるしの煙『北条五代記』
・熱とその作用と
・野武士軍　乱波『北条五代記』
・昔の軍　小田原武士のいでたち『北条五代記』
・軍の瀬越　人世の瀬越『老人雑話』『身持草物語』
・大堰川のかちわたり『東海道名所図会』
・鬼界が島　俊寛のありしやう『平家物語』
・玉造村の孝子『年山紀聞』
・雀のほいと『醍醐随筆』

・邯鄲の夢『太平記』
・寝覚の床『岐蘇路記』
・黄泉の穴『玉勝間』
・氷上の往来　氷下のすなどり『北越雪譜』
・垂氷の上の朝日　垂氷の中の滝『北越雪譜』

第四冊

・雪の古道『閑田次筆』
・雪の歩人『閑田次筆』
・ふぶき『北越雪譜』
・気候
・穴居の址『和事始』
・古代の家屋『皇国度制考』
・平家の一族の家　業平の中将の家『無名抄』
・松虫　鈴虫『三養雑記』『閑田次筆』
・郭公『年々随筆』
・生田の桜　一の谷の躑躅『摂津名所図会』
・屋島の船の御所『源平盛衰記』
・扇の的『源平盛衰記』
・海陸の見物人『源平盛衰記』
・壇浦の曲
・黄海の西京丸
・比叡艦　赤城艦
・夕やまさりたらん『年々随筆』
・月見『平家物語』
・十五夜　日食　月食『日本歳時記』『菅茶山筆のすさび』
・吉野の花『閑田耕筆』
・花盛　実植　挿木　接木『花譜』
・鷹野『東齋随筆』『嵯峨野物語』
・侍従大納言の早業『古今著聞集』
・篠塚伊賀守の大力『太平記』
・濠大利亜洲の獣

第五冊

・台湾
・台湾人の風俗
・世のいとなみ『雲萍雑誌』『徒然草』『家道訓』
・節倹『年山紀聞』
・文治の地震『平家物語』
・富士山の噴火『淇蝶庵翁艸』
・桜島の噴火『淇蝶庵翁艸』
・富士山の望月と旭日と『閑田次筆』
・富士山の甘露『続近世畸人伝』
・箒木『東遊記』
・猿、人を学ぶ、『古今著聞集』
・親猿と子猿と『醍醐随筆』『閑田耕筆』
・備中の孝子　河内の孝子『続近世畸人伝』
・道を行く心しらひ　京都の義人『閑田次筆』
・銭　六道銭　滑川の銭『和事始』『続説辨』
・乱世のさま『醍醐随筆』『太平記』
・東西軍の後　世継の歌の一節
・行舟を便にせし人『続近世畸人伝』
・大坂の河口『摂津名所図会』
・穀物市　野菜市　魚市　夜市『摂津名所図会』

・工業　水力　蒸気力
・陶器
・物産『摂津名所図会』『東海道名所図会』
・地獄網『北条五代記』
・伊勢の奇魚　相模の大鱸『古今著聞集』『北条五代記』
・鷲津見氏　空を行きし人『閑田次筆』

第六冊

・源氏の雁『古今著聞集』
・平氏の水鳥『平家物語』
・鎮西の探題『太平記』
・蒙古来たる
・水穂にすずし　世継の歌の一節
・地球の運行
・潮汐
・狐戸の鬼同丸『古今著聞集』
・牛腹の鬼同丸『古今著聞集』
・動物のあるやう
・鉱物
・昔の兵学　昔の軍陣『和事始』『北条五代記』
・昔の陣備　貝と太鼓と『北条五代記』
・仕合『北条五代記』
・仕合の評『北条五代記』
・人名　異様の人名『燕石雑志』『三養雑記』『備前老人物語』『松の落葉』
・称呼は正しくすべし『和事始』

・麻呂といふ名『年々随筆』『燕石雑志』
・氏の長者　家長の用意『標注職原抄稿本』『雲萍雑誌』
・蜃気楼『東遊記』
・竜灯『北越雪譜』
・氷上の火　雪の竃『閑田次筆に引ける雪の古道の文』
・藤森の祭　『日本歳時記』
・津島の祭『東海名所図会に引きたる伴蒿蹊子の津島祭の記』
・鳥羽絵　錦絵『古今著聞集』『燕石雑志』
・猫の画をかきて、書きつけたる詞『鶉衣』
・風俗の変遷　昔の質素『獨語』『常山記談』
・木綿　太布　もめん『玉勝間』『和事始』
・羽織　風呂敷　紙帳の詞『南嶺遺稿』『雲萍雑誌に引ける六徳牒記の詞』

第七冊

・天皇の御世継『神皇正統記』
・御即位の儀式『代始和抄』
・紅葉の宴に侍ひての詞『年山紀聞』
・親のまもり　心の問はば『門田の早苗』
・風流なる侍と法師と『古今著聞集』『今物語』
・連歌師『今物語』『古今著聞集』
・横井也有氏『続近世畸人伝』
・芸道の執心『時秋物語』『古今著聞集』
・弟子を取らず　入門の語『閑田耕筆』『雲萍雑誌』
・記憶よき人『続近世畸人伝』
・物忘に似たり『古今著聞集』

・物忘の翁の伝『鶉衣』
・螻翁『鶉衣』
・石臼芸　石臼の詞『風俗文選』
・一事を勉めて怠るべからず『堪忍記』『徒然草』
・徒然草の評　書画の持主『年々随筆』
・絵の評『玉勝間』
・絵に魂の入るといふ事、『雲萍雑誌』
・虎鯉の絵　臥猪の絵『三養雑志』
・不動明王の火炎　大仏殿の炎上『宇治拾遺物語』『むさしあぶみ』
・安元の大火『方丈記』『燕石雑志』
・明暦の大火『むさしあぶみ』
・あわてもの『宇治拾遺物語』『十訓抄』
・嗚呼者『今昔物語』
・臆病者『今昔物語』
・天狗の説『梅園拾葉』
・人情は、をりにふれてかえる、『醍醐随筆』『閑田耕筆』
・たしなみ　こころづけ『徒然草』『備前老人物語』
・詞づかひ『徒然草』『玉勝間』
・詞づかひの評　月はのぼる『年々随筆』『十訓抄』
・唐詩の誦みざま　漢籍よみの詞『玉霰』
・漢文風の文　鴂文『玉霰』

第八冊

・乗合船『驛路の鈴』
・乗合船の物語『驛路の鈴』
・世は、乗合の船に似たり、『驛路の鈴』
・山伏、虚無僧、願人、高野聖など、『胡蝶庵随筆』

・芝居『閑田耕筆』『江戸砂子』
・琵琶法師　浄瑠璃『和事始』『江戸砂子』
・武者絵、絵馬の絵などの絵、および、絵難房の評、『玉勝間』『松の落葉』『南嶺遺稿』『安齋随筆』『醍醐随筆』『古今著聞集』
・物の名、時々にかはる、金百疋　鳥目壱貫文『閑田随筆』『貞丈雑記』
・佐渡の黄金『宇治拾遺物語』
・番匠と絵師との競争『今昔物語』
・平の宮の造営『宇治拾遺物語』
・船路　鳥柱『燕石雑志』『菅茶山翁筆のすさび』
・八丈島の物がたり『北条五代記』
・鬼が島の物がたり『保元物語』
・甑島『菅茶山翁筆のすさび』
・隠戸の瀬戸　鼠島　猫島『西遊記』
・異骨　化石渓『三養雑記』『東遊記』
・谷に落ちし人『今昔物語』
・人穴の奥のさま『北条記』
・障子といふもの『古今著聞集』『松の落葉』
・輔親の風流『十訓抄』
・保昌の胆勇『宇治拾遺物語』
・言葉石『東遊記』
・松島の詞『風俗文選』
・吹浦の砂磧『東遊記』
・塔影『東遊記』
・彼理、浦賀に来たる
・王政維新の歌　世継千辞文の一節

巻九冊
・国風
・国文のやまぐち　『譯文童諭』
・国学のすぢすぢ、また、その学びやう、『うひやまぶみ』
・古学のあるやう、また、古学の祖、『うひやまぶみ』『玉勝間』
・荷田春満先生『近世畸人伝』
・加茂真淵先生『近世畸人伝』
・古書どもの事『玉勝間』
・国文の書どもの論『国文世々のあと』
・神代正語といふ書のゆえよし『神代正語』
・紫式部　清少納言『閑田文草』『十訓抄』
・小野篁　博雅の三位『宇治大納言物語』
・中古体の文『国文世々のあと』
・近体の文『国文世々のあと』
・仮字文の問答『国文世々のあと』
・得閑亭の記『閑田文草』
・歌の論『閑田文草』
・歌道の復古『近世畸人伝』
・新説をいだす心しらひ　説のかはる事『玉勝間』
・新説行はれがたきゆゑよし『玉勝間』
・あすならう学者　友とかたる『俗説辨』『徒然草』
・金銀通用の論『秘本玉くしげ』『玉勝間』
・詞を、文字といふ、国語の、漢語等に似たるもの、『玉勝間』
・田舎に、古言のこれり、『玉勝間』
・方言　横笛の読みやう　撰字と選字と『南嶺子』『閑田耕筆』
・河原院の旧跡『閑田文章』
・田植御覧『栄花物語』
・秋の田面をみる『閑田文章』
・里祭『閑田文章』
・三山の記
・熊野まうで　故郷といふ詞『廬主』『玉勝間』
・朝ぼらけの物語『豊臣勝俊』
・山路の菊の物語『鈴屋集』

第十冊
・前栽　虫籠『古今著聞集』
・井手の山吹と蛙と『無名抄』
・関の清水　昔の人の家『無名抄』『徒然草』『建礼門院右京大夫集』
・十六夜の月　海人の苫屋『十六夜日記』『九州の道の記』
・月にうかるる風流士『扶桑拾葉集にひける定頼家集の内』『唐物語』
・隅田河の月見の詞『加茂翁家集』
・資朝卿と俊基卿と『増鏡』
・東北の旅『都のつと』
・吾妻くだり　第一『海道記』『東関紀行』、第二『東関紀行』、第三『東関紀行』
・都のぼり　第一、第二『更級日記』、
・山河を隔つれば、風俗かはる、『燕石雑志』
・蒼桑の変　宇都の山『閑田耕筆』『宗長宇都山記』
・三穂の松原　薩埵嶺『東海道名所図会』
・飛騨の藤橋　籃わたし『閑田耕筆』
・田畑村の風俗　籃わたし『閑窓瑣談』

・三面村の風俗『兼葭堂雑録けんかどうざつろく』
・京丸の風俗『雲萍雑誌』
・仙術を求めし人　仙境といふ処『狗はりこ』
・蜺仙　夜着の詞『浮世物語』『風俗文選』
・年山紀聞といふ書の序『伴蒿蹊』
・仮字本末といふ書の序『長澤伴雄』
・鴉をいましめたる詞『鶉衣拾遺』『北辺随筆』
・賢愚の、互に助くべきを論ず、『北辺随筆』
・人の、親の五十年忌に、手向の句を求めたれば、『鶉衣続編』
・何某が家の氏書の序『葎屋文集』
・七月の霊祭の詞

おわりに

普通文に対する文範性が古典に認められていた時期を古典教材観の形成期前期、言文一致運動が完成し、古典から文範性が喪失していった時期を形成期中期、昭和六年に示された中学校教授要目に「古典」というカリキュラムが位置付けられてから敗戦に至るまでを形成期後期一、戦後以降を形成期後期二と仮に呼ぶとするなら、本書は、第一部及び第三部で前期から後期一までを対象とし、その変遷を確認してきた。一方で、戦後以降の形成期後期二については議論をするに至らなかった。戦後、荒木繁、西尾実、時枝誠記、益田勝実らによって古典学習論の土台は形成されてきたようにも思えるが、定説や通説の水準で論じられる段階には届いてはいない。これまでの理論史・教材史・実践史の総括を行いつつ、また、国文学・漢文学・国語学・学習科学等の国語科教育学に関連する研究領域の知見も併せながら、古典学習論を展開することが必要となっている。本書第二部では、平家物語を対象として教材研究の観点から、古典学習の機能論や単元構想の方法論について言及してきた。これも平家物語という一作品を論じたにすぎず、古典教材全体を視野に入れた議論には程遠い。古典学習の議論は国語科教育学に関わる関連領域の研究者、そして実践者との共同で検討が進められなければ、議論を前進させることは難しいことを本書執筆を通じて痛感してきた。

そういった問題意識があったからこそ、二〇二一年春に行われた古典教育に関するシンポジウム（全国大学国語教育学会シンポジウム「古典の学びを国語教育学はどのように捉えるのか」）を内藤一志氏とともに企画し、国語科教育学が古典学習をいかに捉えているのか。その整理を学会としてどのように引き受けるのかを問題提起することを図った。また、同年秋に行われた軍記と語り物研究会主催シンポジウム「軍記研究が国語科研究に届けるべきことは何か」のコーディネーターを務め、軍記研究と国語科教育の架橋の方法を探った。また、志を同じくする研究者仲間とともに「架橋の会」という古典学習研究会を立ち上げもした。

古典教育をオーバーホールする作業はこれからも続く。ただ、これからはより一層多くの諸科学の知見、多くの研究者・実践者からの知見を集めながら進めていこうと思う。あるいは、本書が古典学習のあり方について興味をもたれる方々の目にとまり、共同作業にまでつながることがもしあれば、それ以上嬉しいことはない。

本書は、二〇一六年に早稲田大学に提出した博士論文を大幅に加筆修正し、新たな論稿・コラムなども加えたものである。新たな論稿としては、第一部第七章に「古典は誰のものか――保科孝一の言説をきっかけに――」(『横浜国大国語研究』第三七巻、二〇一九)を、第二部第四章に、「「敦盛最期」を読み直す」(『もう一度読みたい日本の古典文学』勉誠出版、二〇二一)を加えている。この二つの論稿にも加筆修正を加えた。

本書は多くの学恩に依って成り立っている。大津雄一先生には、早稲田大学博士後期課程の指導教官として軍記を始めとしたテクストの読み方の基本から丁寧にご指導いただいた。なかなか研究が進まない不出来な弟子だったが、休学期間も含めて、ゆっくりじっくりとご指導いただけたことを本当に感謝している。横浜国立大学および大学院(修士)では、高木まさき先生にゼミ生として国語科教育学のイロハをご指導いただいた。古典研究室である三宅晶子先生の研究室に入り浸る私を咎めもせず見守っていただけたことで、私の中で古典学習研究の芽が生まれていった。三宅晶子先生には、学部当初から古典を読むということについて丁寧にご指導いただいた。博士課程への進学を勧めてくださったのも三宅先生である。先生の勧めがなければ、研究者としての今の自分はなかっただろう。鈴木彰先生には研究の生活の折々でお声がけいただき、古典に対する視野を広げる機会をいただいた。先生方のご指導を十分に反映できたかは心許ないが、現段階の研究成果を本書の形でお示しし、改めてご指導賜りたい。
また、ここでお名前をお一人お一人挙げることはできないが、折に触れてご指導・ご助言いただいた先生方、職場等でお世話になった上司や先輩・同輩のみなさまにも深く感謝申し上げる。

また、妻・美紀子には、本書について読者目線で多くの指摘をもらった。その全てに対応できたわけではないが、多少なりとも本書が読みやすくなっているのであれば、それは彼女のおかげである。本書のタイトル「古典教育をオーバーホールする」を提案してくれたのも彼女である。これからも自分の研究の最初の、そして最も信頼できる査読者として付き合ってもらいたいと願っている。

最後になるが、本書刊行を快く引き受けてくださった文学通信の岡田圭介様、的確かつ迅速に仕事を進めていただいた渡辺哲史様には、本当に感謝の言葉しかない。

二〇二二年八月

菊野　雅之

著 者 菊野 雅之（きくの・まさゆき）

1978年鹿児島県生まれ。1999年鹿児島大学理学部物理科学科中退。

2004年横浜国立大学教育人間科学部学校教育課程国語専修卒業。

2006年同大学院教育学研究科言語文化系教育専攻修了。

2013年早稲田大学大学院教育学研究科博士後期課程国語科教育専攻単位取得満期退学。

早稲田大学教育学部助手、国立教育政策研究所学力調査専門職などを経て、
2014年より北海道教育大学釧路校講師。2022年現在、同大学准教授。博士（教育学）。

古典教育をオーバーホールする
——国語教育史研究と教材研究の視点から

2022（令和4）年9月25日 第1版第1刷発行

ISBN978-4-909658-87-6 C1037

発行所 株式会社 **文学通信**
〒114-0001 東京都北区東十条1-18-1 東十条ビル1-101
電話 03-5939-9027 Fax 03-5939-9094
メール info@bungaku-report.com ウェブ https://bungaku-report.com

発行人 岡田圭介
印刷・製本 モリモト印刷

ご意見・ご感想はこちらからも送れます。上記のQRコードを読み取ってください。

文学通信の本

国語の授業の作り方　はじめての授業マニュアル

●古田尚行 ISBN978-4-909658-01-2　A5判・並製・320頁 定価:本体2,700円（税別）
中学校・高等学校で初めて授業をすることになる教育実習生を念頭に、実際に国語の授業を組み立てていくノウハウを、授業を詰めていく過程や、振る舞い方や言葉遣い、それらを支える考え方や思想、またその意味など、いわゆる暗黙知とされている部分まで踏み込み、言語化して伝える本。教育実習で学生を受け入れる先生必携書。

なぜ古典を勉強するのか　近代を古典で読み解くために

●前田雅之　ISBN978-4-909658-00-5　四六判・上製・336頁　定価:本体3,200円（税別）なぜ古典を勉強するのか。私たちが生きるこの時代は、古典的教養とは不要なものなのであろうか。過去とつながっている、今この時代を読み解く、実践的古典入門。

古典教育と古典文学研究を架橋する

国語科教員の古文教材化の手順

●井浪真吾　ISBN978-4-909658-26-5　A5判・並製・344頁　定価:本体2,700円（税別）古典文学研究が明らかにしてきたものを生かし、古典教育研究や古典教育実践が明らかにしてきた古典教育の意義や目標と照合し、現在の古典教育をめぐる状況を踏まえながら、『宇治拾遺物語』を手掛かりに、教材化を試みた実践の書。

古典は本当に必要なのか、否定論者と議論して本気で考えてみた。

●勝又基編　ISBN978-4-909658-16-6　A5判・並製・220頁　定価:本体1,800円（税別）古典否定派・肯定派の本物の研究者があつまって論戦に挑んだ、2019年1月の伝説のシンポジウム「古典は本当に必要なのか」の完全再現＋仕掛け人による総括。古典不要論を考える際の基本図書。これからの議論のために。

高校に古典は本当に必要なのか

高校生が高校生のために考えたシンポジウムのまとめ

●長谷川凜、丹野健、内田花、田川美桜、中村海人、神山結衣、小林未來、牧野かれん、仲島ひとみ編
ISBN978-4-909658-36-4　A5判・並製・304頁 定価:本体1,800円（税別）
明星大学でシンポジウム「古典は本当に必要なのか」に満足できなかった学生たちが放置された問題点や疑問点を解消すべく取り組んだ、高校生によるシンポジウム。議論は果たしてどこまで進んだのか。高校生たちの考えをどこまでくみ取ることが出来るのか。

文学授業のカンドコロ

迷える国語教師たちの物語

●助川幸逸郎・幸坂健太郎・岡田真範・難波博孝・山中勇夫
ISBN978-4-909658-80-7　四六判・並製・232頁 定価:本体1,900円（税別）
小中高の国語の授業、必携書!　国語の授業で、現場の教員が一番悩んでしまう「視点」「語り手」について、なるべくわかりやすく現場の先生方に伝えるべく、物語仕立てでお届けする、今まであるようでなかった本。